錢海岳撰

第三册 志

卷六至卷十四

中華書局

南明史卷六

志第一

曆

無錫錢海岳撰

明世大統、回回曆並重，末流疏舛不合。神宗時，西洋利瑪竇、湯若望入中國，傳泰西曆，最爲精審。崇禎十六年諭，以泰西曆代舊曆，命徐光啟董其事。以臺官掣肘，未及頒行。

十七年五月，設曆局南京，欽天監正楊邦慶主之。八月造曆，以曆數科博士何平政補漏刻博士，辦頒曆推算。十一月，潁州諸生盧鴻上七政曆，不用。永曆三年，西洋瞿紗微掌欽天監，進泰西曆，命禮部頒行。尹三聘劾以擅行夷曆，爚亂祖制，詔仍用大統曆如故。而清於順治二年用若望、南懷仁爲欽天監，依泰西法爲時憲書，頒之天下。故永曆二年戊子，大統曆於三月置閏，清則於四月置閏；四年庚寅，大統曆於十一月置閏，清則於辛卯二月置閏；永曆四年閏十一月爲順治七年十二月，十二月爲順治八年正月。時兩廣郡縣歸清，清吏以是月己酉朔爲辛卯元旦，行拜賀禮；而鄉鎮居民未奉時憲書者，仍永曆舊曆，則以是年二月乙卯朔爲元旦。守除拜歲，有鄉城之別，亦異聞也。其後永曆七年癸巳，大統曆於七月置閏，清則於六月置閏；十三年己亥大統曆於正月置閏，清則於三月置閏；永曆十三年閏正月爲順治十六年二月，三月爲順治十六年閏三月。是年十月戊子朔，上在者梗，徇鄧凱請，猶頒大統曆於緬甸云。

當隆武二年四月，福京頒三年丁亥大統曆，上於曆面御書「大明中興」四字，未幾而遭汀州之變，曆遂不行。鄭成功起兵海上，道阻未通粵。永曆元年十月，以路振飛、曾櫻議，仍頒隆武四年戊子大統曆，以文淵閣印鈐之。

魯王監國紹興，黃宗羲造監國魯元年丙戌大統曆。弘光元年九月，王正中上啟監國曰：「伏以上天下澤，頒朔以定民心；治曆明時，紀年以垂國統。知大明之炤然，斯餘閏之不作。臣正中誠惶誠恐，稽首頓首。竊自高皇洗湛昏之日月，頒諸夏商；列聖承復旦之乾坤，分其經緯。豈意天崩地裂，玉改鼎淪。幸遇主上飛龍會稽，援戈江左。而日官失御，天學無傳，雖百務未遑，姑次第夫典禮；乃一統爲大，將肇始於春王。一雁不來，竟是誰家之天下」；千楳欲動，難慰避地之遺民。臣正中博訪異人，親求巖穴，有黃宗羲者，精革象之學，任推算之能，爰成大明監國魯元年丙戌大統曆一卷竟，繕寫隨表上進以聞。」有旨優答，宣付史館，頒之浙東。是編封面題云：「欽天監奏准印造大統曆日，頒行天下。僞造者按律處斬；有能告捕者，官給賞銀五十兩。如無本監曆日印信，即同私曆。」編中，凡「清明」均寫「青明」云。永曆元年十月，魯王在海上，錢肅樂上啟頒監國魯三年戊子大統曆。後在舟山，王衡、楊璣爲欽天監，頒監國魯五年庚寅大統曆，海上遂有二朔。昭宗崩於雲興，鄭經父子在東寧，仍奉永曆正朔，至三十七年而止，時清康熙二十二年也。

蓋自崇禎十七年五月安宗即位，三帝一王，下既東寧，自爲正朔者三十九年，與清時憲曆互有不同。治南明史者，不可忽也。今揭其節氣、正閏、晦朔著於篇。

崇禎十七年甲申

正月庚寅朔二十七驚蟄，大。

二月庚申朔二十七青明，小。

三月己丑朔二十九立夏，小。

四月戊午朔大。

五月戊子朔初一芒種，小。

六月丁巳朔初四小暑，小。

七月丙戌朔初六立秋，大。

八月丙辰朔初七白露，大。

九月丙戌朔初八寒露，小。

十月乙卯朔初九立冬，大。

十一月乙酉朔初八大雪，大。

十二月乙卯朔初八小寒，大。

弘光元年乙酉

正月乙酉朔初八立春，二十四雨水，小。

二月甲寅朔初十驚蟄，二十五春分，大。

三月甲申朔初十青明，二十六穀雨，小。

四月癸丑朔十二立夏，二十七小滿，小。

五月壬午朔十三芒種，二十八夏至，大。

六月壬子朔十四小暑，二十九大暑，小。

閏六月辛巳朔十五立秋，小。

隆武元年乙酉

七月庚戌朔初一處暑，十七白露，大。

八月庚辰朔初二秋分，十七寒露，小。

九月己酉朔初三霜降，十八立冬，大。

十月己卯朔初四小雪，十九大雪，大。

十一月己酉朔初四冬至，十九小寒，大。

十二月己卯朔初五大寒，二十立春，大。

隆武二年丙戌　魯王監國元年

正月己酉朔初五雨水，二十驚蟄，小。

二月戊寅朔初六春分，二十二青明，大。

三月戊申朔初七穀雨，二十二立夏，小。

四月丁丑朔初八小滿，二十三芒種，小。

五月丙午朔初十夏至，二十五小暑，大。

六月丙子朔初十大暑，二十五立秋，小。

七月乙巳朔十二處暑，二十七白露，小。
八月甲戌朔十三秋分，二十八寒露，大。
九月甲辰朔十三霜降，二十九立冬，小。
十月癸酉朔十五小雪，三十大雪，大。
十一月癸卯朔十五冬至，大。
十二月癸酉朔初一小寒，十六大寒，大。

永曆元年丁亥　魯王監國二年

正月癸卯朔初一立春，十六雨水，小。
二月壬申朔初二驚蟄，十八春分，大。
三月壬寅朔初三青明，十八穀雨，大。
四月壬申朔初三立夏，十八小滿，小。
五月辛丑朔初五芒種，二十夏至，小。
六月庚午朔初六小暑，二十一大暑，大。
七月庚子朔初七立秋，二十二處暑，小。
八月己巳朔初八白露，二十三秋分，小。
九月戊戌朔初九寒露，二十五霜降，大。
十月戊辰朔初十立冬，二十五小雪，小。
十一月丁酉朔十一大雪，二十七冬至，大。
十二月丁卯朔十二小寒，二十七大寒，大。

永曆二年戊子　魯王監國三年

正月丁酉朔十二立春，二十七雨水，小。
二月丙寅朔十四驚蟄，二十九春分，大。
三月丙申朔十四青明，二十九穀雨，大。
閏三月丙寅朔十五立夏，小。
四月乙未朔初一小滿，十六芒種，大。
五月乙丑朔初一夏至，十六小暑，小。
六月甲午朔初三大暑，十八立秋，大。
七月甲子朔初三處暑，十八白露，小。

八月癸巳朔初四秋分，二十寒露，小。

九月壬戌朔初六霜降，二十一立冬，大。

十月壬辰朔初六小雪，二十二大雪，小。

十一月辛酉朔初八冬至，二十三小寒，大。

十二月辛卯朔初八大寒，二十三立春，小。

永曆三年己丑　魯王監國四年

正月庚申朔初十雨水，二十五驚蟄，大。

二月庚寅朔初十春分，二十五青明，大。

三月庚申朔十一穀雨，二十六立夏，小。

四月己丑朔十二小滿，二十七芒種，大。

五月己未朔十二夏至，二十八小暑，大。

六月己丑朔十三大暑，二十八立秋，小。

七月戊午朔十四處暑，三十白露，大。

八月戊子朔十五秋分，小。

九月丁巳朔初一寒露，十六霜降，小。

十月丙戌朔初二立冬，十八小雪，大。

十一月丙辰朔初三大雪，十八冬至，小。

十二月乙酉朔初四小寒，十九大寒，大。

永曆四年庚寅　魯王監國五年

正月乙卯朔初五立春，二十雨水，小。

二月甲申朔初六驚蟄，二十一春分，大。

三月甲寅朔初七青明，二十二穀雨，大。

四月甲申朔初七立夏，二十二小滿，小。

五月癸丑朔初八芒種，二十四夏至，大。

六月癸未朔初九小暑，二十四大暑，小。

七月壬子朔初十立秋，二十六處暑，大。

八月壬午朔十一白露，二十六秋分，大。

九月壬子朔十一寒露，二十六霜降，小。

十月辛巳朔十三立冬，二十八小雪，大。
十一月辛亥朔十三大雪，二十八冬至，小。
閏十一月庚辰朔十五小寒，小。
十二月己酉朔初一大寒，十六立春，大。

永曆五年辛卯　魯王監國六年

正月己卯朔初一雨水，十六驚蟄，小。
二月戊申朔初三春分，十八青明，大。
三月戊寅朔初三穀雨，十八立夏，小。
四月丁未朔初四小滿，二十芒種，大。
五月丁丑朔初五夏至，二十小暑，小。
六月丙午朔初六大暑，二十二立秋，大。
七月丙子朔初七處暑，二十二白露，大。
八月丙午朔初七秋分，二十二寒露，小。
九月乙亥朔初九霜降，二十四立冬，大。
十月乙巳朔初九小雪，二十四大雪，大。
十一月乙亥朔初十冬至，二十五小寒，小。
十二月甲辰朔十一大寒，二十六立春，大。

永曆六年壬辰　魯王監國七年

正月甲戌朔十一雨水，二十七驚蟄，小。
二月癸卯朔十三春分，二十八青明，小。
三月壬申朔十四穀雨，二十九立夏，大。
四月壬寅朔十五小滿，小。
五月辛未朔初一芒種，十六夏至，大。
六月辛丑朔初一小暑，十七大暑，小。
七月庚午朔初三立秋，十八處暑，大。
八月庚子朔初三白露，十八秋分，小。
九月己巳朔初五寒露，二十霜降，大。
十月己亥朔初五立冬，二十小雪，大。

十一月己巳朔初六大雪，二十一冬至，大。
十二月己亥朔初六小寒，二十一大寒，小。

永曆七年癸巳　魯王監國八年，三月去監國號

正月戊辰朔初七立春，二十三雨水，大。
二月戊戌朔初八驚蟄，二十三春分，小。
三月丁卯朔初九青明，二十五穀雨，小。
四月丙申朔十一立夏，二十六小滿，大。
五月丙寅朔十一芒種，二十六夏至，小。
六月乙未朔十三小暑，二十八大暑，小。
七月甲子朔十四立秋，二十九處暑，大。
閏七月甲午朔十四白露，小。
八月癸亥朔初一秋分，十六寒露，大。
九月癸巳朔初一霜降，十六立冬，大。
十月癸亥朔初二小雪，十七大雪，大。
十一月癸巳朔初二冬至，十七小寒，大。
十二月癸亥朔初二大寒，十八立春，小。

永曆八年甲午

正月壬辰朔初四雨水，十九驚蟄，大。
二月壬戌朔初四春分，二十青明，小。
三月辛卯朔初六穀雨，二十一立夏，小。
四月庚申朔初七小滿，二十二芒種，大。
五月庚寅朔初八夏至，二十三小暑，小。
六月己未朔初九大暑，二十四立秋，小。
七月戊子朔十一處暑，二十六白露，大。
八月戊午朔十一秋分，二十六寒露，小。
九月丁亥朔十二霜降，二十八立冬，大。
十月丁巳朔十三小雪，二十八大雪，大。
十一月丁亥朔十三冬至，二十八小寒，大。

十二月丁巳朔十四大寒，二十九立春，小。

永曆九年乙未

正月丙戌朔十五穀雨，三十驚蟄，大。

二月丙辰朔十六春分，大。

三月丙戌朔初一青明，十六穀雨，小。

四月乙卯朔初二立夏，十七小滿，小。

五月甲申朔初四芒種，十九夏至，大。

六月甲寅朔初四小暑，十九大暑，小。

七月癸未朔初六立秋，二十一處暑，小。

八月壬子朔初七白露，二十二秋分，大。

九月壬午朔初七寒露，二十三霜降，小。

十月辛亥朔初九立冬，二十四小雪，大。

十一月辛巳朔初九大雪，二十四冬至，大。

十二月辛亥朔初十小寒，二十五大寒，小。

永曆十年丙申

正月庚辰朔十一立春，二十六雨水，大。

二月庚戌朔十二驚蟄，二十七春分，大。

三月庚辰朔十二青明，二十七穀雨，小。

四月己酉朔十三立夏，二十九小滿，大。

五月己卯朔十四芒種，二十九夏至，小。

閏五月戊申朔十五小暑，大。

六月戊寅朔初一大暑，十六立秋，小。

七月丁未朔初二處暑，十七白露，小。

八月丙子朔初三秋分，十九寒露，大。

九月丙午朔初四霜降，十九立冬，小。

十月乙亥朔初五小雪，二十一大雪，大。

十一月乙巳朔初六冬至，二十一小寒，小。

十二月甲戌朔初七大寒，二十二立春，大。

永曆十一年丁酉

正月甲辰朔初八雨水，二十三驚蟄，大。
二月甲戌朔初八春分，二十三青明，大。
三月甲辰朔初八穀雨，二十四立夏，小。
四月癸酉朔初十小滿，二十五芒種，大。
五月癸卯朔初十夏至，二十六小暑，小。
六月壬申朔十二大暑，二十七立秋，大。
七月壬寅朔十二處暑，二十七白露，小。
八月辛未朔十四秋分，二十九寒露，小。
九月庚子朔十五霜降，三十立冬，大。
十月庚午朔十六小雪，小。
十一月己亥朔初二大雪，十七冬至，大。
十二月己巳朔初二小寒，十七大寒，小。

永曆十二年戊戌

正月戊戌朔初四立春，十九雨水，大。
二月戊辰朔初四驚蟄，十九春分，大。
三月戊戌朔初五青明，二十穀雨，小。
四月丁卯朔初六立夏，二十一小滿，大。
五月丁酉朔初六芒種，二十二夏至，大。
六月丁卯朔初七小暑，二十二大暑，小。
七月丙申朔初八立秋，二十三處暑，大。
八月丙寅朔初九白露，二十四秋分，小。
九月乙未朔初十寒露，二十五霜降，小。
十月甲子朔十二立冬，二十七小雪，大。
十一月甲午朔十二大雪，二十七冬至，小。
十二月癸亥朔十三小寒，二十九大寒，大。

永曆十三年己亥

正月癸巳朔十四立春，二十九雨水，小。

閏正月壬戌朔十五驚蟄，大。

二月壬辰朔初一春分，十六青明，小。

三月辛酉朔初二穀雨，十七立夏，大。

四月辛卯朔初二小滿，十八芒種，大。

五月辛酉朔初三夏至，十八小暑，小。

六月庚寅朔初四大暑，二十立秋，大。

七月庚申朔初五處暑，二十白露，小。

八月己丑朔初六秋分，二十一寒露，大。

九月己未朔初七霜降，二十二立冬，小。

十月戊子朔初八小雪，二十三大雪，大。

十一月戊午朔初八冬至，二十四小寒，小。

十二月丁亥朔初十大寒，二十五立春，大。

永曆十四年庚子

正月丁巳朔初十雨水，二十六驚蟄，小。

二月丙戌朔十二春分，二十七青明，大。

三月丙辰朔十二穀雨，二十七立夏，小。

四月乙酉朔十四小滿，二十九芒種，大。

五月乙卯朔十四夏至，二十九小暑，小。

六月甲申朔十六大暑，大。

七月甲寅朔初一立秋，十六處暑，大。

八月甲申朔初一白露，十六秋分，小。

九月癸丑朔初三寒露，十八霜降，大。

十月癸未朔初三立冬，十八小雪，小。

十一月壬子朔初四大雪，二十冬至，大。

十二月壬午朔初五小寒，二十大寒，小。

永曆十五年辛丑

正月辛亥朔初六立春，二十二雨水，大。
二月辛巳朔初七驚蟄，二十二春分，小。
三月庚戌朔初八青明，二十三穀雨，大。
四月庚辰朔初九立夏，二十四小滿，小。
五月己酉朔初十芒種，二十五夏至，小。
六月戊寅朔十二小暑，二十七大暑，大。
七月戊申朔十二立秋，二十七處暑，大。
八月戊寅朔十二白露，二十八秋分，小。
九月丁未朔十四寒露，二十九霜降，大。
十月丁丑朔十四立冬，三十小雪，大。
閏十月丁未朔十五大雪，小。
十一月丙子朔初一冬至，十六小寒，大。
十二月丙午朔初一大寒，十七立春，大。

永曆十六年壬寅

正月丙子朔初二雨水，十七驚蟄，小。
二月乙巳朔初三春分，十八青明，小。
三月甲戌朔初五穀雨，二十立夏，大。
四月甲辰朔初五小滿，二十芒種，小。
五月癸酉朔初七夏至，二十二小暑，小。
六月壬寅朔初八大暑，二十三立秋，大。
七月壬申朔初八處暑，二十四白露，小。
八月辛丑朔初十秋分，二十五寒露，大。
九月辛未朔初十霜降，二十六立冬，大。
十月辛丑朔十一小雪，二十六大雪，大。
十一月辛未朔十一冬至，二十六小寒，小。
十二月庚子朔十二大寒，二十八立春，大。

永曆十七年癸卯

正月庚午朔十三雨水，二十八驚蟄，大。

二月庚子朔十四春分，二十九青明，小。

三月己巳朔十五穀雨，小。

四月戊戌朔初一立夏，十六小滿，大。

五月戊辰朔初二芒種，十七夏至，小。

六月丁酉朔初三小暑，十八大暑，小。

七月丙寅朔初四立秋，二十處暑，大。

八月丙申朔初四白露，二十秋分，小。

九月乙丑朔初六寒露，二十二霜降，大。

十月乙未朔初七立冬，二十二小雪，大。

十一月乙丑朔初七大雪，二十二冬至，小。

十二月甲午朔初九小寒，二十四大寒，大。

永曆十八年甲辰

正月甲子朔初九立春，二十四雨水，大。

二月甲午朔初十驚蟄，二十五春分，小。

三月癸亥朔十一青明，二十六穀雨，大。

四月癸巳朔十一立夏，二十七小滿，小。

五月壬戌朔十三芒種，二十八夏至，大。

六月壬辰朔十三小暑，二十八大暑，小。

閏六月辛酉朔十五立秋，小。

七月庚寅朔初一處暑，十六白露，大。

八月庚申朔初一秋分，十七寒露，小。

九月己丑朔初三霜降，十八立冬，大。

十月己未朔初三小雪，十八大雪，小。

十一月戊子朔初五冬至，二十小寒，大。

十二月戊午朔初五大寒，二十立春，大。

永曆十九年乙巳

正月戊子朔初六雨水，二十一驚蟄，大。

二月戊午朔初六春分，二十一青明，小。

三月丁亥朔初七穀雨，二十三立夏，大。

四月丁巳朔初八小滿，二十三芒種，小。

五月丙戌朔初九夏至，二十五小暑，大。

六月丙辰朔初十大暑，二十五立秋，小。

七月乙酉朔十一處暑，二十六白露，小。

八月甲寅朔十三秋分，二十八寒露，大。

九月甲申朔十三霜降，二十八立冬，小。

十月癸丑朔十四小雪，三十大雪，大。

十一月癸未朔十五冬至，小。

十二月壬子朔初一小寒，十六大寒，大。

永曆二十年丙午

正月壬午朔初二立春，十七雨水，大。

二月壬子朔初二驚蟄，十七春分，小。

三月辛巳朔初三青明，十九穀雨，大。

四月辛亥朔初四立夏，十九小滿，大。

五月辛巳朔初四芒種，二十夏至，小。

六月庚戌朔初六小暑，二十一大暑，大。

七月庚辰朔初六立秋，二十一處暑，小。

八月己酉朔初八白露，二十三秋分，小。

九月戊寅朔初九寒露，二十四霜降，大。

十月戊申朔初十立冬，二十五小雪，小。

十一月丁丑朔十一大雪，二十六冬至，大。

十二月丁未朔十一小寒，二十七大寒，小。

永曆二十一年丁未

正月丙子朔十三立春，二十八雨水，大。

二月丙午朔十三驚蟄，二十八春分，小。

三月乙亥朔十五青明，三十穀雨，大。

四月乙巳朔十五立夏，三十小滿，大。

閏四月乙亥朔十六芒種，小。

五月甲辰朔初二夏至，十七小暑，大。

六月甲戌朔初二大暑，十七立秋，小。

七月癸卯朔初四處暑，十九白露，大。

八月癸酉朔初四秋分，十九寒露，小。

九月壬寅朔初六霜降，二十一立冬，大。

十月壬申朔初六小雪，二十一大雪，小。

十一月辛丑朔初七冬至，二十三小寒，大。

十二月辛未朔初八大寒，二十三立春，小。

永曆二十二年戊申

正月庚子朔初九雨水，二十四驚蟄，大。

二月庚午朔初十春分，二十五青明，小。

三月己亥朔十一穀雨，二十六立夏，大。

四月己巳朔十二小滿，二十七芒種，小。

五月戊戌朔十三夏至，二十八小暑，大。

六月戊辰朔十三大暑，二十九立秋，大。

七月戊戌朔十四處暑，二十九白露，小。

八月丁卯朔十五秋分，大。

九月丁酉朔初一寒露，十六霜降，小。

十月丙寅朔初二立冬，十七小雪，大。

十一月丙申朔初二大雪，十八冬至，小。

十二月乙丑朔初四小寒，十九大寒，大。

永曆二十三年己酉

正月乙未朔初四立春，二十雨水，小。

二月甲子朔初六驚蟄，二十一春分，大。

三月甲午朔初六青明，二十一穀雨，大。

四月癸亥朔初八立夏，二十三小滿，大。

五月癸巳朔初八芒種，二十三夏至，小。

六月壬戌朔初九小暑，二十五大暑，大。

七月壬辰朔初十立秋，二十五處暑，小。

八月辛酉朔十一白露，二十七秋分，大。

九月辛卯朔十二寒露，二十七霜降，大。

十月辛酉朔十二立冬，二十七小雪，小。

十一月庚寅朔十四大雪，二十九冬至，大。

十二月庚申朔十四小寒，二十九大寒，小。

閏十二月己丑朔十六立春，大。

永曆二十四年庚戌

正月己未朔初一雨水，十六驚蟄，小。

二月戊子朔初二春分，十七青明，大。

三月戊午朔初三穀雨，十八立夏，小。

四月丁亥朔初四小滿，十九芒種，小。

五月丙辰朔初六立夏，二十一小暑，大。

六月丙戌朔初六大暑，二十一立秋，小。

七月乙卯朔初七處暑，二十三白露，大。

八月乙酉朔初八秋分，二十三寒露，大。

九月乙卯朔初八霜降，二十三立冬，大。

十月乙酉朔初九小雪，二十四大雪，小。

十一月甲寅朔初十冬至，二十五小寒，大。

十二月甲申朔初十大寒，二十五立春，大。

永曆二十五年辛亥

正月癸丑朔十二雨水，二十七驚蟄，大。

二月癸未朔十二春分，二十八青明，小。

三月壬子朔十四穀雨，二十九立夏，大。

四月壬午朔十四小滿，小。

五月辛亥朔初一芒種，十六夏至，小。

六月庚辰朔初二小暑，十七大暑，大。

七月庚戌朔初二立秋，十八處暑，小。

八月己卯朔初四白露，十九秋分，大。

九月己酉朔初四寒露，二十霜降，大。

十月己卯朔初五立冬，二十小雪，小。

十一月戊申朔初六大雪，二十一冬至，大。

十二月戊寅朔初七小寒，二十二大寒，大。

永曆二十六年壬子

正月戊申朔初七立春，二十二雨水，小。

二月丁丑朔初八驚蟄，二十四春分，大。

三月丁未朔初九青明，二十四穀雨，小。

四月丙子朔初十立夏，二十六小滿，大。

五月丙午朔十一芒種，二十六夏至，小。

六月乙亥朔十二小暑，二十七大暑，小。

七月甲辰朔十四立秋，二十九處暑，大。

八月甲戌朔十四白露，二十九秋分，小。

閏八月癸卯朔十六寒露，大。

九月癸酉朔初一霜降，十六立冬，小。

十月壬寅朔初二小雪，十七大雪，大。

十一月壬申朔初三冬至，十八小寒，大。

十二月壬寅朔初三大寒，十八立春，大。

永曆二十七年癸丑

正月壬申朔初三雨水，十九驚蟄，小。

二月辛丑朔初五春分，二十青明，大。

三月辛未朔初五穀雨，二十一立夏，小。

四月庚子朔初七小滿，二十二芒種，大。

五月庚午朔初七夏至，二十二小暑，小。

六月己亥朔初九大暑，二十四立秋，小。

七月戊辰朔初十處暑，二十五白露，大。

八月戊戌朔十一秋分，二十六寒露，小。

九月丁卯朔十二霜降，二十七立冬，大。

十月丁酉朔十二小雪，二十八大雪，小。

十一月丙寅朔十四冬至，二十九小寒，大。

十二月丙申朔十四大寒，三十立春，大。

永曆二十八年甲寅

正月丙寅朔十五雨水，小。

二月乙未朔初一驚蟄，十六春分，大。

三月乙丑朔初一青明，十七穀雨，大。

四月乙未朔初二立夏，十七小滿，小。

五月甲子朔初三芒種，十八夏至，小。

六月癸巳朔初五小暑，二十大暑，大。

七月癸亥朔初五立秋，二十處暑，小。

八月壬辰朔初七白露，二十二秋分，小。

九月辛酉朔初八寒露，二十三霜降，大。

十月辛卯朔初八立冬，二十四小雪，小。

十一月庚申朔初十大雪，二十五冬至，大。

十二月庚寅朔初十小寒，二十六大寒，大。

永曆二十九年乙卯

正月庚申朔十一立春，二十六雨水，小。

二月己丑朔十二驚蟄，二十七春分，大。

三月己未朔十三青明，二十八穀雨，大。

四月己丑朔十三立夏，二十八小滿，大。

五月己未朔十四芒種，二十九夏至，小。

六月戊子朔十五小暑，三十大暑，大。

閏六月戊午朔十五立秋，小。

七月丁亥朔初二處暑，十七白露，小。

八月丙辰朔初三秋分，十八寒露，大。

九月丙戌朔初三霜降，十九立冬，小。

十月乙卯朔初五小雪，二十大雪，大。

十一月乙酉朔初五冬至，二十一小寒，小。

十二月甲寅朔初七大寒，二十二立春，大。

永曆三十年丙辰

正月甲申朔初七雨水，二十二驚蟄，小。

二月癸丑朔初九春分，二十四青明，大。

三月癸未朔初九穀雨，二十四立夏，大。

四月癸丑朔初十小滿，二十五芒種，小。

五月壬午朔十一夏至，二十六小暑，大。

六月壬子朔十一大暑，二十七立秋，小。

七月辛巳朔十三處暑，二十八白露，大。

八月辛亥朔十三秋分，二十八寒露，小。

九月庚辰朔十五霜降，三十立冬，大。

十月庚戌朔十五小雪，小。

十一月己卯朔初一大雪，十六冬至，大。

十二月己酉朔初二小寒，十七大寒，小。

永曆三十一年丁巳

正月戊寅朔初三立春，十八雨水，大。

二月戊申朔初四驚蟄，十九春分，小。

三月丁丑朔初五青明，二十穀雨，大。

四月丁未朔初六立夏，二十一小滿，小。

五月丙子朔初七芒種，二十三夏至，大。

六月丙午朔初七小暑，二十三大暑，大。

七月丙子朔初八立秋，二十三處暑，小。

八月乙巳朔初九白露，二十五秋分，大。

九月乙亥朔初十寒露，二十五霜降，小。

十月甲辰朔十一立冬，二十六小雪，大。

十一月甲戌朔十二大雪，二十七冬至，小。

十二月癸卯朔十三小寒，二十八大寒，大。

永曆三十二年戊午

正月癸酉朔十三立春，二十九雨水，小。

二月壬寅朔十五驚蟄，三十春分，大。

閏二月壬申朔十五青明，小。

三月辛丑朔初二穀雨，十七立夏，小。

四月庚午朔初三小滿，十八芒種，大。

五月庚子朔初三夏至，十九小暑，大。

六月庚午朔初四大暑，十九立秋，小。

七月己亥朔初五處暑，二十一白露，大。

八月己巳朔初六秋分，二十一寒露，大。

九月己亥朔初六霜降，二十一立冬，小。

十月戊辰朔初八小雪，二十三大雪，大。

十一月戊戌朔初八冬至，二十三小寒，小。

十二月丁卯朔初十大寒，二十五立春，大。

永曆三十三年己未

正月丁酉朔初十雨水，二十五驚蟄，小。

二月丙寅朔十一春分，二十七青明，大。

三月丙申朔十二穀雨，二十七立夏，小。

四月乙丑朔十三小滿，二十八芒種，小。

五月甲午朔十五夏至，三十小暑，大。

六月甲子朔十五大暑，小。

七月癸巳朔初一立秋，十七處暑，大。

八月癸亥朔初二白露，十七秋分，大。

九月癸巳朔初二寒露，十七霜降，小。

十月壬戌朔初四立冬，十九小雪，大。

十一月壬辰朔初四大雪，十九冬至，大。

十二月壬戌朔初五小寒，二十大寒，小。

永曆三十四年庚申

正月辛卯朔初六立春，二十一雨水，大。

二月辛酉朔初六驚蟄，二十二春分，小。

三月庚寅朔初八青明，二十三穀雨，大。

四月庚申朔初八立夏，二十四小滿，小。

五月己丑朔初十芒種，二十五夏至，小。

六月戊午朔十一小暑，二十六大暑，大。

七月戊子朔十二立秋，二十七處暑，小。

八月丁巳朔十三白露，二十八秋分，大。

九月丁亥朔十三寒露，二十九霜降，小。

十月丙辰朔十五立冬，三十小雪，大。

閏十月丙戌朔十五大雪，大。

十一月丙辰朔初一冬至，十六小寒，大。

十二月丙戌朔初一大寒，十六立春，小。

永曆三十五年辛酉

正月乙卯朔初二雨水，十八驚蟄，大。

二月乙酉朔初三春分，十八青明，小。

三月甲寅朔初四穀雨，二十立夏，大。

四月甲申朔初五小滿，二十芒種，小。

五月癸丑朔初六夏至，二十一小暑，小。

六月壬午朔初八大暑，二十三立秋，大。

七月壬子朔初八處暑，二十三白露，小。

八月辛巳朔初九秋分，二十五寒露，小。

九月庚戌朔十一霜降，二十六立冬，大。

十月庚辰朔十一小雪，二十七大雪，大。

十一月庚戌朔十二冬至，二十七小寒，大。

十二月庚辰朔十二大寒，二十七立春，小。

永曆三十六年壬戌

正月己酉朔十四雨水，二十九驚蟄，大。

二月己卯朔十四春分，二十九青明，大。

三月己酉朔十五穀雨，小。

四月戊寅朔初一立夏，十六小滿，大。

五月戊申朔初一芒種，十六夏至，小。

六月丁丑朔初三小暑，十八大暑，小。

七月丙午朔初四立秋，十九處暑，大。

八月丙子朔初五白露，二十秋分，小。

九月乙巳朔初六寒露，二十一霜降，小。

十月甲戌朔初七立冬，二十三小雪，大。

十一月甲辰朔初八大雪，二十三冬至，大。

十二月甲戌朔初八小寒，二十三大寒，小。

永曆三十七年癸亥

正月癸卯朔初十立春，二十五雨水，大。

二月癸酉朔初十驚蟄，二十五春分，大。

三月癸卯朔十一青明，二十六穀雨，大。

四月癸酉朔十一立夏，二十六小滿，小。

五月壬寅朔十二芒種，二十八夏至，大。

六月壬申朔十三小暑，二十八大暑，小。

閏六月辛丑朔十四立秋，小。

七月庚午朔初一處暑，十六白露，大。

八月庚子朔初一秋分，十六寒露，小。

九月己巳朔初二霜降，十八立冬，小。

十月戊戌朔初四小雪，十九大雪，大。

十一月戊辰朔初四冬至，二十小寒，大。

十二月戊戌朔初五大寒，二十立春，小。

南明史卷七

志第二

無錫錢海岳撰

禮

明代禮制，定於太祖，大明集禮、大明會典，所載特詳。世宗鋭意復古，制度典章益備。故終明之世，大多遵守祖制，不敢背也。南渡中興，鎬京舊制猶存。當可爲之時，經緯規模，墜典具舉。惜禮臣不明國故，禮文錯繆，論者譏焉。福京用黄道周、曹學佺，皆通儒碩學，行朝戎祭，封爵贈謚，輒咨而後行，一時禮制，多可觀者。昭宗、魯王踦嶇戎馬，制作不遑；然告朔餼羊，猶有存者，權史者亦不可廢也。今仍以五禮之序，條爲品式，而隨時損益者，則依類編入，藉志三朝禮制涯畧云。

吉禮　郊祀社稷　祭告嶽鎮海瀆山川　太廟特廟　先師孔子廟　功臣忠臣廟祠旌表　加上

謚號　廟諱

嘉禮　登極　朝儀　上尊號徽號　册皇后册皇太子　皇帝視學經筵　東宮出閣講學　存問　璽印

賓禮　北使

軍禮　推轂

凶禮　哭臨　山陵寢廟忌辰　寢園　賜謚蔭祭葬

五禮，一曰吉禮。祀事領於太常寺，而屬於禮部。凡郊祀社稷，祭告嶽鎮海瀆山川；太廟、特廟；先師孔子廟；功臣、忠臣廟祀、旌表；加上謚號，廟諱諸禮，以次類編焉。

明以圜丘、方澤、社稷、太廟，並列大祀。壇壝之制，神位、祭器、玉帛、牲牢、祝册之數，籩豆之實，祭視諸祀尤嚴。安宗即位，崇禎十七年五月戊戌，禮部請祀地祇。以國家草創，命俟郊天日一併舉行。六月己巳，詔議郊祀大典，顧錫疇議以「郊祀分祭合祭，本朝典制先後不同。謹案：洪武二年十一月冬至，祀昊天上帝於圜丘。三年五月夏至，祀皇地祇於方澤。行之數年，風雨不時，高皇帝斷自宸衷，舉合祀之典，乃命即圜丘舊址爲壇，爲一屋覆之，名大祀殿。十年十一月丁亥，合祀於奉天殿，以大祀殿未成也。十一年十月工成，命禮部去前代之祭，歲止一祀，以首春三陽開泰之時，每歲親祀，以正月上辛行禮。十二年正月己卯，合祀天地於大祀殿，此高皇帝釐正允爲定制者也。自文皇帝遷鼎北京，恪守未改。至嘉靖元年，世廟從廷臣議，始更爲南北分祀。萬曆三年，可閣臣張居正疏，復從合祀禮。今中興之日，草昧之時，如删煩就簡，郊祀大典，宜一禀高皇帝合祀之制，於孟春上辛，歲一舉行；若以分祀之制，自世廟更定。統惟裁斷。」疏上，從之。命工部修南郊大祀殿。八月辛未，管紹寧署部事，又題分祀，議以「禮記曰：『王宮祭日也，夜明祭月。祭日於壇，祭月於坎。』又祭義曰：『祭日東郊，祭月西郊。』此言分之義也。郊特牲曰：『郊之義大報天，而主日配以月。』此言合之義也。說者謂因郊而祀之者，非正祀也。惟春分朝之於東門之外，秋分夕之於西門之外者，祀之正者也。其見於周禮者如此。漢於神山祠日，萊山祠月。魏、唐、宋俱以二分，朝日東郊，夕月西郊。惟元於郊壇，以日月從祀則罷之。歷考古者，正祭皆以專祀爲宜。今天地至尊，合無依國初合祀，而以日月分壇配位，至二分之祭，仍以熠舊舉行，星辰附於月壇，庶乎本朝所定夕月之儀，不至缺畧也。」票擬者昏不記憶，復從之。尋沈胤培再疏言：「聖祖合祀之制，宜遵者四：漢儒董仲舒曰：『郊嘗以正月上辛日，所以先百神而最居前也。』皇上改元肇事，禮行於郊，而百神受職，以泰壇昭事之精誠，聳萬國尊親之志氣，宜遵者一。周朔建子，冬至圜丘，適當獻歲，不妨迎陽報天。我朝循夏正，不無地先天祭之嫌，今用歲首開泰之辰，行大報天地之禮，孔順孔時，宜遵者二。世宗遺詔，原有郊社等禮，各稽祖宗舊典斟酌改正之文，故穆廟時，輔臣獻議曰：『歲一舉合祀，奉二祖以並配，遵太祖更定之制，體世宗未安之情。』蓋分祀者一時改創，而合祀者我朝通行，宜遵者三。南都自合祀後，北郊遂廢，今俗所稱地壇，非地壇也，更建方澤，功難遽成，而溷舉分祀於合祀之所，非所以爲禮，宜遵者四。天壇近拱宸居，遥通陵脈，臣知聖祖在天之靈，必有憑依不舍者。仰祈霑發德音，仍遵合祀。」是月戊寅，詔明年正月行郊祀禮，仍遵洪武合祀制。十月丙子，詔停今年冬至郊祀，以來年正月上辛合祀天地於南郊。十一月丁亥，天旱，命錢謙益禱雨天地壇。十二月戊午，命明年合祭天地，以太祖、成祖並配，非禮也。辛巳，改明年郊祀於冬至。沈宸荃疏言：「祀天不可緩，請遵前旨。」不聽。弘光元年二月乙亥，禮部請朝日，命南郊禮成行之。

紹宗承統，隆武元年八月辛巳，營天壇天興。丙午，郊祀上帝於南郊，風和星燦，祝文升天，上顧而大喜。

昭宗播遷無定。永曆元年四月壬申朔，祀南郊於桂林。旋幸奉天，郊祀天地。再幸肇慶，三年十一月癸酉冬至，祀天圜丘。其後幸安龍，幸滇京，爲時少久，郊祀之典，史皆不詳。

南京社稷，一如北京舊制。崇禎十七年八月，安宗祭社稷。紹宗建社稷天興。隆武元年八月戊子，命鄭鴻逵代祭。二年十月丙戌，昭宗監國肇慶，建社稷。永曆十年三月幸滇京，建壇東南關井橋，太嘗卿代祭。

至祭告之禮，安宗、紹宗、昭宗、監國魯王，於即位或國有大事，輒祭天地社稷。永曆二年閏三月，上在南寧，皇子慈煊生，命官祭告。八月辛亥，再幸肇慶，再祭告。

嶽鎮海瀆山川之祀。崇禎十七年冬，命顧錫疇、王應賓祭南海。十一月壬辰，以太后自中州南來，所過波平風靜，加封黃河福主、靈通、康祐、金龍四大王，嘉祐蕭公順天王，禧祐洞庭君主，惠祐宗三靜江王，護國庇民楊四將軍，英顯晏公平浪侯，護國開河顯應有感靈昭白鱔大王，通玄顯濟大王，昭肅劉公普濟真君，莊憲昭端恭敦慈穆天地水府三官大帝，嘉祐顯化楊二太公，顯化靈佑楠枏將軍，沙頭膠尾隆祐守界之神，浦子口城隍瑞祐之神，浦子口英祐五聖之神，護國庇民妙靈昭應弘仁普濟安定慈惠天妃，金玄六七忠祐總管水仙五位靈濟王侯，慶祐聶四將軍，岨山慈祐夫人，嘉祐駙馬陳侯，大江昭宣寧海伯施相公，隆祐耿七將軍，呂梁洪靈祐真神，嘉惠分水夫人，襄濟閘神白洋河顯濟真神諸水神，並遣官致祭。弘光元年二月乙丑，命黃道周祭禹陵。四月，命李清祭南鎮。紹宗入閩，度仙霞嶺，祭告漁梁鎮神。凡行在山川鬼神，遣正官精禋祭告。吴載鼇奉命祭天興、古田、水口及延、建山川之神。昭宗之世，干戈路阻，禮遂不行。監國魯王在紹興，隆武元年八月乙巳，祀錢江，封張侯靈應公，建廟。王病不至，以張國維代，陳盟襄事。後幸舟山，永曆四年正月，命朱永祐祭山，李思密副之；張煌言祭海，鄭遵儉副之。

南京太廟。安宗即位，命與歷代帝王廟咸大加修葺。崇禎十七年孟冬時享，以廟工未就，暫於奉先殿中立主致祭。十一月，惠宗入太廟。弘光元年三月壬寅，親祭帝后奉先殿。四月，始享太廟。紹宗建行在太廟天興。隆武元年八月庚辰朔，命工部製太廟樂器。昭宗於隆武二年十月丙戌，建太廟肇慶。其後乘輿播越，僅於行宮附廟，規模隘狹。永曆元年三月，上在全州，躬祀太廟。二年正月丁酉朔，在桂林，命瞿式耜代行禮。五年正月乙未，祀於南寧。四月乙未朔，再祀。七月甲子朔，再祀。及六年三月壬申朔，始建廟安龍。十月己亥朔，上親祭廟。十年三月，幸滇京，復建廟。魯王監國紹興，建廟。永曆三年十月，建廟舟山行宮東。諸朝於即位或國有大事，輒祭告。隆武元年九月，李錦、高一功等歸附；永曆二年四月乙未朔，金聲桓、李成棟以江廣反正；八月辛亥，上重幸肇慶；六年七月，李定國、劉文秀桂川大捷，上親告廟，儀制稱盛焉。

特廟之制。安宗建國，顧錫疇請別立孝皇帝專廟，從之。崇禎十七年八月丁丑，命建廟南京。十月壬午，孝皇帝御容至自河南，弘光元年正月丙午，迎從大明門入，百官朝服侍班。其後，紹宗建唐國宗廟天興，祀敬順端裕皇帝。昭宗建廟祀禮宗。皆特廟也。當懿文太子復興宗孝康皇帝廟謚，李清請與興獻並祀別廟，奉孝宗爲不祧之宗，不報。崇禎十七年十二月戊寅，命於來年二月初，成思宗東宮、二王殿，未成而南京亡。

先師孔子廟，南京如北京舊制。崇禎十七年八月丁巳，安宗親祀先師。弘光元年，何九說請從祀曹端、吴與弼、蔡清兩廡，不報。隆武元年八月丁亥，紹宗釋奠先師。二年，張瑞鍾、莊起儔請祀黄道周兩廡。昭宗之世，祀事不聞。監國魯王在舟山，永曆四年仲春上丁，謁廟行釋菜禮，命吴鍾巒出宿齋宫，董玄涖事，徐孚遠、曾應遴習儀，陳九徵、黄甲陳鹵簿，朱養時、梁隆吉清道，董志寧扈從，李國禎、劉午陽警蹕，張名振進陪乘，林之瑛備物，董份省牲，江中汜省器，陳所學贊禮，楊鼎臣、李開國爲相，張肯堂上尊，阮駿衛後。禮成，王在明倫堂，徐孚遠講秦風無衣詩而還。二十年正月，鄭經建廟東寧寧南坊。明倫堂成，行釋菜禮，文武軍民環泮宫而觀者數千人。朱之瑜事敗走日本，著學宫圖說，日人從受釋奠禮，日本始知崇祀孔子。

太祖建功臣廟南京雞鳴山，祀開國功臣徐達等。崇禎十七年七月甲辰，詔以馮勝、傅友德入祀。九月甲辰，以廖永忠、王弼、汪興祖、俞通淵、耿炳文、廖旺、何真入祀。同年八月辛巳，建旌忠廟；九月戊戌，建表忠祠於雞鳴山。

旌忠廟祀甲申殉難文武諸臣，凡正祀文臣：范景文、倪元璐、李邦華、王家彦、孟兆祥、施邦曜、淩義渠、周鳳翔、馬世奇、吴麟徵、劉理順、汪偉、吴甘來、王章、陳良謨、陳純德、申佳胤、成德、許直、金鉉、衛景瑗、朱之馮、湯文瓊、許琰二十四人；正祀武臣：劉文炳、張慶臻、李國楨、鞏永固、劉文燿、周遇吉、吴襄七人；正祀内臣王承恩一人；正祀婦人：成德母張，金鉉母章，汪偉妻耿，劉理順妻萬、妾李，馬世奇妾朱、李，陳良謨妾時，吴襄妻祖，周遇吉妻劉十人；附祀文臣：孟章明、徐有聲、顧鋐、彭琯、俞志虞、徐標、朱廷焕七人；附祀武臣：朱純臣、顧肇迹、鄧文明、郭培民、薛濂、徐錫登、宋裕德、孫維藩、楊崇猷、衛時春、吴遵周、王先通、張光燦、方履泰、李國禄十五人；附祀内臣李鳳翔、王之心、高時明、褚憲章、方正化、張國元六人。表忠祠祀遜國文臣：方孝孺、王叔英、王艮、卓敬、陳迪、鐵鉉、暴昭、黄觀、盧迥、郭任、胡子昭、茅大芳、練子寧、景清、陳性善、周璿、戴德彝、胡閏、鄒瑾、黄子澄、盧原質、廖昇、侯泰、金有聲、張昺、徐子權、齊泰、邊昇、譚翌、樊士信、黄鉞、葉福、陳繼之、韓永、龔泰、曾鳳韶、魏冕、高翔、甘霖、王彬、王度、謝昇、丁志方、林右、陳忠、巨敬、宋徵、連楹、林英、王良、程本立、林嘉猷、陳彦回、姚善、周繼瑜、顔伯瑋、顔有爲、張彦方、鄭恕、向朴、唐子清、黄謙、鄭華、陳思賢、王省、王禎、劉璟、周是修、葛誠、石撰、龍鐔、程通、俞逢辰、高巍、杜奇七十五人；武臣徐輝祖、俞通淵、楊嵩、謝貴、彭二、馬宣、朱鑑、瞿能、宋忠、孫泰、莊得、張能、俞瑱、宋瑄、張倫、崇剛、儲福十七人；婦人：方孝孺妻鄭、黄觀妻翁、曾鳳韶妻李、王良妻、儲福妻范、胡閏女郡奴六人，以上正祀。文臣：吴成學、張紞、徐貞、毛太、黄魁、徐垕、樓璉、司中、柳一景、張安國、劉原弼、黄清、程公智、王玭、韓郁、彭與明、劉端、王高、何申、高遜志、黄彦清、劉伯完、鄭居貞、陳周、李文敏、黄直、胡子義、黄希范、孫鎮、王璡、楊任、葉惠仲、石允嘗、周縉、蔡運、劉固、豐寅初、林大同、鄭士達、錢芹、鄒樸、劉政、高賢寧、王志、伍性原、陳應宗、林玨、鄒君默、曾廷瑞、吕賢、方孝友、俞貞木、王稌、王賓、楊福、袁杞山、劉國、譚仕謹五十八人；武臣：耿炳文、盛庸、李賢、梅殷、耿璿、胡觀、李祺、陳質、廖鏞、廖銘、平安、孫岳、耿瓛、寧忠、陳暉、潘忠、徐凱、彭聚、卜萬、楚智、盧振、滕聚、趙諒、楊本、徐讓、衛健、小馬王、曾濬、周拱元、倪諒、龔翊、瓦喇輝及姓名無考嵩江同知三十三人；内臣胡伯顔盧振；官職無考：梁良用、高不危、郭良、馬坤、朱進、王墀、陳子方、河西傭、補鍋匠、馮翁、王公、東湖樵夫、樂清樵夫、耶溪樵夫、雲門僧、洞庭居士、雪庵和尚十九人；從亡：史彬、程濟、趙天泰、鄭洽、廖平、金焦、梁玉田、馮漼、葉希賢、梁良玉、梁中節、宋和、郭節、王之臣、嚴震直、梁楊、應能、牛景先、王資、劉仲二十人；内臣段實、何洲、周恕、長壽、吴亮五人；婦女：王叔英妻并二女、戴德彝嫂項、齊泰女、鐵鉉二女、張安國妻、黄觀二女、龔泰妻、鄭恕二女、王省女、譚翌妻、鄒林英妻宋十六人，以上附祀。春秋致祭。

又建吴阿衡、蘇茂杓、孫承宗、劉一燝、賀逢聖、吕維祺、陸夢龍祠，及沈壽崇、丁啟宗忠烈祠，程良籌等義烈祠各於其鄉。又建劉孔暉旌忠祠於寶慶，王燾、蔡懋德雙忠祠於崑山，馬世奇、劉熙祚、王章、金鉉四忠祠於嘗州，淩駉祠於河南。十月壬午，命湖廣、陝西殉難諸臣自建祠於鄉。

紹宗即位，建建文忠臣祠於行在京城，建陳有功等祠於撫州許灣。以國家元氣之削，繇於靖難，隆武二年三月，敕建方孝孺祠，鑄姚廣孝鐵像跪階下。四月，允揭重熙請，建四忠祠，祀涂國鼎、曾亨應、蕭漢、李大覺。五月，建憫忠廟天興、報忠廟漳浦，祀黄道周。

昭宗即位，命江西制臣建楊廷麟、萬元吉、姚奇胤、龔棻、黎遂球五忠祠於忠誠，楊廷麟、萬元吉特祠於南昌，黎遂球專祠於廣州。永曆元年，建郭符甲祠於泉州。二年，建蘇觀生、霍子衡、梁朝鍾三忠祠於廣州，侯偉時、傅作霖、劉佐三忠祠於奉天，馬際盛忠臣廟於湘潭。三年，建陳子壯、張家玉、陳邦彦特祠於廣州，譚應龍專祠於其鄉，兵部主事倫鳳翔宣諭。五年，建瞿式耜、張同敞、于元燁特祠於桂林，何騰蛟特祠於長、衡、郴、永。十一年十一月，建吳貞毓等十八人廟安龍馬場，賜祭立碑，大書「十八先生成仁處」。

魯王監國，建高弘圖祠紹興，姜瀉里祠象山，陸培忠烈祠杭州。及幸舟山，建吳志葵、魯之璵、吳之蕃、侯承祖、董明弼、丁有光、季寧專祠。

永曆十三年，鄭成功回思明，立忠臣廟，祀死難諸臣，以甘輝爲首。鄭克塽在東寧，建延平王廟，附祀路振飛、曾櫻、唐顯悦、徐孚遠、王忠孝、沈光文、辜朝薦、謝元忭、沈佺期、郭符甲、陳永華、李茂春、張名振、徐仁爵、姚志卓、周瑞、沈瑞、吳淑、趙得勝、甘輝、陳駿音、盧若騰、諸葛斌、劉九皋、劉之清、楊英、汪匯之、葉翼雲、陳鼎、柯宸樞、潘賡、鍾萬禮、馬信、洪旭、郝文興、張英、陳六御、曾瑞、王起鳳、柯平、林勝、丘輝、陳侃、藍衍、林文燦、吳世珍、盧爵、韓英、李必、陳堯策、張洪德、謝參、施廷、魏其志、林壯猷、丘縉、金作裕、洪復、林世用、蔡參、魏標、楊忠、黄明、楊標、張廷臣、魏雄、吳賜、林衛、洪邦柱、林順、陳營、楊文炳、王受、黄國助、沈誠、吳潛、陳時雨、曾大用、劉猷、萬宏、陳魁、金漢臣、楊祖、康忠、陳陞、施舉、黄德、馬興隆、江勝、余程、黄安、巴臣興、鄭仁、薛衡、王一豹、黄經邦、莊用、吕勝、章元勳、張進、吳勃、張顯、廖義、林德、陳士勳、葉章、阮駿、施廷、陳申、張鳳、沈珽、鄭裕、鄭温、鄭濬百十四人。

旌表之禮，南渡不廢。崇禎十七年八月辛巳，爲周遇吉妻劉，成德母張，金鉉母章，汪偉妻耿，劉理順妻萬、妾李，馬世奇妾朱、李，陳良謨妾時建坊。十一月庚寅，彭文炳建一門忠烈坊。紹宗監國令諭：「甲乙二年，虜寇猖狂，官吏士民，義夫節婦，以身殉者，撫按速題旌表。」即位恩款：「甲乙兩年，義夫節士，忠臣孝子，俱着地方官奏請旌表。畔臣賊子，俟天下大定，推公論裁奪。權臣冤害之人，并准上本據實奏雪。」隆武元年八月，黄蜚殉難，建坊。閩縣永南里民女林楚玉，以未嫁室女殉夫，足厲薄俗，特准建坊。二年五月，爲黄道周建中興大功、中興藎輔坊於天興、漳浦；凡生平講學所，皆賜表「文明書院」。九月，李錦、高一功來歸，李自成妻高有贊導之功，建淑贊中興坊以旌之。永曆二年，表霍子衡闔門死義之家。何騰蛟妻徐殉節，特詔建坊。三年，爲張家玉建坊東莞。程峋妾趙殉節，建貞烈廟；妾藍、子仲庸及妻妾羅、石，建一門忠孝節烈坊。宗室石虹女瓊芳、瑤芳與從婦廖，建一時三烈坊。楊開妻章、譚先召妻劉殉節，亦准建坊。其後鄭經在東寧，有謝燦妻鄭宜娘殉夫，天興州建坊旌表。

安宗即位，詔議上大行皇帝廟諡，張慎言擬烈宗敏皇帝，顧錫疇擬乾宗，高弘圖擬思宗。趙之龍疏糾高弘圖議廟號之失，以「思」爲下諡，顧錫疇改擬正宗上。趙之龍不識字，李沾嗾之也。高弘圖疏辨，上卒如其議。乃於崇禎十七年六月戊午，上大行皇帝、皇后諡，詔曰：

昊天降割，悲龍馭之遐升；聖聽崇隆，惟鴻稱之允協。制既除於易月，謚謹上於稱天。

恭惟我大行皇帝，撫億兆人，踰十七載。望雲就日，帝堯之欽明；菲食惡衣，神禹之恭儉。爰自龍飛代邸，即從容而定恭、顯之奸；繼遭豕突都門，更指揮而成方、召之績。祇事郊廟，對越必虔；步禱壇林，滂沱立應。時撤樂而減膳，歲蠲租而省刑。聞善必行，沛若江河之決；無幽不燭，炯如日月之明。龐恩茂展於懿親，睿慮彌周於牧吏。六宮有弋綈之儉，乙夜無釋卷之時。功既巍巍，德亦蕩蕩。上可以方軥姚、姒，下可以跨跡高、光。然猶馭朽索以兢懷，攬宵衣而惕厲。求賢若渴，不難奉國以從；視民如傷，何止推心而置。自三代以來，聖武仁儉，未有如先帝者也。

大行皇后，德儷皇、英，徽侔任、姒。先日嬪於潛邸，旋正位於中宮。殷勤簪珥之箴，齊栗蠶繅之職。濯龍申誡，外戚罔敗於驕；奢詵羽垂仁，內庭僉頌其樂愷。彤史著睢洲之德，星軒衍麟趾之祥。式穀之訓咸知，服繒之風允若。自三代以來，溫恭淑慎，未有如先后者也。

廼天心不測，邦禍忽臻；六位亂常，三光失序。先皇帝以越三超五之聖德，殉國上賓；先皇后以俔天應地之母儀，從龍掩熖。哀纏中夏，憤結敷天。從來守成之主，不聞際此奇凶；歷覩多難之邦，未嘗見茲慘烈。蒼梧天遠，攀靈馭以何繇；金粟雲深，望睿顏而安在？然日月薄蝕，二曜之德自昭；陰陽愆違，兩儀之功不掩。況當患難之際，惟百姓之惓惓；崩逝之時，猶凶荒之惻惻。以茲怙冒之聖，曷深悲慕之情。其上大行皇帝尊謚曰紹天繹道剛明恪儉揆文奮武敦仁懋孝烈皇帝，廟號思宗；大行皇后尊謚曰孝節貞肅淵恭莊毅奉天靖聖烈皇后。

嗚呼！哀思展禮，一人崇追祀之忱；表德揚徽，萬國企皈尊之願。尚期舉朝嘗膽，率土枕戈。思而益思，俘國讐而陳宗廟；烈以成烈，復神京而奠簴鐘。詔告中外，咸使聞知。

弘光元年，李清疏請改思宗廟號，禮部郎余煜上言：「按謚法，道德純一曰『思』，追悔前過曰『思』。先帝憂勤十七年，念念欲爲堯舜者也。遭家不造，亂階頻起，而所用之人，又皆忍於欺君，卒至誤國，於先帝何咎焉？道德純一則似泛，追悔前過則似譏，於覲揚無當也。且唐宋以來，未有謚『思』者，周之思王、漢之後主，闇弱何足述乎！謚法有功安民曰『烈』。今國破家亡，以身殉國，何烈之有？若激烈之烈，又非謚法之謂也。周之烈王、威烈王，漢之昭烈，魏之烈宗，唐之光烈帝，未嘗殉難也。他日書之史册，將按謚法乎，不按謚法乎？故曰『思』、『烈』二字，舉誤也。然則謚宜云何？先帝英明神武，人所共欽，而内無聲色狗馬之好，外無神仙土木之營，臨難慷慨，合國君死社稷之義。千古未有之聖主，宜尊以千古未有之徽稱。考訂古今，不得已而擬書，似當謚曰毅宗正皇帝。」遂於是年二月丙子，改上思宗廟號曰毅宗。

當安宗建國，羣臣有議追尊皇祖鄭太貴妃者；萬元吉請復懿文太子尊號上廟謚；顧錫疇請復建文帝尊號，上廟謚，并上景皇帝廟謚。崇禎十七年七月戊午，詔追尊皇祖太貴妃太皇太后，皇考恭王爲恭皇帝，皇生妣姚太妃爲皇太后，尊謚黄妃、李妃爲皇后。詔曰：

席帝王之尊者，必隆貴貴之稱；重源本之思者，先篤親親之報。朕猥罹多難，勉纘丕基，惟懼我列祖之耿光，或墜予一人之涼德。然撫茲弘業，敢忘積累之恩？念昔先人，曷既劬勞之痛。

恭惟我皇祖先太貴妃顧復先考，撫鞠朕躬，慈恩最溥。皇考福先王聰明憲天，慘烈殉國，聖德無疆。聖母太妃，柔閒靜專，明哲聖善，恩勤未報，險阻備嘗。皇妣先太后，至恩罔極，懿德難明，恨結栢棬，哀纏風樹。先妃淑慎不愆，惠温成性，徽儀早逝，故劍銜悲。先繼妃貞靜夙成，端烈莫並，臨危秉禮，玉折增愴。凡此至情，久懷弗釋；紹茲大寶，益用摧傷。昔周道尚親，聿著追王之典；肅皇議禮，弘垂特廟之規。是用博咨僉謀，參稽典制。於七月初三日，祗告天地宗廟社稷，恭上皇祖先太貴妃尊謚號曰孝寧温穆莊惠慈懿憲天裕聖太皇太后，皇考福先王尊謚號曰貞純肅哲聖敬仁毅恭皇帝，聖母太妃尊號曰恪貞仁壽皇太后，皇妣先太妃尊謚號曰孝誠端惠慈順貞穆輔天昌聖皇太后；册贈先妃謚號曰孝哲懿莊温正仁靖儀天昭聖皇后，先繼妃謚號曰孝義端仁肅明貞潔熙天詒聖皇后。顯號特崇，不敢忘志事之大；鴻稱駢集，實以順天人之心。

顧一本懿親，既尊隆於最上；而先朝遺典，豈無待於後人。因思建文君嗣統四年，景皇帝御宇七載，既已君臨有日，豈容廟號獨遺。敬體祖宗之心，復正烝嘗之位。除另有詔諭頒行外，所有覃恩合行事宜，開示於後云云。

於戲！命既凝於繼體，禮兼盡夫至情。率土之濱，盡識朝廷敦本之意；敷天之下，共沐前王詒燕之恩。德越千秋，恩覃四隩。布告天下，咸使聞知。

追復懿文太子及常妃尊號上建文帝、后，景皇帝、后謚，詔曰：

孝莫大於成先志，禮莫大於順人心。故歷聖舊章，雖非後人所能變；而累朝缺典，實惟繼體之善承。恭惟我懿文皇太子，開國元良，高皇冢嗣，夙著朝三之孝，未終與九之齡。建文君温文成性，愷悌因心，位僅正於四年，德實隆於三讓。景皇帝旰食宵衣，內安外攘，社稷傾而復定，日月蝕而重明，溯三朝之令猷，皆百王之盛軌。惟後世拘牽乎祖制，遂徽稱久廢於宗祊。然建文崩逝之年，成祖業命葬以天子之禮；即景泰革除之日，英宗亦有朕心不忍之言。陵碑稱曰朝廷，昭皇帝已仰知志意；郕王尊爲景帝，純皇帝固默有稟承。

列宗屢議追崇，累代因循未果。今歷年滋久，寰宇之歌思愈深；而顯號弗彰，祖宗之怨恫奚慰。特於七月初三日，祇告天地宗廟社稷，復上懿文皇太子尊謚曰興宗孝康皇帝，懿文太子妃號謚曰孝康皇后。恭上建文君尊謚曰嗣天章道誠懿淵恭覲文揚武克仁篤孝讓皇帝，廟號惠宗；建文后號謚曰孝愍温貞哲睿肅烈襄天弼聖讓皇后；景皇帝尊謚曰符天建道恭仁康定隆文布武顯德崇孝景皇帝，廟號代宗；景皇后號謚曰孝淵肅懿貞惠安和輔天恭聖景皇后。其革除死事諸臣，精忠貫日，苦節可風，分別重輕，並與卹謚。

於戲！曠儀既舉，先德斯昭。三百年鬱勃之人心，從茲丕暢；十五朝未竟之遺志，自此發皇。敢言繼述之光？益顯祖宗之大。布告天下，咸使聞知。

十月癸酉，復代宗母吴曰孝翼温惠淑慎慈仁匡天錫聖皇太后。十二月丙寅，改謚孝宗張皇后曰孝成靖肅莊慈哲懿扶天贊聖敬皇后。弘光元年三月己亥，上熹宗懿安皇后謚曰孝哀慈靖恭惠温貞偕天協聖哲皇后。初，張元始以「恭」爲禪主，請改曰「共」，不報，至是改上恭皇帝謚曰孝皇帝。

閏六月丁未，紹宗追尊皇高祖敬王、曾祖順王、祖端王、考裕王爲皇帝；趙、周、魏、張、毛太妃爲皇后。隆武元年十一月，復改上毅宗廟號曰威宗。

二年十一月庚申，昭宗追尊皇祖妣李太貴妃爲孝敬太皇太后；皇考端王爲端皇帝，廟號禮宗；皇妣吕太妃爲孝欽端皇后。五年五月，上王太后謚曰孝正皇太后。十一年四月癸酉朔，上孝皇帝后安宗簡皇帝、后；紹宗襄皇帝、后廟謚，皆下詔大赦。

昭宗凶問至東都，鄭經上謚曰匡皇帝，加廟號；王皇后曰匡皇后。

監國魯王於弘光元年閏六月癸丑，贈某妃、周妃謚。永曆四年，上赧皇帝、后廟謚。五年，贈張妃、陳妃謚，亦皆下旨大赦。

廟諱。安宗即位，詔凡從「木」加「公」字者，俱改爲「嵩」。文武職官、地名有犯廟諱者，悉易之。昭宗嗣統，凡從「木」加「郎」字者，俱改爲「桹」。魯王監國，凡從「氵」加「每」字者，俱改爲「瀰」。惟紹宗御名不諱。

二曰嘉禮。行於朝廷者曰登極，曰朝儀，曰上尊號徽號，曰册皇后、皇太子；行於辟雍者曰皇帝視學，舉其可紀者書之。而經筵、東宮出閣講學、存問及璽印附焉。

安宗監國儀：崇禎十七年五月，胡其枝進儀注。是月庚寅，行陞座禮。先期，司禮監設座內殿，設寶座武英殿；欽天監設定時鼓；錦衣衛設鹵簿儀仗；尚寶設寶案於武英殿；教坊司設中和韶樂，懸而不作。是早，鴻臚引導駕執事等官，進內殿候駕陞座，太嘗設酒果等物於武英殿丹陛上。王具冕服，導駕官導王行告天地宗廟。禮畢，入內殿，文武百官各具青補朝服丹墀內序立。鴻臚引執事官進內殿，傳令百官免賀免宣表，止行四拜禮。贊執事官行禮，贊各執事鴻臚寺正官跪奏請陞殿，王繇中門出陞寶座，錦衣鳴鞭，欽天監報時，鴻臚贊行四拜禮訖。通贊唱班首詣前，引禮官引班首官至王位前。通贊唱跽搢笏，班首跽搢笏。承傳唱衆官跽，百官皆跽。奉寶官開盝取寶，跽授班首官，班首官奉寶，上言：「殿下進陞大位，臣等謹上御寶。」尚寶受寶入盝。通贊唱就位，拜興平身，百官拜興如之。通贊唱復位，引禮官引班首官自西降復位。通贊唱俯伏、興、平身、鞠躬、拜、興、拜、興、拜、興、拜、興、平身。禮畢，駕興，百官以次而退。其後即位儀如之。紹宗於弘光元年閏六月丁亥，監國儀注如前。丁未即皇帝位，受朝賀，初行五拜三叩首禮，繼行二十四拜。昭宗於隆武二年十月丙戌監國，十一月庚申即皇帝位，儀注同。魯王隆武元年七月癸丑監國，羣臣朝見行四拜禮，召入坐語賜茶，接下甚温，儀注不可考。

大朝嘗朝諸儀：安宗、紹宗一如北京舊制。弘光元年正月庚戌，命武臣自公侯伯以下，非賜肩輿，遵祖制騎馬。坐蟒斗牛，非奉賜；麒麟白澤，非勳爵，不許僭用。隆武元年八月，敕錦衣衛曰：「國家新創，禁門啟閉，一以更定漏盡爲期。朝日，大臣許帶三人，小臣許帶一人，其直科抄疏諸臣各帶十人，鐘鳴之時，俱於大明門外伺候。如有青衣小帽雜於班聯之後，或借用僭戴冠帽者，即行拏究。各官護短爭執者，并究。各官應帶牙牌，工部察奏。」及上親征，十二月，諭行在工部造御營大明門、午門、奉天門三座，左右黃繩爲闌；奉天門外設細樂，午門外設單大樂，大明門外設雙大樂。犁旦鉦鳴，御營管事牌子跽請御令箭，先開奉天門，奏鉦一聲，細樂一次，又鉦一聲，聽鉦二聲。御前管事又跽請令箭，開午門，鉦鼓吹同前，聽鉦二聲。御前管事跽請令箭，開大明門，大礮三聲，前後用鉦雙鼓樂吹作。内官高傳，門外錦衣官較齊喊，門始開焉。昭宗行朝遷徙無定，朝儀從簡。再幸肇慶，始有章紀。及幸梧州，以舟爲行宫，於高岸結茅屋三楹，中奉御輦，左右爲内閣票擬，百官朝岸上，向龍舟行禮。永曆十年幸滇京，李定國定朝儀，朝廷復尊。魯王在海上，亦以舟爲水殿，威儀益不足觀矣。

上尊號徽號：弘光元年閏六月丁未，紹宗上安宗尊號聖安皇帝。隆武二年十一月庚申，昭宗上紹宗尊號思文皇帝，曾皇后徽號思文皇后。崇禎十七年六月戊午，安宗上鄒太后徽號恪貞仁壽皇太后。隆武二年十一月庚申，昭宗上王太后徽號慈聖皇太后、寧聖慈肅皇太后，馬太后徽號昭聖恭懿皇太后、昭聖仁壽皇太后、昭聖慈惠仁壽皇太后，皆大赦。

册皇后：隆武元年八月壬辰，紹宗册立皇后曾氏，詔曰：

朕惟乾坤合德，風化之方圓攸在；日月儷體，生物之健順所彰。自古君必立后，所以承祖廟，承後昆，建極於萬方者也。朕賴文武臣民不忘高皇帝聖澤，勸進紹統中興，於前閏六月二十七日卯時，即皇帝位於天興府南郊，恭即祭告祖宗，謚唐國高曾祖考四代，親上弘號後，即於是日謹遵祖制，欽命朕元妃曾氏爲皇后於宫中。顧念時事倥偬，册寶冠服未備，用朕登極之日，雖加中宫之□。然立后大典，朕亦何敢草率而行，於是申令禮部，爰稽舊章，擇吉於今日辰時，朕親御冕衮，祭告天地祖宗；御殿遣差勳輔大臣平夷侯鄭芝龍持節，定虜侯鄭鴻逵，内閣輔臣蘇觀生、朱繼祚各捧册寶冠服，立元妃曾氏爲皇后。即於是日，追封后父江西南昌府府學廪膳生員曾文彦爲吉水伯，后母何氏爲吉水伯夫人。

皇后自十九齡作配朕躬，荷蒙毅宗皇帝於崇禎五年六月初三日，遣官陽武侯薛濂、兵科左給事中許世藎持節捧册寶，封朕爲唐王，皇后爲王妃，同日拜命。十餘年來，皇后忠敬貞淑，與朕同喜修行。朕性時有過剛，皇后婉贊，補益弘多。至同困苦八年，割股再延朕命。皇后之賢，遠不愧高、曹、向、孟，近無忝於孝慈祖后。朕今恭承天序，明運中興。朕爲天下報祖之君父，皇后爲天下忠君之母儀。朕託内助於法宫，并承懿軌於億兆。傳不云乎：「陰陽和而雨澤降，夫婦和而家道成。」皇后其明敷五教，播訓三從，四海同遵王化，萬方共仰皇風，華夷隨唱，稱朕意焉。布告天下，咸使聞知。

癸巳，百官進賀表，百官命婦進賀，禮官引進宫門外，候駕至鳳輝堂陞座，請旨進宫，於内勤政殿依序行一拜三叩首禮，名曰拜殿，始詣太和殿朝見中宫。凡一二品賜宴，三品賜茶，四品下免侍。戊戌，遣鄭芝龍詣太廟、宗廟行禮，告皇后將祇見之意。己亥，皇后廟見。二年十二月庚申，昭宗册王妃爲皇后，儀視曾后微殺。

册太子：隆武二年六月，册皇子琳源爲皇太子，福京封贈廕子，鄭芝龍家廝養均得三代誥，撰敕及織軸者日不暇給。永曆五年十月辛亥，册皇子慈烜爲皇太子，詔曰萬喜，皆大赦。

皇帝視學：南渡僅一舉行。隆武元年七月，紹宗幸國子監，賴垓、李世奇同進講易元亨利貞、書聖神文武。三品上官坐聽，餘侍圜橋，觀者如堵。聖德誕敷，羣臣表賀。

經筵：安宗即位，徐弘基知經筵，史可法、高弘圖、姜曰廣、王鐸同知經筵，錢謙益、管紹寧、陳盟、吴偉業講官，張居展書官。崇禎十七年七月八月、弘光元年二月乙丑、三月甲申朔，上四御經筵。清兵渡江，王鐸猶請講期，上命端午後再議，未幾而車駕出狩矣。紹宗時，曹勳、陳燕翼知經筵，日進講。昭宗之世，李永茂、方以智知經筵。江、廣反正，黄奇遇知經筵。及幸滇京，孫順、楊在、汪蛟知經筵。上於永曆三年八月戊子朔四年二月丁亥御經筵。九月，賜講官侍班各官有差并侍宴。繼於七年二月戊戌朔、八月癸亥朔。八年二月壬戌朔、八月戊午朔，九年二月丙辰朔，十年八月丙子朔，十一年四月甲戌，十四年八月，御經筵。六年八月庚子朔，七年四月丙申朔、九月癸巳朔、十二月癸亥朔，八年十一月丁亥朔，九年正月丁亥、三月、五月、八月壬子朔、十月辛亥朔、十一月辛巳朔、十二月辛亥朔，十四年四月五月，日講。魯王在紹興，董守諭直經筵。雖在顛沛，禮不廢也。

太子出閣講學：永曆十一年二月甲申，皇太子慈煊在滇京行之。楊在、汪郊、陸振奇講官，賜閣臣講官表裏有差。及幸者梗，在進講不輟。

存問之典：安宗登極，詔存問在籍閣臣六部堂官錢龍錫、錢士升、杜士全、于仕廉等。紹宗監國，諭：「文武大臣三品以上，舊制八十始加存問。孤念君臣一體，七十古稀。茲開新例，文武年過花甲以上以禮致仕，俱着地方官賜給羊酒食米。同城者府縣印官，在外者遣佐貳官，俱必親至其家，問視平安，致孤愛重舊臣至意。冠帶閒住、直道去官者，禮問。大計京察貪酷敗制者，不准此例。」即位詔：「親王七十、郡王八十、小宗九十，存問例也。今除親王不拘年歲，俱速遣人問慰外，郡王、宗室俱炤新例，六十即賜存問。文武三品以上在籍察非貪去任者，俱晉勳階一級；六十以上，另有地方官再加存問，并賜酒漿；其廉賢出衆者，禮部仍請差官存問，伸朕篤念舊臣至意。」

崇禎十七年五月，安宗命禮部鑄「監國之寶」，工部考古式，用黄金五十兩、白金三十兩爲之。已鑄「廣運之寶」。六月丁巳朔，禮部鑄國璽以大玉，開局雕鏤龍文螭紐，鐫「皇帝之寶」。十月庚午，上御武英殿受寶，百官朝賀。及上出狩，璽委草野。幸黄得功營，命阮大鋮、朱大典以東閣大學士督師，倉卒間幅紙書官銜姓名而已。安宗立國，各衙門沿用南京舊印。弘光元年，管紹寧失禮部印，大索不可得，因請重鑄。二月己卯，命重鑄各衙門印，去「南京」字，四月朔頒行，識者知朝廷無復恢復中原志矣。杭州不守，六月丙寅，鄭鴻逵、黄道周鑄「監國之寶」上紹宗。閏六月癸未，命巡按速鑄福州各衙門印，印文冠「行在」二字，重鑄國璽。隆武元年八月，諭禮部造關防：「自是月初三日起，禮部關防定天、地、人三字號：天字號，文武一品二品用之，寬一寸五分，長四寸六分，厚一寸，文用鳳頭直柱紐，武用獅頭直柱紐，紐長四寸。地字號文武三品四品用之，寬二寸，長四寸，厚八分，文用如意頭直柱紐，武用劍頭直柱紐，紐長三寸五分。人字號，文武五品六品用之。文用圓頭直紐，武用方頭直紐，寬一寸六分，長三寸五分，厚六分，紐長三寸。自七品以下，則俱止許給條記。條記之式，亦分天、地、人三等，每等紐子及長寬厚，俱比關防遞減二分。此後禮部鑄造，永爲規定，著爲令。大小文武内外衙門，切切欽遵。有踰尺寸分者，定以違制論罪。」三年四月，敕福京所存行在印，俱送御營用；福京部院堂司印，暫用銅鑄，冠「福京」二字。八月，汀州之變，國璽遺失。十一月，昭宗監國，鑄「監國之寶」；即位，鑄國璽。永曆二年八月，再幸肇慶，南海漁人得白玉一雙以獻，命製文曰「皇帝受命之寶」。及幸者梗，十四年八月，碎國璽分給從臣。魯王於弘光元年閏六月，鑄「監國之寶」紹興。東寧亡，世子弘桓繳寶降於清。

三曰賓禮：本以待藩國之君長與其使者。南渡，安南、日本、琉球、呂宋、占城諸國先後入貢，猶用承平儀注。惟安宗時北使，請成犒謝，用敵國禮，前所未有，故備述焉。

崇禎十七年七月庚寅，以左懋第爲兵部右侍郎使清，齎宣清國敕諭一、御書一、詔書一。詔曰：「大明皇帝致書清國可汗：一、天壽山設園陵，奉安先帝先后梓宮；二、山海關外與清；三、歲幣以十萬爲率；四、建國任便。外犒金千兩，銀十萬兩，蟒緞、花緞、宫絹、緋緞萬匹；雜犒銀三萬兩。」給吴三桂薊國公封爵、敕券各一，獎諭一，表裏十襲，玉帶一條，賞銀三萬兩、緞二千匹。給巡撫黎玉田、總監高起潛蔭陞加級敕命一、獎諭一，表裏十襲，玉帶一條，賞銀萬兩，外山陵費銀三萬兩，祭告園陵文、祭告大行皇帝皇后梓宫文。敕諭陷北文武諸臣。護送領兵將官二員，員日給銀一兩，各賞銀二十兩、蟒緞二；隨行標將十二員，員日給銀八錢，各賞銀二十兩、蟒緞二；材官二十員，員日給銀五錢，各賞銀十二兩、緞一；馬兵五百名，名日餉銀一錢五分，各賞銀五兩；馬六百匹，匹日料銀一錢五分；騾夫二百名，名日餉銀一錢四分，各賞銀三兩；騾三百匹，匹日料銀一錢五分。以上官兵騾夫，共賞銀三千六百四十兩、蟒緞十四、緞二十，計程往返三月，共前銀二萬三千八百十兩，吏卒道里費銀三萬兩。後左懋第至北京，以抗禮不下被羈，使事不成。

四曰軍禮：親征爲首，遣將次之。方出師，有禡祭之禮；及還，有受降獻俘之禮。平居有閱武之禮。今取可考者，各以類附，不則闕云。

隆武元年八月甲午，紹宗於大明門外以親征事祭告天地。駕回升殿，行嘗朝儀。乙未，祭告太廟。丙申，禡祭。丁酉，駕幸福京西郊洪山橋，行推轂禮。工部先期於橋陽釣龍臺爲壇，高方一丈，周木闌，上設太祖、毅宗位。上御翼善冠，詣壇所，百官行一拜三叩首禮，左右侍班，武臣戎服聽事。鄭鴻逵、鄭彩吉服入就位，行四拜禮；出易戎衣，上皮弁升壇，於位前行五拜禮。畢，立於位西南面。鴻臚贊授鉞，鄭鴻逵、鄭彩北面跪，兵部取鉞跪。上命授鉞，兵部承旨東立授鉞，鄭鴻逵、鄭彩以鉞授執事者，退立於西。鴻臚贊拜，上東向揖之。賜餞，光禄寺及内員傳賜餞爵，鄭鴻逵、鄭彩跪受爵。候上戒勞畢，贊拜謝恩，趨立壇下左俟。上親御甲冑，於壇上號令出征將士，鄭鴻逵、鄭彩率將士跪聽號令。拜畢，遂按部伍，建旌旗，鳴金鼓，揚兵就道，執鉞官奉鉞先行。上解甲冑，仍御翼善冠，回宫。其後，永曆二年十一月，昭宗在肇慶，命有司築壇，洪天擢代授李成棟鉞。三年正月，授瞿式耜彤弓、鐵鉞於桂林。四年六月，詔親征，命吴貞毓、郭之奇等各祭告，不果行。十二年七月丙申朔，上在滇京，拜李定國爲招討大元帥，假黄鉞，御門祖餞簪花。又隆武元年六月，魯王在天台築壇，拜吴凱爲蕩虜將軍，親行禮。十一月至西興，拜方國安爲大將軍，張國維代推轂。

受降獻俘之禮，崇禎十七年六月丙子，安宗御午門受俘，磔武愫、陳奇等。永曆十一年十月，昭宗御午門，磔張虎等，復行之。

閱武之禮，崇禎十七年十二月丙寅，大閱京軍，馬士英代。紹宗、昭宗行朝播越，未聞舉行。

五曰凶禮：凡哭臨、山陵寢廟、寢園、賜謚祭葬，皆以類編，而忌辰附焉。

崇禎十七年五月癸巳，安宗爲大行皇帝舉哀哭臨。諭曰：

嗚呼！余小子涼德未堪，國家多難，如何昊天降此鞠凶，嗚呼慟哉！

惟先帝以天縱神資，丕承祖宗弘緒。適逢國步多艱，民生日蹙，而勤學力政，罔有休暇。冀堯舜之深仁，挽叔季於唐虞。念茲在茲，無時或怠，自有生民以來，未有如先帝之焦勞者也。不期以禮使臣，而臣以不忠報；以仁養民，而民忍以不義報。彝倫攸斁，報施反嘗，自有生民以來，亦未有甚如今日者也。馴見妖氛日熾，戮我赤子，辱我宗藩，毁傷我陵寢。四海人心，莫不欲滅此而朝食。乃先帝愛惜愈加，招撫彌切。至於餉初增而又減，將已敗而仍收，官極貪極酷而仍用，豈非欲化頑爲良，撥亂歸治哉！無何皇天不弔，遂至有今年三月十九日之事。爰及國母，掩袂相從，徽音頓杳，遺烈如生。信乾坤之令德，肆節義以雙成。然而慘變殊嘗，貽羞千古。孤雖眇質，血氣猶存，暫膺監國，益切除凶。謹告哀於臣民，庶憐余而多助，知爾同心，淒感何極。

喪禮依舊制，以日易月，二十七日釋服。毋禁民間音樂嫁娶。督撫、鎮守、都布按三司官員，地方攸系，不許擅離職守，聞喪之日，止於本處哭臨三日，進香遣官代行。衛所府州縣土官，並免進香。諭告中外，咸使聞知。

隆武二年三月丙寅，威宗大祥，紹宗於延平行宮，魯王於紹興朝堂哭臨，三軍縞素一日。永曆二年正月，王在閩安，爲安宗舉哀哭臨發喪。隆武二年九月，在舟山爲紹宗舉哀哭臨發喪，皆縞素二十七日。紹宗於安宗，昭宗於紹宗哭臨發喪，史籍不傳。永曆四年四月，孝正皇太后崩，癸亥成服。己巳命工部迎梓宮，奉安慈寧宮，舉喪禮，頒孝詔。鄭經在東都，昭宗凶問，爲縞素哭臨三日。

威宗思陵：崇禎十七年三月上崩，吏目趙一桂葬之昌平田皇貴妃寢園，孝節皇后附。清世祖入北京，修建周垣享殿，上陵號，規制隘陋，實攢宮，不稱陵也。六月丁巳朔，安宗命謝陞、黎玉田、王應華充大行山陵使，欲以禮改葬，不果。

安宗無陵號。孝哲、孝義二皇后葬雒陽。上崩於北京，黄調鼎奉梓宮合葬。

紹宗無陵號。上崩汀州，百姓叢葬羅漢嶺，孝毅皇后附。昭宗無陵號。上崩雲興，百姓葬之北門外。吳三桂兵起，親奠舉哀，命卜地營陵。王皇后崩於北京，陵不可考。

孝皇帝熙陵：崇禎十七年六月，命禮官中元致祭。八月丁丑，命河南有司修陵，孝誠皇后附。九月丙午，上陵號，祠官歲時致祭。恪貞皇后崩於北京，調鼎奉梓宮歸附。

敬皇帝、順皇帝、端皇帝、裕皇帝后陵：在南陽，紹宗追崇，無陵號。

禮宗興陵：在梧州城北鳳凰山，昭宗上陵號，建寶城、祾恩殿門，陳純來監工，惜薪太監楊宗華掌皇陵提督。永曆二年七月甲子朔，上謁陵。四年二月甲申朔，再謁陵，命太監徐有禾守陵。孝正皇后五年五月葬南寧兩江宋村楊美山，乾清宮提督魯奇督造陵工。二月成，八月始葬。寶城三十武許，隴山高不及背，三爲土城，周里許，祾恩殿門各三楹。十月癸卯，上謁陵。昭聖皇后崩於北京，陵不可考。南直、湖廣諸陵：崇禎十七年五月乙巳，遣徐弘基祭孝陵，告即位。甲寅，命湯國祚、郭祚永祭孝陵、東陵、韓憲王園。史可法祭祖陵、皇陵。左良玉祭顯陵。鳳陽知府祭壽春以下諸王。弘光元年正月己酉，修東陵，蓋黄琉璃瓦。三月乙巳，附祭惠宗、孝愍皇后、恭愍皇太子、吴悼王、衡愍王、徐哀王、原懷王。三百年中，僅此一祭而已。隆武元年七月，紹宗命李大載奉敕祭謁孝陵。昭宗即位，命吴之俊、李國輔先後祭謁孝陵。

昌平十三陵、西山代宗陵久陷於清。弘光元年三月癸巳，安宗望祭於南京。昭宗時，祖陵、皇陵、孝陵、東陵、顯陵全陷於清。永曆五年七月庚寅中元，上望祭諸陵於南寧。

寢廟：安宗即位，南京命工部大修奉先殿。崇禎十七年五月庚寅，移武英殿所奉二祖二后御容於殿中。二祖御容五軸，命文武大臣五人恭奉；二后御容，命内守備及司禮監恭奉。各青纁服行禮，殿外侍班，候主祭官祭告畢，更吉服進武英殿，拜叩如前，請御容至龍亭内，移奉先殿，叩首出。隨更青纁服侍班，候主祭官祭告而退。乙巳，祭告恭王太妃行宫。七月丙戌朔，祀太祖以下奉先殿，先帝后附祭。紹宗、昭宗、魯王不復建寢廟。

安宗初立，太祖以下帝后忌辰，在孝陵設祭。孝陵正祭止八，諸陵望祭至五十一。弘光元年三月甲申朔，以張元始言，諸陵帝后忌辰，僅備牲醴祭奉先殿；五節則合設一壇，附祭諸帝后孝陵。壬寅寒食，先帝忌辰，於奉先殿舉哀，百官於太平門外設壇遥祭，别一壇祭東宮、二王於側。是日，止音樂，禁屠宰，停百姓嫁娶，各衙門輕重刑罰。四月己卯，太祖忌辰，命朱國弼祀孝陵。未幾南京亡，陵亦自此輟祀矣。魯王在舟山，永曆四年三月壬申威宗忌辰，築壇遥祭，孫延齡讀祝，王伏地哭，陪祭文武皆泣不成聲。

寢園：裕皇帝光華陳妃薨汀州，百姓叢葬羅漢嶺。昭宗竇妃從幸緬甸薨，葬騰越西南疊水河。涪王慈煒、沔王慈熠、澧王慈煇薨於安龍，葬城北玉屏山。安化長公主從入滇薨，葬廣南蓮花山，置守冢一户，今稱皇姑墳。魯王薨，葬思明金門後埔。烈妃周義妃薨，葬兖州。張妃葬所不可考。陳貞妃薨於舟山宫井，永曆九年五月張名振復舟山，封井立碑以祀。

賜謚蔭祭葬：崇禎十七年十月癸酉，安宗復惠宗弟允熥吴王，謚曰悼；允熞衡王，謚曰愍；允熙徐王，改謚曰哀。復謚長子文奎曰恭愍皇太子；追封少子文圭原王，謚曰懷；公主、駙馬復舊號。隆武二年四月，紹宗復追贈惠宗諸弟諸子王謚，諭曰：

朕以太祖親孫繼統，無一時不以太祖聖心爲心。批答文書之後，偶取輔臣蔣德璟所進新纂玉牒觀之，朕心有大不安者兩事：

一爲建文君今追尊惠宗讓皇帝之親弟吴王允熥、衡王允熞、徐王允熙，乃懿文太子今追尊復稱孝康皇帝之嫡子，燕兵進京後，皆爲成祖降廢，此萬世綱嘗，必不可顛倒者，斷宜追復，仍加謚號。若成祖所給之降號，曰廣澤、曰懷恩、曰敷惠、曰甌寧，俱不當用，以仰慰太祖之靈也。至於惠宗君臨四載，恭儉仁孝，實是繼體賢君；嫡子文奎已立爲皇太子，宜加謚號，以明典禮。至於惠宗少子文圭，幽鳳陽者五十餘年，若遵祖制，應有親王之封，今乃生遭耻辱，以至殞身，至今仍稱建庶人，斷宜速速改正，追加封謚，以存千古至公，非挽回天意人心之一端乎！

一爲太祖皇子諸王分封二十四國，内有齊王榑、谷王橞，俱在永樂年間各以罪廢，降爲庶人，除國削爵，身不善終。雖二王有以自取，然其情各有不同。谷王橞始奉惠宗委託守城，乃激烈一時，開門迎敵，後復謀爲非分。是橞之罪，不在蜀王訐其不軌，實在獻金川門之一事，致惠宗之出奔，陷成祖於不義。仰體太祖情法之平，仍與降廢，稱曰庶人，誠不爲過。惟朕追念太祖創業艱難，谷庶人橞，當從靖江王亨嘉爲法，替其身而爲戒，繼其祀以存親。齊王榑雖云不法，激言致禍，時勢實然。先廢後殺，罪不至此，何其慘也！宜復齊王之封，仍加「恭」字爲謚，祀之宜繼，斷斷必然。

允熥追復吳王，允熞追復衡王，允熈追復徐王，建庶人文圭追封潤王，四王概加追謚，曰哀、曰悼、曰愍、曰懷；并惠宗皇太子追謚爲和簡。都著行在一面榜示行朝，令天下曉然遵守。朕俟十五日拜告於我太祖聖位前，庶令三百年未明之大義，垂千萬世倫理之芳模，仍宣付史館，改正實録。

威宗諸子，弘光元年二月甲子，贈皇太子謚曰獻愍，定王曰哀，永王曰悼。魯王尊謚皇太子曰悼皇帝。

安宗登極恩詔，補謚廕前朝大臣之有勞績品行者、忠義殉難者，廕子建祠。萬元吉請褒祀寇難及近日北京四方殉難諸臣。李清請追謚贈開國功臣、武熹兩朝忠諫諸臣。崇禎十七年五月壬子，詔卹北京殉難諸臣。六月壬午，贈文震孟禮部尚書，謚文肅；何如寵太保，謚文端；謚劉一璟、焦竑、吳山文端。七月甲辰，追贈馮勝、傅友德王謚，加左柱國。八月丁丑，謚盧象昇、蔡道憲、陸夢龍忠烈；吳阿衡忠毅；王孫蘭忠愍；贈韓承宣大理卿，謚忠烈；劉士璟山東僉事，謚忠烈；劉熙祚左都御史，謚忠毅，許文岐、何燮太僕卿，謚忠壯；林日瑞兵部尚書，謚忠簡；王燾太嘗卿，謚忠愍；陳瓚右都御史，謚忠貞；沈儆炌太子太傅，謚襄敏；陳于定少保，謚端毅；張瑋左都御史，謚清惠。謚沈子木恭靖，劉源清武節，杜桐武康，杜嵩武壯，張可大莊節。贈賀仲軾太嘗卿，黃尊素、閔仲儼禮部右侍郎，王世琇儀制主事。辛巳，贈甲申死難諸臣：范景文太傅、户部尚書、武英殿大學士，謚文貞；倪元璐太保、吏部尚書，謚文正；李邦華太傅、吏部尚書，謚忠文；王家彦太子太保、兵部尚書，謚忠端；徐標兵部尚書，謚節愍；衛景瑗兵部尚書，謚忠毅；朱之馮兵部尚書，謚忠壯；孟兆祥刑部尚書，謚忠貞；淩義渠刑部尚書，謚忠清。施邦曜太子少保、左都御史，謚忠介；劉理順詹事，謚文正；汪偉詹事，謚文烈；吴麟徵兵部右侍郎，謚忠節；蔡懋德兵部右侍郎，謚忠襄；周鳳翔禮部右侍郎，謚文節；馬世奇禮部右侍郎，謚文忠；許直、金鉉太僕卿，謚忠節；鄭逢蘭太僕卿，謚忠愍；成德大理卿，謚忠毅；王章大理卿，謚忠烈；吴甘來太嘗卿，鄒逢吉太僕丞，謚忠節；朱廷煥副都御史，申佳胤、顧鋐、徐有聲、彭琯、俞志虞太僕少卿，孟章明河南道御史，謚節愍；陳良謨太僕少卿，謚恭愍；陳純德太僕卿，謚恭節；謝于宣、馮垣登、李逢申太僕少卿，謚忠節；周遇吉太保，謚忠武；鞏永固少師，謚貞愍；劉文燿太保，謚忠果。張慶臻、劉文炳太師，李國楨太子太師，李國禄都督僉事，王鍾彦太僕少卿，湯文瓊中書舍人，許琰五經博士。謚王承恩、王之心忠愍，趙譔恭節，李鳳翔恭壯。予朱純臣、劉文炳、顧肇迹、徐錫登、宋裕德、鄧文明、孫惟藩、吴襄、張慶臻、李國楨、楊崇猷、張光燦、方履泰王公侯伯及謚有差。九月戊戌，贈遜國諸臣：方孝孺太師，謚文正；黄子澄、盧原質太保、禮部尚書，謚節愍；陳迪太保，謚忠烈；王叔英禮部尚書，謚文忠；廖昇禮部尚書，謚文節；林右禮部尚書，謚貞穆；齊泰太保，謚節愍；鐵鉉太保，謚忠襄；王艮太子太保、兵部尚書，謚文節；邊昇太子太保、兵部尚書，謚果敏；卓敬太子太保、户部尚書，謚忠貞；郭任太子太保、户部尚書，謚清毅；盧迥太子太保、户部尚書，謚貞達；張昺太子太保、工部尚書，謚節愍；胡閏太保、刑部尚書，謚忠烈；暴昭太保，謚剛烈；侯泰太保，刑部尚書，謚勤貞；金有聲太子太保、刑部尚書。謚翼愍、景清太保、左都御史，謚忠烈；茅大芳太子太保、左都御史，謚忠愍；練子寧太保、右都御史，謚忠貞；陳性善太保、左都御史，謚忠節；陳忠禮部右侍郎，謚文愍；譚翌兵部右侍郎，謚貞愍；胡子昭太子太保、刑部尚書，謚介愍；黄觀太子太保，謚文貞；周是修詹事，謚貞毅；連楹詹事，謚剛烈；劉璟大理少卿，謚剛節；鄒瑾大理卿，謚貞愍；高翔太僕卿，謚忠愍；曾鳳韶太僕卿，謚忠毅；魏冕太僕卿，謚毅直；姚善太僕卿，謚忠惠；林英太僕卿，謚毅節；陳彦回太僕卿，謚穆愍；王彬太僕卿，謚忠莊；王度太僕卿，謚襄愍；林嘉猷太僕卿，謚穆愍；丁志方太僕卿，謚貞定；謝昇太僕卿，謚貞勤；葉福太嘗卿，謚節愍；黄鉞太嘗卿，謚忠獻；戴德彝太嘗卿，謚毅直；龔泰太嘗卿，謚端果；陳繼之太嘗卿，謚莊景；韓永太嘗卿，謚莊介；程本立太嘗卿，謚忠介；甘霖太僕卿，謚貞定；王良副都御史，謚忠毅；周璿左副都御史，謚肅愍；張安國光禄卿，謚端節；徐子權光禄卿，謚忠慤；樊士信光禄卿，謚莊愍；巨敬光禄卿，謚毅直；程通苑馬少卿，謚端直；葛誠大理少卿，謚果敏；顔伯瑋太僕少卿，謚忠惠；周繼瑜太僕少卿，謚莊愍；鄭恕太僕少卿，謚惠節；鄭華太僕少卿，謚貞莊；向朴太僕少卿，謚惠莊；張彦方太僕少卿，謚莊愍；黄希范太僕少卿，謚昭愍；高巍太嘗少卿，謚忠毅；宋徵光禄少卿，謚直愍；余逢辰苑馬少卿，謚忠愍；石撰苑馬少卿，謚貞愍；杜奇簡討，謚貞直；龔翊待詔，謚安節。顔有爲待詔，謚孝節；方孝友、俞貞木待詔，謚節愍。陳思賢禮部郎中，謚貞愍；王省禮部員外郎，謚貞烈；唐子清工部員外郎，謚義節；黄謙工部員外郎，謚果義；龍鐔浙江按察使，謚忠愍；王禎四川僉事，謚孝節；儲福指揮使，謚貞義；彭聚左都督，謚莊愍；卜萬左都督，謚壯愍；楚智左都督，謚勇愍；滕聚、小馬王都督同知，謚壯烈；盧振都督同知，謚忠愍；倪諒都指揮，謚翼愍；楊本、周拱元都指揮，謚哲毅；曾濬都指揮，謚勇義。謚高遜志文忠；張紞惠節；毛太節愍；鄒樸端節；劉政貞果；胡觀、李祺恭愍；陳質武愍；潘忠果敏；段實恭節；方孝孺妻鄭貞愍夫人；黄觀妻翁貞懿夫人，二女孝潔；曾鳳韶妻李貞愍淑人；王良妻貞烈淑人；儲福妻范孝節淑人；胡閏女郡奴孝貞；戴德彝嫂項哲義淑人；王叔英二女哀潔。贈徐輝祖太師，黄魁禮部尚書，楊任、葉惠仲太僕少卿，黄彦清、錢芹光禄少卿，廖銘都指揮使，瞿能子都指揮，廖鏞、宋瑄、瞿能、謝貴、莊得、馬宣、朱鑑、余瑱、張能、孫泰、張倫、宋忠、楊嵩、崇剛、彭二侯伯有差。徐輝祖、俞通淵、廖鏞、宋瑄、瞿能、謝貴、莊得、馬宣、朱鑑、余瑱、張能、孫泰、張倫、宋忠、楊嵩、崇剛、彭二皆賜謚。又贈孫承宗太師，謚文忠；賀逢聖少傅，謚文忠；羅喻義禮部尚書，謚文介；解縉、姚希孟禮部右侍郎，謚文毅；葉盛、顧起元吏部尚書，謚文莊；陳仁錫禮部左侍郎，謚文莊；張邦紀禮部尚書，謚文懿；呂維祺太傅，謚忠節；陳祖苞兵部尚書，謚忠肅；沈演太子太保。謚董其昌文敏，沈懋學、胡守恒文節，鹿善繼忠節，張延登忠定，方岳貢忠介，陸師贄忠襄。甲辰，贈開國功臣：廖永忠、王弼、汪興祖、耿炳文、廖旺、何真公侯。詹同禮部左侍郎，謚文獻；劉嵩禮部左侍郎，謚恭介；桂彥良編修，謚敬裕；章溢太保，謚莊敏；唐鐸太子太傅，謚敬安；葉居昇御史，謚忠愍。馮國用、丁德興、廖永忠、王弼、耿炳文、俞廷玉、茅成、汪興祖、丁普郎、何真、桑世傑、韓成、花雲、孫琰、王愷、李善長、許瑗、胡深、葉琛、陶安、朱潛、許圭，亦贈謚。謚正德諫臣：蔣欽忠烈，陸震忠定，何遵忠節，劉較孝毅，林公黼貞恪，沈錬貞肅，孟陽忠介，李紹賢忠端，余廷瓚忠愍，李翰臣忠毅，詹軾忠潔，劉平甫忠質，周璽忠慤，張英忠壯，詹寅忠憲。贈天啟慘死諸臣：黃尊素兵部右侍郎，謚忠端。謚繆昌期文貞，周起元忠惠，左光斗、周朝瑞、周宗建、李應昇忠毅，袁化中忠愍，萬燝忠貞，顧大章裕愍。又贈劉光祚太保，瞿景淳禮部尚書，劉時俊兵部尚書，張守道、林如楚工部尚書，陸世科、陳應元、馮任、耿如杞右都御史，張輔之太子太保，許士柔詹事，丁乾學禮部右侍郎，吴士奇、史弼工部右侍郎，邵捷春、唐際盛兵部右侍郎，周鳳歧副都御史，苟好善太僕卿，酈日晋太僕少卿，劉禋僉事。十月壬午，贈蘇瓊太僕少卿，趙階升、吴應選縣丞，馬剛中、丘懋素、余爵太僕少卿，藺剛中、陳良籌太常卿；劉大年光禄卿，謚節愍，張焜芳、胡承熙、太常少卿，趙珽太僕卿，徐學顔鴻臚少卿，王良鑑、曾栻、張鵬翼太僕少卿，李毓英尚寶卿，汪文熙知府，戴良瑄知縣，蕭漢大理丞。十一月庚寅，贈劉旋尚寶卿；梁志仁蘄州知州，謚忠節；閻永傑太常卿；彭文炳都督同知；宋學朱大理卿；李胤嘉、藍臺、李應期、徐日泰太僕卿；蘇茂杓、徐世淳、馬嗣煜、朱國柱太僕少卿；葛錫璠太常卿；駱日昇光禄卿；唐夢鯤、彭士奇光禄少卿；丘禾嘉副都御史；諶吉臣太僕丞；李士標尚寶丞；靳聖居工部主事；陳貞達户部主事；歸子慕、張世偉、顧雲鴻待詔；過庭訓應天府尹。弘光元年二月丁卯，贈周士璞太子太保，張克儉刑部尚書，許可徵左都御史，張維世、汪喬年兵部尚書，馮師孔、董光宏右都御史，張論兵部尚書，金忠士、李夢辰兵部右侍郎，魏景琦左都御史，秦夢熊、張美合户部右侍郎，鄭三謨太僕卿；朱統鍘、金應元太僕少卿，郭象儀光禄少卿，陳此心户部郎中，崔泌之户部員外郎，張如蘭大理正，王明、朱繩祖、于鶴齡、程接道、程家祚主事，趙建極太僕卿，黄絅太常卿，謚忠烈；閻夢夔、毛文炳太常少卿，都任、邢國璽太常卿；焦覲光、洪允衡太僕卿，姚成性、杜時髦大理少卿，范志大鴻臚少卿，訾克念、張三策、朱國賓、張其瑾、唐鉉大理少卿；孟覺祥、馮貞吉、吳二陽、許穎、張瑜、何式、呂維祜、梁克從太僕少卿，朱崇德副都御史，張質大理卿，祝萬齡太僕卿，王家禄光禄少卿，吳從義太僕少卿，謚節愍；楊瑄太僕少卿，黄世清光禄卿，章尚絅鴻臚少卿，喬遷高太僕卿，朱一統、朱新䞫太僕少卿，劉申錫知州，楊之全教授，沈壽崇都督同知，林不息湖廣僉事；周士美、徐作霖、李開明、楊昆、吳伯胤、吳伯裔、夏雲淳、孫瑜、程化鵬、王風普、余容、胡植、張民表、王翼明、靳謙吉、張鳳翮、王明物、李得笥、王者瑄、李毓梁、張多福、孫懷禮禮部主事，喬明楷、張瑱、黄欽詔、石如璜、馬體健、馬呈瑞、孟良屏、白精忠、趙舒日、劉相機、韓之士、賈遂商、王應圖、胡自清、李鑛司務；王敏光、丁魁代、包鳳翔、劉光遠、李元茂、王錘祥、許宣、許寀、張培、張垓、張拱極、張一貫國子博士，越邦奇、丁如淵、丁如海、丁之楨、丁之楩訓導，姜文淵按察簡較，王衍范都督同知；錢繼功、海寬都督僉事；海成參將；余承廕守備；王壽爵知府。謚歷朝理學、節義、事功名臣：吳汝弼端文，王艮昭毅，陳真晟莊簡，羅汝芳康純，王畿昭介，唐樞節敏，周新惠直，沈束義確，李已介直，郭希顏文愍，劉子輔忠毅，霍恩貞愍，仵瑜毅愍，馮恩直毅，薛敷教清端，羅通忠襄，嚴震直襄恪，朱衡襄毅，陶魯襄敏，顧璘康敏，葉夢熊莊襄，吳兑襄達，况鍾敏惠，任環果襄，王世貞文憲，牟斌清義，沈希儀武敏。又復袁崇焕、趙光抃原官；予段復興、董琬、南企仲、焦源清、焦源溥、王道純、田時震、南居益、南居業、麻禧、朱誼漴、朱家仕、惠顯、潘國俊、李國奇、姬維新、陳二典、劉芳馨、劉廷杰、文經國、左勉、惠漸、賀天雷、楊政瑋、李文焜、尤世威、侯世禄、侯拱極、王學書、王世欽、王世國、李昌齡、尤翟文、訾懷德、李登龍、張發、楊明、孫貴、尤養昆、白慎衡、李宗叙、史賓、宋晋、猛如虎、曹心明、陳萬策、李開先贈蔭有差。

其最允公論者，崇禎十七年六月壬午，奪温體仁謚蔭，周延儒、薛國觀、熊文燦官蔭；九月甲辰，奪胡廣原謚，予陳瑛醜厲惡謚；弘光元年二月丁卯，蔭方孝孺裔孫樹節五經博士；四月，贈于謙伯爵，足爲忠奸臣之勸戒。而崇禎十七年十二月己巳，予三案被罪諸臣劉廷元等二十人謚蔭；弘光元年二月丁卯，予伏法太監劉元斌、王裕民祭葬，逆案徐大化、徐景濂等卹典；三月丁亥，復温體仁謚蔭，謬已。

紹宗監國諭：「賞罰人主御世之權衡，惟正始可服人。邇來分黨，各擅其私，死忠臣子，極致成敗，當置別評。舊督盧象昇功雖未成，陣亡可憫，卹予久停，皆因黨滯；首輔史可法公忠體國，守揚無救，遂致殞生；靖國公黄得功忠義奮勇，自刎甚嘉。自合先予謚號，以慰忠魂。盧象昇追復尚書原銜，與謚忠愍；史可法追贈太師，與謚忠靖；黄得功追贈泒水王，與謚忠烈。應得卹典，禮部與察例從優具題來行。」即位詔：「國家得統最爲光明。不幸有建文壬午之事，千古既有公論。諸臣十族奇冤，至今公議未暢，朕嘗深疚於心。除建文皇帝，弘光業上廟謚，仍着復其元年，無致孫蒙祖號，再着詞臣即修惠宗實録。」謚方孝孺忠烈，黄子澄忠敬。贈練子寧太保，謚忠貞；鐵鉉太傅，謚忠壯；齊泰太保，謚忠毅。又贈蔣孟育吏部尚書，謚文介；顔容暄兵部右侍郎，謚忠惠；郭應響太常卿，謚忠烈；王章兵部尚書。謚陶安文端，李習忠恪，康太和文介，陳用賓襄毅，董應舉忠介，林公黼忠恪，林如楚恭簡，張廷拱襄靖，張瑞圖文繆，李待問忠定，賀逢聖文孝，蕭漢、李大覺、王錫各謚蔭。

昭宗以鄺露言，謚袁崇焕襄愍。以張同敞請，謚張敬修孝烈，張允修忠烈；贈楊開太僕少卿，謚忠烈；崔奇觀太常少卿。

魯王以張國維言，追謚唐駱賓王文忠；又贈李橒兵部尚書，謚忠毅；丁乾學禮部尚書，謚文忠；陳良謨副都御史，謚忠貞；補謚楊守趾文肅，朱燮元忠定，亦符公論。

祭葬之禮：崇禎十七年八月辛巳，予甲申死難諸臣祭葬。十月壬午，予陝西、湖廣殉難諸臣祭葬。弘光元年二月，予袁崇焕、王在晋等祭葬。隆武元年，予陳有功等祭葬。魯王予陸培等祭葬。永曆元年二月，予楊廷麟、萬元吉，八月予章曠祭葬。二年，命吴貞毓賜陳子壯、陳邦彦、霍師連等祭葬；禮部主事陳子履賜張家玉祭葬；以真首香身殮梧州通判劉姚馨；以一品禮葬諸生梁州垣。三年四月，路振飛卒順德，遣官祭葬。十一月，堵胤錫卒，賜塋潯州西山。五年，爲靖江王亨歅及其子若春、若昇，瞿式耜、張同敞、于元燁造葬。

六年八月，予朱天麟祭葬。十一年九月，王自奇卒，賜塋雲興東門外歸化寺。十一月，予吳貞毓等十八人祭葬。十二年四月，劉文秀卒，賜塋安寧漕溪寺右山。

大臣舉哀之禮：大臣之喪，駕臨幸親祭，洪武後久不行，禮會典不載。紹宗即位，嘗親祭劉宗周、祁彪佳，儀注失傳。永曆三年十月，金聲桓、李成棟、何騰蛟之喪，昭宗命禮部參大明集禮擬其儀：主人預畫遺像，朝服執笏側立，並神主設席於西楹東嚮。駕將至，主人斬衰服扶服門外，見輦止哭。駕入次更衣素服入門，主人乃入，即位於堂西階下北嚮，少長各以服爲序，扶服候駕升堂南面立，鴻臚官奏舉哀，上三舉哀，從官皆哭，主人哭稽顙，以次奏進香，初、亞、終、獻，皆上親舉，而太嘗官受奠於席。讀祝畢，復三舉哀，主人哭稽顙無數。駕興，主人止哭，趨出扶服道右恭送，易素服詣朝門外謝恩。及期，上於肇慶天寧寺臨奠，舉哀哭失聲。明日，百官皆弔祭。五年，親祭靖江王亨歅、瞿式耜、張同敞。十一年，親祭嚴起恒。十二年，親祭劉文秀。儀同。

南明史卷八

志第三

選舉

無錫錢海岳撰

明代選舉嚴於唐宋，二百餘年制度一成不變。南渡一切之政，多趨簡易，養士之方，舉貢之科，登庸徵辟之格，考績黜陟之法，内操於權奸，外持於勳鎮，誕妄黷貨，權不上出，人才躐等，銓政具文，故制蕩然，國亦自此季矣。今輯三朝學政、科目、薦舉、銓選之大者著於篇，作選舉志。

學政　科目

薦舉　銓選

學政有二：一國學，二府州縣學。國學之制，南京國子監一如北京舊制。安宗即位，詔王公子孫各蔭一子入監讀書。弘光元年三月壬子，命廷試貢生，仍送監讀書，不得沿崇禎例授官，然肄業者僅百三十七人。紹宗嗣統，隆武元年七月，改天興府學爲國子監，一時鼓篋橋門者在千人上。濟濟乎，洋洋乎，盛南雍矣。時別設儲賢館。即位詔：「天下危，注意將。朕今夢思賢豪，志復一統，新設儲賢館一所，親定十二科取士法，以待天下賢才。若有文武兼資、忠義出衆者，朕當拜而受教。其餘奇門遁甲、天文地理、醫卜相書，一藝可稱，即准到館。提督蘇觀生即時奏聞，朕必即時召對。或有天下窮民衣食不給，婚葬無資，亦准投館陳情，以憑恩濟。」然所得者多躁進功名之士，上浸厭之。昭宗及監國魯王朝皆設國子監，行朝播遷不定，入成均者寥寥，名存而實亡矣。

府州縣學之制：崇禎十七年五月，詔北直、山東、河南、山西、陝西、遼東文武生員在南者，寄應天府學考試；荆、襄、鄖陽士子，設僑學於漢陽；其他各府州縣試生童如故。尋覃恩廣額：應天府學科舉比舊額增十二名，進學比舊額增十名；外府學科舉，大府增八名，小府增六名；州學，大州增五名，小州增四名；縣學，大縣增五名，中縣增三名，小縣增一名。進學，大府增六名，小府增五名，大州增五名，小州增四名，大縣增五名，中縣增三名，小縣增一名。九月甲辰，以馬士英請，令童子納銀免府州縣學試，上户六兩，中户四兩，下户三兩，以所納多寡，定名次先後，即赴院試。十一月，徇劉澤清請，寄流寓諸生於淮安府學。辛卯，又令諸生納銀充貢，廩生三百兩，增生六百兩，附生七百兩，附生得加納通判，學政大壞。紹宗監國詔：「出銀免考，萬古遺羞，着即停革。」即位後，改福州府學爲天興府學，設督學御史諭：「學貴敦實，士子久棄經注，殊爲大弊。此後朕必親考，提學能通經注者始差。」各府州縣學仍行考試。隆武元年七月，颶風壞天興府學，馬思理與諸生鄭澤等修之，落成准貢入監。八月，特恩迎駕勸進各學諸生廩准貢，增准廩，附准增。尋又開納貢事例，廩加貢百五十兩，增加貢二百兩，附加貢三百兩，青衣加貢三百五十兩，社生加貢四百兩，學政益壞。二年，湖北諸生至湘陰者數百，章曠修學宫，人月給米三斗、銀三錢，自課之。二月，命各學門斗必用良民預充；士子有犯，不得率用拘辱。四月，諭户部：「納貢事例原非得已，大縣量准四名，中縣三名，小縣二名，不得濫收。事平即止。」而軍興餉匱，有司不能遵行。何騰蛟、堵胤錫在湖南開餉生，命生童納資入學，朝廷亦不克禁也。昭宗轉側粤、桂、黔、滇，各府州縣學考試如故。永曆三年，李明忠開考高州，應者不論文字，納穀三十石者准作諸生。六年，建安龍府學。李定國出師湖南、兩粤，以一匡天下題試士。九年二月，鄭成功勸學取士思明。陳璽行學政軍儲法四川，有通經書文義而願出糧佐軍者，直盈五十金，准入學；武生半之，時稱莜生。及幸滇京，設雲興督學御史。十一年，總兵田子禄重建遵義府學。李定國以雲興督學貪墨，每出行部較士，奏一都司隨之，曰監試。明年，以屈士煝言非制，乃止。監國魯王在紹興，隆武二年二月，改浙江學道爲督學御史，浙東各府州縣學試生童。江上潰，紹興猶舉復試，聞警投筆走。永曆三年七月，王復入浙，吳鍾巒兼學政，所至仍試士入學。鄭成功定臺灣，令子弟能就塾讀書者，蠲徭役。子經襲封，二十年正月，東寧國子監成，州縣各社設學，民八歲入小學，課經史文章，開試儒童。陳永華定天興、萬年二州三年二試，如科歲例。州試有名者，移承天府；府試有名者，移院；院試取進者，入國子監，月課給廩餼，三年大試，拔尤者補六科内都事擢用升轉。三月，設督學御史，臺灣文教自此始。及復漳、泉、惠、潮，亦設官勸學取士焉。

其繇輔鎮設學者，禮賢、儲賢、育胄諸館。史可法督師揚州，設禮賢館，招徠四方智謀之士，及下僚有棄才通天文陰符遁甲術者，廩餼之。逾年發策試士，拔取二十餘人，授通判推知有差。鄭成功在思明，設儲賢館，以諸生充之；育胄館，以死事諸將及勳臣子弟充之。命監紀諸鎮，月以功罪上告。諸館雖非官學，然教育人才，輔朝廷作人之化，亦學政之一也。

其他如書院，義塾，南渡不聞增益，故不贅。

科目大畧有四：一特科，二鄉試，三貢試，四武試。

特科之制，紹宗即位，以翰林不諳故事，撰文多不稱旨，隆武二年五月甲寅，廷試貢生。敕：「於放榜後，首輔會同禮部、禮科公選年青質美者十二人，將皇明祖訓、大明會典，分類分部，定日熟習，翰林編簡一員提調教習之。三年後，仍將所習分條欽考，以熟記有識者賜同進士出身，破格授翰林、禮部各官；不能者，外放州縣官。其首名，賜爲中興廷試貢元，即授京官。其直、浙、江、楚、雲貴、兩廣，或疆殘家破，或路遠流離，俱於放榜後三日，吏部會同首輔、吏科，仍引各生於朝門外，公同注定地方學職，次及福建諸生，此天理至公，且於選中酌其道里遠近，勿致難行，以示朕篤念斯文、嘉惠天下至意」先期，上獨用答策臣同考十四人親賜策問，至漏下方進宮，一時傳爲異數。及試，欽取萬荆、倪天弼等十二人爲庶萃士，隨庶吉士後，入閣拜先師，服色比庶嘗而冠袍角帶，命朱天麟教習毋輟。尋廷試，續到貢生一百五名，取二名，授兵部主事。廷試流寓貢生，取李日煒等三十餘人，授禮科給事中等有差。永曆二年，昭宗在肇慶，以史官乏員，誥敕多出中書，欲歸職於翰林，黃士俊、嚴起恒奏請考選，瞿式耜因疏薦部屬之堪館職者。上意特重科名，於是黃奇遇請仿唐宋開制科取士，詔廷臣三品上各舉所知。卿貳自舉其屬，凡主事下繇科貢出身、有文行而未從賊虜者一人應詔，彙送吏部。又敕晏清會禮部、詹事、翰林諸臣嚴加考核，取及格者若干人，其舉人知名未仕者亦與焉。十二月戊申，上嘗服御門，百官吉服侍，應試者素服俟午門外，鴻臚傳呼試士雁序入，自東階上，逐一唱名，當殿跪奏履歷籍貫。上注視久之，徐用御筆點名，點有上有下，内出圖書二方，付黄士俊、嚴起恒視點，上下分朱黑二色，鈐其名，朱者文曰「資俸足」，黑者文曰「不足」。試士點畢，分東西號編坐殿之兩廡，黄士俊、嚴起恒出奏請題。試士坐號定，每員命内使一、金吾一監視巡綽，較尉供役，隔度不得耳語。久之，内使奉書置案上，上信手摘數葉，付黄士俊、嚴起恒擬題。黄士俊、嚴起恒承旨起，立殿東隅，會擬經藝三、策論各一、詩一畢，呈上親裁定。内侍進黄紙，上斟酌再三，始用黑筆親書頒下。又諭近侍口傳，移論語題居中庸前。上起，御文華殿，試士就坐。午後，賜百官宴，并賜試士麵食一器，已賜湯飯一道，至夜復粥一餐、燭一支。上在殿，命中使催卷。試時，嘗命詹事、翰林同入閱卷。會外廷有密奏閱卷臣通關節者，夜分即遣郭之奇、劉湘客等出，獨留黄士俊、嚴起恒宿文華殿，賜卧具，掌衣小豎司飲饌，關防嚴密。上收卷後回宫，遴肇慶諸生善書者充謄録，給帑金。己酉暮，鴻臚傳各官侍班，上出御殿，黄士俊、嚴起恒將卷分上中下呈拆號。上詔科道面舉情弊，以示至公，且曰：「朕即位後始有此舉，毋於用後卿曹又多言也」。每唱一名，御筆親爲填寫。既過六號，命已。黄士俊、嚴起恒再三奏請，允二卷。合取劉菃、錢秉鐙、楊在、李來、吴龍禎、姚子壯、涂弘猷、楊致和八人，選庶吉士。黄士俊、嚴起恒以諸臣有資俸深者，引先朝推知考選例，請授編修。上曰：「此特典，與考選不同。」榜放後，上親書敕内閣、吏部，楷法端重，并命八人擇日送館教習，推禮部、詹事、翰林、大臣有學行者爲師。時郭之奇、黄奇遇俱以詹事兼禮部侍郎教習，不相能，爭久之。黄士俊請並推，候點定，乃已。八年二月，開科安龍，得四川熊渭等四十人，授庶吉士、知縣、教諭有差。

鄉試之制，三朝文武鄉試並舉。崇禎十七年七月，江西補行十五年武鄉試。弘光元年三月，增滇、黔解額各三人。五月，分命戴英、陳之遴、譚貞良主考福建；李用楫、鄭羽儀主考廣東；林明順、陳天定主考廣西；徐復儀、王景亮主考雲南；林志遠主考貴州。河南殘破，俟虜退試於廬、鳳；四川則以巡按主之。試官行未至，而南京不守。紹宗監國，諭國家文事武備，兩不偏廢。於今歲當大比，姑併酌議改期。福建鄉試准移來春三月，廣東、廣西、雲南、貴州則量移於八九月而行。太祖皇訓，士子一概不聞，更爲非法。今定科場於第三場減去策二道，添上背寫祖訓全文，作策一道。俟朕登極，即刻皇明祖訓頒布，庶令士子傳誦，以答皇祖洋洋謨誥、孜孜教化之意。流寓士子，俱附近省收考。」及即位，命張家玉主考江西，未行。隆武元年八月，廣東、廣西、貴州舉行試事。榜發，廣東中式梁湛然等九十六人，廣西中式唐訪等七十人，貴州中式楊光夔等四十人。雲南至二年二月始補行。榜發，中式任熙等百二十人。二年，詔舉天興鄉試，命劉以修、閔肅主考，吳炳提調。加閩試解額三十名，旋各省直流寓酌加四十名，浙東附試者另卷，以示龍興首善廣開薪槱至意。朱天麟疏陳新故貢生在監者，成均伊始，當廣作人，許於「皿」字、「貝」字號量中二十人，以示京省並設之意。六月庚寅首場，四書三篇、經二篇；壬辰二場，策三道、判二條。初議二場揭曉後，於至公堂覆試，湊成三場，赴延平行在覆試，以馬思理疏言得免。壬寅榜發，中式胡甲等百七十五名，副榜六十五名。而上深惡胡清，不欲胡姓領解；又以是科關節倖獲者多，直且不及千金。榜內李枚，文理大謬。命劉霖懋、周之夔磨勘布政司原卷不通處，疏糾之。覆試，中式葉瓚等百六人，莆田一邑至三十一人。定十月會試，移催各布政司舉人計偕，未及期而福京亡。是年九月，湖廣補行鄉試衡州，以府學爲貢院，楊喬然主考。湖南七府二州及湖北、江西流寓諸生皆應試。榜發，中式朱之宣等八十三，副貢三十三人。昭宗偏安西南，永曆二年，命朱天鳳主考貴州，五年命鄭之珖主考貴州，皆未行。廣東杜永和請於三年舉行鄉試，命杜永和爲監臨，江槱及按察使李玄爲監試，張元琳爲提調，以行宮爲貢院；尋以金堡言而止。郭之奇請以四年二月爲鄉試期，即以三月爲會試期，新舊公車一時交集，廷試之後，即選庶嘗；同時上亦欲開科廣西，命諸生赴科舉，思明諸生給花紅路費銀兩，皆不果行。八年，始舉雲興鄉試，以西寺爲貢院，汪郊、楊在主考，史文監試，減三場爲二場，文七篇爲五篇，首場三書二經，二場策論表并詩二篇。榜發，中式高應雷等百二十人。貴州、四川合試於貴陽，以慧光寺爲貢院，龔懋熙主考。榜發，中式陳士基等五十四人，副貢二十人。十一年六月，命主事黄正謨、行人陸必巘主考四川鄉試，未行。八月，舉雲興鄉試，以教場爲貢院，汪蛟、楊在主考。榜發，中式劉聯聲、王肇興等百五十人。自後清兵日迫，鄉試遂不復舉行。

貢試：安宗登極恩款：「府州縣廩生例得恩貢，務收真才，不拘年序。」崇禎十七年七月廷試歲貢於南京，取顧景星等九十九人，得人稱盛。詔以後八、九二月望日廷試。北直、山西、陝西、遼東、山東、河南、湖廣、四川學臣缺員，諸生無從考試應貢者，炤流寓諸生寄入應天府學例充貢，與工部援納貢生，一體廷試。流寓諸生彙送應天督學御史嚴加考試，以文行優者充貢。流寓諸生赴禮部報名，仍取鄉官印結，各生互相保結，炤各省直地方廩增附名色，分寄應天府學，一體考試，於十月二日補廷試訖。尋詔覃恩廣額，南京首善，應天府恩選貢生原二名，今增四名，共六名；歲貢原二名，今增二名，共四名。外省恩貢往例府州縣學各一名，今府學加一名，共二名；州縣仍舊一名。歲貢府學每年一名，今增一名，共二名；州學暫炤府學例每年一名，連貢三年止；縣學炤州學例，每年一名，連貢二年止。此係特典，後不爲例。其外省恩貢，例應國學應試，以時事多虞，道途修阻，暫令本省鄉試，免其赴京。隆武元年，堵胤錫選貢於湖南，每學二名，又停歲貢，除教職。永曆二年，昭宗在南寧考貢，一時村師、巫童、緇衣、黄冠能握管書字者，投呈稱山東、山西生員，務取極遠無證，搜裾就試者如蟻。江、廣反正，朝廷以爲中興有望，三年正月，詔各督撫勳鎮考貢送行在。然流品益雜，人才猥下，爲世所輕焉。

武試：弘光元年二月，史可法選奇才勇畧如武進士例，考取李明忠等三百二十人，授職有差。永曆十年三月，滇京試武官，以教場爲貢院，李定國、劉文秀監臨，自公下至遊守皆聽考。馬箭九矢爲準，步箭如之，文理以平通爲最，策一道。先步次馬爲一場，凡官員俱赴教場下營站隊。考畢發榜，一等二人：關有才、吴子聖，馬步中十八矢，文理平通；二等二十四人：靳統武、鄒子貴、竇名望等，馬步中十六矢，文理亦通；其餘大小二百餘人俱附三等。榜後，各官赴宴，三等亦與。宴後，一二等簪花挂紅，鼓樂送歸署。是日各散撤隊，次早奏謝。

安宗登極詔：「赴京舉貢監生，道途寇阻，合行考録，以疏淹滯。五年則減，十年舉貢監生仍炤舊例换授保舉，副榜、特用以後盡停。如係副榜廪貢出身，或經薦者，炤舊量用，不得遏抑，以塞賢路。山林草澤，有奇才異能，堪匡時禦亂者，從公保舉；試驗罔效者，舉主連坐。逆案先帝欽定，凡罪廢諸臣及計典贓私，俱不得輕議。」崇禎十七年五月甲辰，禁北來逃官不得入京。丁未，詔封疆失事各官不許起用，議黄希憲、丘祖德、郭景昌私逃罪。時張慎言秉銓持正，羣小躁進者，有所憚而不敢發，劉孔炤、湯國祚、趙之龍謀逐之。張慎言議酌用北來臣，薦吴甡、鄭三俊。劉孔炤舉逆案阮大鋮，至辱張慎言於廷，張慎言遂去。六月，議從逆諸臣罪。史可法以危疆官缺，請行徵辟保舉，疏曰：「兵戈擾攘，不復有百姓，無百姓，何利有疆土。擇吏不緩擇將，救亂莫先救民。得一賢守，如得勝兵萬人；得一賢令，如得勝兵三千。今人才乏，資格拘，東南缺員不少，安能復填西北。銓選法窮，不得不改爲徵辟。請倣保舉法，通行直省撫按司道及在京九卿科道，有才膽過人堪拯危亂者，不拘資格，各舉一人送京，資以川費，赴軍前效用，酌補守令缺。二年考滿，平升善地；三年考選，優升京曹。有靖亂恢土功能殊異者，立以節鉞京堂相勸。如各官避嫌不舉，該科指參。有懷才自赴軍前者，驗其真才，一體録用。有保護一方爲民推服者，即桑梓亦可權宜徑用。」從之。是月己酉，命薦舉人才，授西北殘破州縣官。而一時從龍佐命近侍大臣、勳舊武弁，下及潛邸厮役，冒扈衛勞，推恩升轉世廕。馬士英、屈尚忠、田成、張執中行金交結，内外紛紛薦舉。徐石麒拒奏，臺諫糾彈，不問。七月，以六等定從逆諸臣罪。馬士英薦阮大鋮，李沾薦戍籍錢謙益，劉澤清薦戍籍張捷、鄒之麟、張孫振，趙之龍薦戍籍陳爾翼、寧波通判朱統鉀，疏請保舉，不許。八月，以逃臣王永吉總督山東、河北，王應熊開府遵義，文道府下武副總兵下聽保舉除授。癸未，命文武不許薦舉，以開倖門。九月壬子，命從逆臣不得舉。十月，以降臣張縉彥爲兵部尚書，總督北直、山西、河南；劉澤清薦降臣黄國琦、施鳳儀；錢謙益薦戍籍蔡奕琛、楊維垣。十一月，以降臣張鳳翔爲兵部尚書，總督南直、浙江。十二月，楊維垣薦三案被罪諸臣王紹徽等十三人原官起用，録馮國用裔光彝錦衣指揮僉事。壬申，再禁各官舉薦。弘光元年正月甲午，命山東臣慕義歸者，吏部量才録用。未幾，起逆案唐世濟爲左都御史。時馬士英、阮大鋮、張捷專政，逆案從順臣厚賄，立薦舉復官；不則反是。新殿、防江，薦舉益廣，文臣三品下、武臣副總兵下不屑爲。督撫勳鎮薦舉私人，贊畫、監紀滿天下。京省文武，前官未出缺，後官遽除授，至任互爭，乃令故者留任，新任候缺。故者固位出賄，新者前賄難返，又加賄以求故官之去。薦舉錯繆，貽禍民生，不必待清兵南牧，識者已知南京之不永矣。

紹宗監國詔：「地方官紳衿若能斬使碎牌，守禦有方，敵至保全，敵退後升賞不比嘗格，加倍從優；若有仍前預逃者，立斬。文武有真才真品，年來爲權奸所抑者，許自陳。有奇才異能，許各官破習實舉。草澤中能倡義勤王者，優加官職。」登極詔：「朕課士先德行而後文藝，不論州縣大小，着各實薦文行兼修舉監生員二三名，并山林隱逸懷才抱德者一二人，以憑試用。廢官情有可原，從公開鋊。倘舉濫市恩，溷玷新朝，撫按舉主不貸。」又曰：「四海豪傑甚衆，但患人主求賢不真，恢復不堅，則裹足不來矣。今朕之志比前不同，祖宗疆土，寸寸如金。西北山寨豪傑，川、湖、雲、貴等處土司英賢，能復一縣則必以一縣賞，能復一府則必以一府賞，必令永守，斷不更易。河南鎮臣劉洪起、李際遇、毛顯文等，皆朕鄉里之豪傑。有能保守唐國九代王陵及各方以待興復者，并江北豪傑有能復我祖陵、皇陵及各地方者，朕必有不次之陞。朕有未知之豪傑，三臣仍速具實奏用。惟行兵救民，斷不可縱兵擾民。取民一草一木者，即是亂兵，朕定置之大法，決不輕縱。」又詔藩王、閣部、院寺、臺省、監司、方面各薦士。自欽授特簡外，文臣如試主事、中書、司務、博士、推官、通判、知縣，武如總兵、副總兵、參將、遊擊、都司、守備滿薦章；兵部職方司、督撫薦請爲軍前贊畫、監紀者尤多。鄭芝龍薦舉姻婭，或口授官御前。漳浦一邑，以薦舉顯者百數十輩，緋衣黄蓋招摇城市，時有絲瓜花開之諺。黄道周出師，所至士民授參謀、贊畫、都司者，輒投劄於地，曰：「吾見主上，副總猶寄耳。」其他，如邵起總理豫、楚、直、秦、晋、齊，恢復府州縣，擇才薦任。何騰蛟承旨專辟召郡邑長官，不復關白，部選長吏至，不遣之任，或以意改授。堵胤錫亦下書版授監紀、府佐。競躁之士，因緣奔赴，旦見夕即釋褐，湖南官過三四萬，而勳鎮薦舉不與焉。保舉之濫，甚弘光時矣。

昭宗即位，李永茂疏薦人望，兩京十三布政司各舉一人，王坤乙之，李永茂乃去。王坤又疏薦人望數十人，劉鼒言內官薦人之非，王坤怒逐劉鼒。在外藩王、督撫、勳鎮，皆領空敕，隨意冒功薦舉。請敕印者有餽遺；陳請非分者有私賄。王化澄、馬吉翔、萬翺、劉承胤、曹志建、陳邦傅薦舉，尤多受賂。李定國復桂林。命雲南府州縣各舉民間通理識字老成之人，不論士庶，發桂任職。雲南府州縣遂命保甲公舉，薦舉之途益廣。上在者梗，馬吉翔、李國泰知大政，欲薦舉者因之，叫囂紛呶，國遂不祀。

魯王監國，翰銓科道，諸生輒得之，士大夫以舉義推戴呈身薦舉者求官蔭，多列部曹臺省，以府道爲不足爲。武臣授將軍印者百五十餘人。市魁里正得一劄付，入民舍括金，繫累之，浙東受禍，與南京等矣。

夫薦舉所以救學政、科目、銓選之窮，三途並用，盛世不廢。三朝薦舉，惟弘光時高傑薦黃道周、王志道、解學龍、劉同升、趙士春、章正宸、吴甡、鄭三俊、金光辰、熊開元、姜埰、金聲、沈正宗；隆武時，召用夏允彝、郭金臺、顧炎武、李世熊；永曆時，瞿式耜薦王夫之，魯可藻薦楊廷樞、沈壽民、劉城、張自烈、范康生等；魯王時，王正中薦黃宗羲，爲饜人望。蓋得其人，則真才輩出，薦舉之典重。不得其人，則遺賢不至，薦舉之行，徒爲權奸納賄之資而已，可勝慨哉！

安宗登極詔：「加在京文武官一級，無級可加者進勳階一級，給新銜誥命。督撫、監司、守令給見任官銜誥命。在籍閣臣、六部堂官遣配及閒住者，復原職。三品以下情可原者，采訪酌用。七十以上年高有德者，給冠帶，細民量給膳米。北直、山東、河南、山西、陝西、遼東文武官在南者，文官吏部察明推陞起用，武官赴兵部驗明，寄俸在京各衞。陷北各官有能反邪歸正者，寬其前罪，殺敵自效者，以軍功論。」時張慎言掌吏部，守正不阿，羣小以爲不便。會廷推閣臣，劉孔炤欲入閣，史可法謂勳臣無入閣例，劉孔炤因推馬士英，馬士英遂枋政。尋議起廢，衆推鄭三俊、劉宗周、徐石麒，劉孔炤推阮大鋮。張慎言去位，徐石麒繼任。崇禎十七年六月甲申，設山東、河南、山西各官。七月癸巳，嚴汰劄付，武職非兵部、督撫、總兵等官，不得擅畀。馬士英請開援納事例。甲午，六科員缺，命將中行評博推知等官，俱減俸行取。八月乙丑，命吏部選川、陝監司府州縣官，與米壽圖前去，隨才署用。以後凡殘破險遠地方准此。乙亥，吏部察廢籍及舉貢監生才品堪用、願效力危疆者，考選二三十員，咨發督輔軍前，補地方缺官。壬午，舉行大選，令甲大選，每遇雙月望前，將應推俸滿各官，炤布、按二司報册，開載考語，併撫、按奏薦約畧推陞出缺實，隨於二十二日急選，二十五日入朝大選。時以百事草創，八月二十五日愆期，候選者急自效，又地需官急，遂將應選各官於二十七日銓選，分授科道主事。如殘破地方，許以邊俸二年行取，以示鼓勵。又二甲每逢第四五九十名次，該選知州。時知州缺少，部缺懸多，遂將五十名外，盡選部屬。又或輪選未至而後序已到，遂先儘見在，候補續至。九月庚戌，馬士英請開佐工事例：武英殿中書九百兩，府判拔貢一千兩，運判千四百兩，文華殿中書千五百兩，部院司務、内閣中書、五府都事推知銜二千兩，提舉二千一百兩，待詔三千兩，監紀、職方萬千不一。白丁隸役，立致大帥。時爲之諺曰：「中書隨地有，都督滿街走，監紀多如羊，職方賤於狗。相公止愛錢，皇帝但喫酒，掃盡江南錢，填塞馬家口。」旋再減銀，後府部首領與待詔皆千金可得之，中祕亦減銀，富人輸納者紛至，大縣至二十餘家，少亦數家，繡衣大扇招摇道中，至更有「翰林滿街」之謠。然止二殿中書改貢折銀入官，其職方、待詔、監紀、追蔭、起廢，則向馬士英投納。一時黄金頓貴，值白金十五，南京稱謂「馬金」云。郝絅疏言官買私賂，應量出剩餘助公，不省。辛亥，命吏兵部量用南歸北直、山東、山西、陝西各官紳。朱國弼乞與會推，不許。田成屬徐石麒居間用知縣，爲徐石麒拒奏，不問。年例故佐糾彈計典之窮，爲國家礪世磨鈍之具。馬士英欲驅除異己，恐言路嘖嘖不平，遂更例轉爲優陞，以箝衆口，使優劣莫辨，勸懲兩疑，蕩抉憲綱。徐石麒欲復年例劣轉之政，出陸朗、黄耳鼎，二人納賂屈尚忠、張執中等，中旨留用。徐石麒爭之不得，乃去。時中旨屢出，先起張有譽户部，尋起張捷、阮大鋮吏、兵部侍郎，李沾都御史。十月，又以張捷掌吏部，蔡奕琛爲侍郎，楊維垣爲通政。十一月丁未，諭兵部職方、監紀多倖濫。又諭吏部諸臣陳乞可厭，宗室呼籲難憑，宜加慎辨。弘光元年正月，蔡奕琛入閣，劉孔炤欲援徐達爲中書右丞例並相，以論者交辨而止。二月乙卯，核北京錦衣衛之南奔者。丁丑，宗室蘊鍬、繇𣽊詭卸危疆，入京賁緣，斥爲民。時阮大鋮爲兵部，與馬士英、張捷、朱國弼、劉孔炤、李沾、田成、屈尚忠、張執中、趙之龍、劉澤清、柳祚昌、劉良佐、張孫振比，盡起逆案、從逆臣置選曹，排斥正人人望。罷撫按糾薦，納金則糾者免，薦者予，濁亂黜陟。科臣抄參，旋駁旋用。勳臣、中官、要人挾恩勢爲請託，更承以萎靡多欲之劉應賓，閩、浙監司盡行變置，一應人託，悉飽己欲。如閩中一道，户部以七百金得之，命甫下而丁艱。一候補監司即以李元功力，用千五百金得之，命下三日而暴亡京邸。不三日，一人又以二千金轉補。自後道缺值率三千金，缺美更增，遂無復公道。至於卑秩推陞截選，非官覓利，即吏受賕。又臺省公疏云：「計典廢錮，斷不容推用，以遵祖制。」明旨方允。而察處閒住各外官，或補或陞，中人敢爲請託，銓部敢於違制。劉應賓竟得美轉，不數月，自嘗少而掌通政。郭貞一抗疏糾之，坐是左遷。袁繼咸疏薦部將之有功者，阮大鋮必索巨金始給敕印，繇是諸將愈解體。三月己丑，命吏部嚴清選法，非資深望重者，不得濫陞京堂。先是，京卿一席，量予添注，遂至疊趾駢肩，朝班日多。蔡奕琛上言推陞必炤倖薦，取選悉依次序，除授非邊遠危疆，不許破格。司務爲九列首領，通判爲牧民郡佐，不宜濫開事例，即行停止；已選者改授借銜。職方僉事及内地監軍、贊畫，即遵累旨嚴汰。又以咨薦多屬借題，廣文濫及例貢，又各官多有應入大選而混急選者，悉宜嚴禁。時陸康稷長選，加意釐剔，蔡奕琛諳練諸弊，銓衡少清；然劫於權奸、内官、勳鎮，不得自繇者十之二三也。甲午，命吏兵二部，開納事例，須顧國體銓規，停八九品官貤封，罷加納府判、府部首領、待詔、典籍、五所經歷等官，俱銷歸中書。丁未，設贖官贖罪、納銀復官事例。左良玉兵東下，猶命吏部將京師五品下，炤嘉靖、萬曆元年例，會官考察，嚴汰各督鎮監軍、監紀諸官，以後不許妄題；臺省疏薦諸臣，須加嚴核，不得濫行添注。未實行而南京亡。

紹宗監國諭：「孤勉允監國之請，誓清太祖之陵，痛心首傷，莫此爲甚。次則恢復燕、冀，報我君仇。凡我臣民，有能驅奴、殺闖、殺獻、廓清南北一統舊山河者，半功行炤魏國例，全功必册真王，破格酬勳，聖祖式鑒，佇候膚奏，孤不食言。弘光皇上久陷腥羶，孤心實切痛感，不論臣民，有能設計迎回，必定立加世封之賞。封疆關祖宗社稷安危，不守封疆，祖法明載。自虜南渡，大小文武，凡有地方官守者，逃竄紛紜，殊無法紀。除前不究外，自孤監國之後，地方官若能斬使碎牌、守禦有方，敵至保全，敵退之後，陞賞必比嘗格加倍從優，斷不失信。若有仍前預逃者，立行斬首，決不輕貸。畔降者，各炤輕重，另有公議定奪。

紳衿之倡逃者，能守地方者，陞賞加罪，亦炤守土之例。」又曰：「各分重器，予奪惟公。近日權奸貪賄，悉壞祖法，遂至文則職方、監軍，武則都督、總兵，販夫僕胥，錢通則得，緋衣充盈，真才短氣。從來濫授，如趙體元等，一概革奪；自陳者，量從寬貸。以後崇階，必俟真功，至親亦不寬假。副總兵必以欽准爲正，正總兵必奉旨授爲正。從前一切劄授，俱候公議功績有無虛實定奪。此後再有僭予妄授輒自入銜者，察出罪必加等。文武有真才真品，年來爲權奸抑勒冤枉者，俱許自陳，候孤分裁。孤自監國之後，實實宵衣旰食，必圖雪太祖之深恥，復烈廟之大仇。必得非嘗之人，方作非嘗之用。若有奇才異能，或自露一斑，或爲人薦舉，明有顯效，則孤心不難自師其臣，親拜其將，惟樂毅、韓信輩始可當之。其餘一才一藝，片善即録。斯則各官破習實舉，待公從公鑒擢。自古忠臣豪傑，如宋之李顯忠輩，多在草澤之中。有能倡義勤王，助國招集義兵、不費官餉者，一面册報撫按轉奏，一面准先具疏自薦，以憑優加官職，必以□賊復城爲明驗。但借題謀逆生事，則自干大法，當殺不赦。」又諭：「在途勸進有名文武，各陞二級，各炤才品，吏兵二部遇缺優擢。在省勸進行在文武，除加過免再加外，其餘各升一級。在外各省職守封疆，除逃畔另議不叙外，有力守地方，不論大小文武，俱着加一級；提鎮、巡撫方面重臣，還差官加賜銀幣，賜敕賜奬。再見孝陵，一體叙功。」登極詔：「名器者，天下之重器也。弘光元年劄付武弁，濫用極矣。此後一洗陋習，官府不准劄；如地係衝要，題明方准。道臣止許劄授千把總，餘俱不准；兵部、勳鎮、樞輔、俱止劄授參將以下；督撫并實授總鎮止許劄授遊、都、守、把，參將以上俱不許輕行僭授；實授副、參、遊擊，若掌兵出守地方者，准量劄授守、把以下，未出守者不准。副總兵、正總兵必待欽命始准入銜。其劄授之官，必要劄上題明，如曰『撫劄都司』、『鎮劄守備』，以此爲例。若再蒙混，重罪不宥。其已前授過，不論欽依私劄，俱聽到部請換。私劄凡有隆武元年之劄，方准許其真銜。准於七月初一日換起，十一月初一日爲止。若無新劄，即是僞官。換劄之時，兵部察實功績奏明纔換，違者司官處以軍法。功過明而人心奮，中興大業，端本於斯。」及即位後，承天翊運中興宣力定難守正功臣、奉天翊運中興宣猷守正文臣，次第進爵進級。天建、延興、汀、邵、漳、泉上下遊縣升府，府升道，道轉內卿，一命以上，咸與寵錫。隆武元年七月，以軍興乏餉，廣開事例。木增入三千金升太僕卿，木懿入三千金升四川布政使，邵明俊入三千金轉郎中，徐可久勸五千二百金以主事道府用，薛瑞泰入金授五經博士。都司劄付至三百金，武劄僅數金。一時倡優厮隸，盡列衣冠，福京部曹幾千人。惟翰林，吏部銓選一循資格。八月，考選推官。九月，舉考選，朱繼祚、蘇觀生監試，内臣魯奇、王進朝供筆硯，上臨軒策之，取周之夔等五人，授編修有差。時雖有以文見賞或舊恩立授簡討、庶吉士者，而選貢錢邦芑上書授御史，以熊開元言改司務；王期昇、彭遇颽中旨升總督、僉都御史，以曾櫻、路振飛封還詔書，乃已。十二月親征，曾櫻留守福京，命文官五品下聽除擢，大小銓選歸之；已仍歸行在，上乾綱獨斷，勵精圖治。二年正月，諭朱繼祚曰：「君臣一體，雖小臣亦必加恩；法自貴近，即大臣亦從畫一。朕天性忠厚，愛諸臣以大體，以廉恥。登極七月，優禮備至，乃始以堅卧之套，必待朝廷幾次溫旨，如請伊、葛之才。至到日，又一籌不展，推諉因循，毫無愛君之真情，心存假恭之舊例。嗚呼！高拱不作，張居正已往。朕今身任中興，舉目不知所倚，深可痛傷。看今日之情態，則知世廟之於夏言，神廟之於張位，烈廟之於劉鴻訓等，皆聖心之不得已也。此次暫且從寬。若再因循推卸，或以緊要軍事，推委之於中書；或將緊急敕書，不自作自寫，故意延遲，敗壞國事；或當會票之本，不肯確議；或當決斷之事，上則推候聖裁，下則推下部議。凡有此等，則三尺具在，祖宗大法，朕必不能私徇，斷斷必行。爾等詳之慎之。呼吸死生，大迷不醒，不得不如此行也。」三月，木堅、李之秀自稱原任兩司，召對以原官補用，發覺伏誅。四月，諭吏部、都察院曰：「考察，國家大典，所以別賢否而明吏治。今朕中興，適逢大計。憶昔神廟末年，南北兩京掌計部院，各分黨局，遂成水火，朋黨之始。今部院科道，切要喚醒積習，去朋黨之私，以至公黜陟服天下，即逆寇聞之，亦必敬重朝廷有人。如或仍蹈前弊，責有所歸。」五月，催各布政司選正官，上諭輔臣曰：「臨民之官，豈可以銀而得。朕於閩、浙近地，凡有捐餉至二三千兩而求爲令者，朕斷不允。蓋爲生民計，不可不周；況撫戢凋殘，有所未便耶！」又敕吏兵二部毋得濫給劄付，以重名器。如督撫遇軍功，方准以關防先給，然後請給御札，地近以一月，遠以二月，再遠以一季，務填報功名坐名請旨，毋得濫求濫給。念滇、黔道遠，免衛弁赴京承襲。又敕吏部：「學官教導，關係非輕，凡入資叙勞，有授國子學正、博士等官，各於本銜添一『試』字，不許任學博事。」上以文恬武嬉，鋭意行高皇帝法，凡文武貪墨失律者，概付重典。然諭旨雖嚴，在外督撫動鎮，亦不盡從也。

昭宗嗣位，王坤用事。周鼎瀚以中旨改給事中；王化澄以中旨驟升總督兩廣，復結王坤、王維恭，以中旨擢兵部侍郎督師。瞿式耜奏非興朝舉動，不聽。王化澄又以中旨遷尚書，與王坤、馬吉翔、郭承昊相表裏，廣散劄付買鬻。何騰蛟在湖南，亦得空敕欽劄、部劄，直省文武不論久暫賢否，有陟無黜。上幸全州，楊喬然劾武岡、綏寧、城步諸州縣官降調有差，劉承胤謂爲有心鋤其所善，怒爭之；楊喬然補疏認誤，乃已。及幸奉天，馬吉翔與劉承胤比，士大夫介進躐九卿臺省，郎署猥雜，一時江、楚間塾師、遊客、卜筮、胥吏、無賴，稱舉貢或全髮起義求仕。李若星兼吏部，詔銓翰督學必用科甲，考選翰林官，舉黔中累年未叙功次，請補叙功，銓規少整。然於晏日曙入直，跪乞二子若姪官；赦永忠囚道州知州周大賚，題以通判升知州，復題蕭琦僉都御史，重以閣員、勳鎮，不能止也。上蹕桂林，魯可藻疏言天下之壞，壞於吏治，吏治之壞，壞於輸納得官，請禁撫按題委，一歸其權於吏部；又題革陽朔道，皆得俞旨。尋焦璉薦幕客周孔兵垣，又先後題監紀官不得，輒授兵科，請盡革諸營監軍、監紀，如果需人，聽部見推任官差用。上恐得罪勳鎮，詔不必深求。時蕭琦掌兵部，吳其靁爲兵科，事必請命而後行，桂林有「要人情，求對門吳清聞；若要武官大，先拜劉方夏」之謠。清聞，吳其靁字；劉方夏，蕭琦書記，題擢職方司者也。及幸南寧，國用匱乏，嚴起恒兼吏部，永曆二年三月庚戌，懸示通衢，民間俊秀有志立朝者，陳履歷姓氏，廣爲開選。二十四州檳根、鹽布諸賈，及土樂户，皆注仕籍，假府學明倫堂爲公坐涖任地，鼓吹旗幟，軒輿扇蓋，傴僂磬折，日以百數，贊禮生爲之驕貴。嘗經出仕，僉曰迎鑾；遊手、白丁，輒任原任六曹兩侍。菜傭、屠夫、倡優、書役，二月中左右兩江人，無不稱官者矣。時王化澄入閣，與馬吉翔、陳邦傅相結。馬吉翔於監軍出使，某事應差某官，某人堪任某職，必得其首肯而後行；又必納賄關通，或門生卑禮而後得首肯。陳邦傅在潯州，得空敕二十道，吏部劄付百道，遂刻木寶，廣散劄付。始慶國自劄，繼則部劄，後則欽劄。欽劄者，玉璽劄。文如縣府、科道、翰林，以至侍郎、尚書；武如正副總兵、參、遊、都、守，執劄到部，炤授實職。凡東來入賀陛見各官，輒爲留住，任意疏薦内閣以下官。尚書、總兵欽劄，可易百金；部半之。蕭琦鬻兵部武弁劄十餘金，得副總兵銜。陳邦傅且求世守廣西如沐氏，便宜銓除南、太七府，不許。四月，田州、果化州諸土司來朝，命巡簡升知縣，知縣升知府，知府升守道。五月，劉季鑛糾衆䢺縣，便宜鑄小印，如拇大，授副總兵、職方主事以下文武吏，及郡邑守令。不擇人而授，民患苦之。江、廣反正，降臣張調鼎輦金而得兵部侍郎，耿獻忠重賄託黎獻徧致當事而擢兵部尚書。再幸肇慶，四方觀望歆動求仕者滿行在，爭持督撫劄委空銜求敕印，或内補。避難者爭稱起義，陳疏通政司乞職者日千計。江、楚、川、黔起家監紀、落魄書生，依諸將自售，遽欲得部院銜，求敕印，餬口行間。聞清有投誠視原銜降級授職例，並思躐尊貴，爲他日自鬻計。時李成棟在廣州，緣廣東有司故佟養甲所委，不得不爲更易。其委官，先發布、按二司會考，分正、異二途，定名次後，面驗其人，令應對，發紙筆面書一二行，可爲正官，而後總盛府佐州縣正籤一筒，聽掣之。有幕客姚宗舜者，先於佟養甲處爲請授知縣，是日授縣丞，乃曰：「爾可任縣丞，前此清朝法度，今日豈可昔比？」上至，遂造全東官册上吏部，或用或不用，或更調，一聽於部。晏清長吏部，分別用舍，一裁以資格：一戰守，二反正，三從龍，四起義，五抗節，此外不得繇他途進。曹燁長兵部，定武官職銜，自守備以上各增一署職，至總兵乃晋都督僉事，遞晋至左都督，乃分府。文武官叫號排闥。袁彭年、金堡請慎黜陟，重名器，其黨丁時魁等居垣中，招權納賄。馬光請中軍旗鼓部劄，以賄未至不允。吴尊周賄數千金，而得總督江西；戴國士、黎士彦賄千餘金，而致清卿、巡撫；陳安國餽六百金，不緣敘功，題薦懷遠伯。不愜者，乃走馬吉翔、夏國祥得旨下部。嚴起恒力持不可，則中旨下，王化澄改票以行。時兩粵分畛域，桂林、平樂，瞿式耜爲政；慶遠、柳州，焦璉爲政；潯州、南寧、思恩、太平，陳邦傅爲政；廣東非李元胤咨，監司有缺不能推補，府州縣領佐有缺不敢銓除，吏部無出選地。又以官人歸吏部，州縣待外咨坐補，朝廷播遷，銓臣屢易，籍無可考，缺少人多，以地方爲徇情之具。所請或奉旨下部者，不論有缺無缺，姑以塞責。廣西監司守令，有部覈俞旨敕書，受事三四月，而新官又至。陳邦傅與瞿式耜爭題委，詰之不少悛。所委司道府縣，皆遊棍雜流，赴任亦無憑劄。視事一二年，吏部不知賢否。府縣更數十人，撫按不知姓名。部中別簡，甚有一官至四人者。曹志建在湖南，建置守令，部題及何騰蛟委郡縣官亦不聽入。三年正月，詔頒九卿、科道、督撫按、勳鎮、司道有司七款，凡外之官方賢否，必繇撫按。七月，再敕各勳鎮不得委用監司守令。然奉行者，終以故事置之。十二月，考選取科朱士焜等四人、道張重任等四人。先奉天之難，上幸象、柳、南、桂、平，馬吉翔內結奄寺，把持銓政，通陳邦傅爲外援。及幸肇慶，裁於嚴起恒，少戢。象、柳南幸，上留空敕數十，王化澄、王維恭遻授宗室統鎣僉都御史等官。王化澄子奎光自白衣遽除光禄卿，事發，爲臺諫所糾，王化澄去。清兵日迫，猶舉考選考察，羣臣納賄求加級、三代恩綸、廕子、貤封不已。四年二月，再幸梧州，龍舟甫泊，晏清見嚴起恒，屬推陳博、王之梅巡撫梧、潯、柳、慶，并傳選司入内曰：「此最緊事，今夜具題。」未經會推，選司案呈入告。已爲朱士焜所糾，陳博未任，王之梅革職。尋奉旨枚卜，會推郭之奇、吴璟、吴貞毓、程源、晏清、余文熠、萬翱七人。故事，冢宰應列名。晏清惡有此舉，執筆抹去。嚴起恒尤不欲郭之奇、程源入，奉旨推本兵，程源爲正，晏清又抹去其陪，謂旨原屬程源，無以陪爲。詔：「有正例有陪，另推來看。」其後雖多旨屢催，但謂駐蹕既定乃行，自是一切會推悉罷。三月，王進才請封標將十一人伯爵。先兵部得單，各觀望未赴，特奉嚴敕，及到，嚴起恒就案與方司屢閲。科抄時，呼差官進，與言將單首四名各注「伯」字，趣衆畫題而别，衆共訝之。差官以爲未足，後嚴起恒復增一人，唐誠爭之，再增一人。故例，齎奏官無入朝預會議者，有之，自是日始。未幾，胡一青標將陳志、高公然攏入隨議矣。李元胤近在肇慶，請空敕三百道，欽劄、部劄千道。四月，程源經理滇、黔、楚、蜀，以劄付沿途鬻官。晏清絶口不言會推，部篆久懸，卿貳盡缺。屢奉明旨，竟不行；以科道疏催，遂推郭之奇爲禮部尚書。五月，升車駕郎中黄陛爲嶺西參議，監司從部推者，僅見此。高必正疏言動鎮例無題缺，委開送部銓除。詔如題之言，申飭著令。無何，又俞陳邦傅之請，奏内各官大選日炤缺給憑，准其實授。會推大僚，以總憲一席部科參差，張起託疾，晏清訪之，張起爲連城璧圖僉院、王奎光圖大理。詔會推公事，須部科悉心商榷，以示輿論。晏清抑連城璧爲大理，連城壁即去。王化澄再入閣，萬翱長兵部，晏清移病去。王化澄升董雲驤等主事，未經傳單會議，掌科亦不與聞。儀制趙嶷挾瞿式耜咨，竟至選司脅題，爲施召徵參孥。萬翱薦拔，强半同鄉。又舉會推，議梁應奇爲兵部左侍郎，總督嘉、眉；辜延泰爲僉都御史，巡撫川北。童琳大閙朝房，必欲辜延泰以侍郎督師。部議總督，張孝起難之，乃如前議。次日止勿具題，童琳等疏爭，仍下部議，又難爭之。會張孝起病告，徐極代兵科，王化澄遂主票俞辜延泰侍郎督師，撰敕鑄印，着兵科抄發，敕印撰鑄先就，一二日領之而行。迨張孝起復職，疏糾，而辜延泰已陛辭矣。二人皆無人望，惟挾多資而來，辜延泰餽王化澄黄金百兩，日數詣其舟，病則膝地爲之摩索，王化澄遂不惜多口，倒身相爲，屢票薦疏，徑入「督師」二字云。又硃敕特催會推，廖文英用重賄託黎士彦圖江撫，萬翱疏薦，亦未會推奉命，廖文英輒上疏辭，王化澄温票後，屢旨徑稱「撫臣」。萬翱復爲市恩，不按塘報功次，晋杜永和、李元胤等侯爵。杜永和以未繇同官會議，并劾萬翱。其見利紊制如此。時朝端奔競，選政益壞。瞿式耜疏言：「宰相抵一庶僚，部堂不過抵一雜職。所謂存禮之餼羊；今在朝者，幹濟則平嘗，爭官則勇鋭，部曹想科道，科道想督撫。畢智盡能，朝營暮度，無非爲一身功名計。意謂世界不過此一刻，一刻錯過，便不可得矣。乞加嚴核。」楊鼎和亦疏請：「於各鎮請封加銜，凡自行陳乞者，概不予復題。金吾號紙，非世襲不得擅請擅給。」皆不省。東西省垣齊陷，上轉側南寧、安龍，孫可望以秦王總録天下文武將吏，令旨行事，不關朝廷，命貴州繳總兵劄，裁革文職監軍、督餉、部卿、僉憲，武職總、副、參、遊各銜名。馬吉翔阿奉孫可望，銓選幾同虚設，孫可望自是專滇、黔、楚、蜀封拜，文武多受其命，不復知有天子矣。六年，李定國、劉文秀復楚、桂、廣、江、蜀，偏置守吏。七年十二月丙戌，以臺省員缺，飭部考選，臨軒親試，授蔣乾昌等簡討有差。十年三月，李定國扈幸滇京。次日，令文武造册送吏兵二部甄别，選政始歸朝廷。時有司皆孫可望官，汪蛟請行察典。十月，命張佐辰、金維新、齊環行考察，優者留任，餘斥降，仕途少清。然版圖迫促，選人不出滇、黔、蜀南矣。

魯王監國紹興。隆武二年三月，舉考選。吏兵二部爲方國安、王之仁奴役，百請百諾。浙東塗巷半腰犀玉，至有以白石充之者；子弟方髫齔，繡衣冠佩，呵殿道上。而寧、紹各爲黨，餘姚故獨立，浙西棄家依蹕者少援引。及幸閩海，錢肅樂掌兵部，各鎮將名氏不知，兵馬數不知。封拜挂印出明旨，不繇部覆。生員、守把上疏乞官，則歸部察覆。時海上上書求官者日十數，欽劄盛行，不須部劄。文自稱都御史、侍郎，武自稱將軍、都督，三品下不屑署。所在遊食江湖者，假造符璽，販鬻官爵。偃卧丘園而曰聯師齊豫，保守僕御而曰聚兵十萬，秉銓者以道遠，欲加核而無繇也。

鄭成功起兵，紹宗命設武職得至一品，文職六品；昭宗命得便宜銓選，設六部主事、司務理庶政。永曆九年二月，設行軍司馬，秩比總督、尚書；戎政，比戎政尚書；六官，比侍郎；下設協理一，左右司務二，比郎中；都吏，比員外郎。尋以張名振言，改司務爲都事。取士次第補六官屬，或外爲監紀通判，外設察言、承宣、賓客諸司，印局、軍器局等，分治各事。又設領兵中軍二爲督陣，以候缺將爲之。又設餉司一，後監紀兼之。十二年正月，鄭成功晋延平王，以六部郎中各一隨師紀録，始設長史、審理、典寶、典仗、典儀、典膳諸官，拔諸賢、育胄館諸生充之。十五年，清於直、浙、閩、廣各設户兵郎中，大事招徠，凡文武官降者，有官有兵者如原級，孑身者文降二級、武四級，或都督改副使，副總兵改僉事，參、遊改同知。一時目不識丁者爲監司，力無縛雞者爲總兵。類多張大，真僞蒙貿，清概不問，務以携貳其衆，削弱其勢，臺灣卒坐困而亡。

南明史卷九

志第四

食貨

無錫錢海岳撰

國之富本在農桑。明之盛也，土無荒萊，人敦本業，屯田中鹽，以給邊軍，饋餉不仰藉縣官，故民物殷阜，府庫充實。自屯田壞，鹽法變，兵食太倉。神宗以後，後金崛興，中原兵起，練兵籌餉，暴斂苛征，民窮財盡，人多思變，北京乃覆。南渡，外患益深，地力不修，兵額倍廣，供億煩多，調度不繼，愈趨掊克。司農非桑、孔，雜税紛牛毛。師無紀律，所過鎮集，縱兵搜劫，號曰打糧。打糧之外，復有遊火，遊火之外，復有私派，私派之外，復有互征。彼既張官，此亦設吏，沿門敲朴，驟如風雨。民有田廬，反爲身累，至陷寇陷虜，反得安舒，繇是遠近傾附，不目以寇以虜。加以權奸侵牟於内，勳鎮攘奪於外，大臣愈富，帑藏愈絀，豺狼當道，人跡俱空，天下事卒至於難爲。弘光元年三月丙申，命户部開局，廣集心計之臣，講求屯、鹽、漕三項資國用，惜其議不傳。今取三朝食貨之犖犖大者爲志。夫三朝始則據直、浙財賦之區，終則擅粤、滇山海之利，而不能用以恢復。循覽是編，不能不太息於人謀之不臧已。

賦役　　屯田

漕運倉庫　　鹽法茶課

錢鈔坑冶　　商税市舶

雜税　　上供采造織造　金花

俸餉

安宗監國詔曰：「連年因寇猖獗，急欲蕩平，因而加派繁興，政多苟且。在朝廷原非得已，而民力則已困窮。今寇難未平，軍興正棘，盡行蠲派，亦所不能。姑先將新加練餉及崇禎十二年後一切雜派，盡行蠲免；其餘新舊兩餉，及十三年前各項額徵，暫且仍舊。俟寇平之日，再行減徵。貪吏猾胥，朦朧混派，使朝廷嘉惠窮民之意，不獲下究，詔差官會同撫按官即行拿問，一面題知。如撫按徇私容庇，并行重處。」登極詔：「弘光元年賦，不論本色折色，量蠲一分，其本色仍改折二分。北直、山西、陝西全免五年，山東、河南全免三年，江北、湖廣蠲十五，江西蹂躪地方，炤四川蠲十三，遼餉名色盡免。」五月癸丑，詔：「十七年練餉見徵者全解，不得乾没；明年全免。舊餉、遼餉速催。」八月壬戌，中旨催外解錢糧。九月乙巳，命鄉官與監生齊民較田多寡，一體當差，不得擅立官户。十二月癸亥，命盧九德丈量蘆洲升課，李承芳出催年例公費。乙亥，免原派山東餉三萬，東、登二撫銀米二萬。弘光元年二月甲子，增派浙、閩餉二十萬。高起潛請市馬增餉，孫象乾、孫元德督催浙、閩内庫、户工二部錢糧，覈新故缺額百七十五萬。熊維典疏言：「四府逋欠，三年内三百三十一萬八千五百兩；又已徵未解九十五萬六千餘兩。」又言：「正項輒借支贖鍰，侵挪弊藪。至批詳才下，提差已至。撫按身先不法，守令失職，賦役不清，飛派朦朧，火耗太虛。」四月甲子，催徵、寧諸府預徵來年銀。德清大荒後民盡逃亡，實徵銀三萬三千兩，着有司挪借。壬申，命差風力科臣督催南直賦役。左良玉兵東下，清兵日迫，徵練餉及預借明年餉，使猶四出。

紹宗監國，詔蠲新加練餉及弘光時故欠增派，諭曰：「貪官弊竇多端，其顯而易知者數款：重加火耗也，詞訟重罰也，助餉借騙也，强捏人命盜情而令買免也，官價買免抑勒行户也。凡此，皆豺狼之性，又必賄賂求陞。凡清要之地，一用此等，根本不清，國命隨之，孤所痛恨。以後似此察出，必殺無赦，慎之戒之，勿取後悔！」以軍興國用不足，隆武元年七月，命於兩稅內一石預借銀一兩，民不樂從，反愆正供。分遣侍郎、科道向各府徵發，括州縣庫積存銀米未解者，毫釐解部充餉。梁應奇出參遲誤者，逮不應。會唐顯悅以粵餉二十八萬，吴時亮、湯來賀先後以粵餉十萬至，福京國用少給。二年二月，歸化復徵十七年已免之糧，罷之。三月，諭户部曰：「朕遇加派錢糧，如芒刺在背，賴諸臣以朕心爲心，以民命爲命。」四月，蠲沙縣借助及逋賦。五月，減光澤正供錢糧六分。時干戈間阻，朝廷賦役僅及閩、粵，在外督撫勳鎮，各擅土地賦役。黄斌卿在舟山，履畝勸輸，限民十五以上爲兵，男死妻不得守制，田産入官；年六十無子者，收田産，別給口食；又盡籍内地大户田之在舟山者爲官田。何騰蛟創徵義餉，命同知謝允謙司其事，長、衡、寶、永士民輸數千。有尚書捐米二百石，布政捐銀二百兩，何騰蛟謝尚書所捐，請以州縣餉本折色率十分取二，畝溢額派五倍上；不足，預徵至二年。湖南兵燹之餘，赤地千里。七月，福京流寇四出焚劫，鄉村富人倉廩一空。

昭宗嗣位，詔蠲賦役，與民更始。永曆二年閏三月，皇子慈煊生，免南寧錢糧十之二。於時西南殘破，督撫勳鎮先後專制一方。劉承胤擅西南財賦，陳邦傅專南、太七府土漢地糧稅，曹志建徵永、桂、郴賦，其尤著者。江、廣反正，賦役少裕，廣西糧稅盡給楚軍，廣東以遼餉、練餉給李成棟軍。三年正月，詔頒九卿、科道、督撫、勳鎮、司道有司七款，外之錢糧支解，必繇藩司；然奉行者，終故事置之。四月，蘇利在甲子所，民租一石抽去三斗，曰官租，其養兵紅頭，各加斗耗索禮，業主歲收糧租十止二三。滇、黔自元年以來，孫可望勘雲南田地所出，與民平分，田主十得其一；條編半徵，人丁不論上中下全徵；營莊設營弁徵租賦。又特製扁斗，高五六寸，稍高之，即盛粟二倍，民叵病之。四年，兵至遵義，命條銀變輸穀米，共計二石有餘。又有皇草、皇柴，折價至貴陽上納。所徵條銀十兩，幫補義兵一名器械銀五十餘兩，五穀絲麻六畜無隙可逃。五年，丈田，變牛種爲糧。六年，李定國復廣西，出師湖廣、廣東，重定賦額。八年三月，高州加派米一石，納扉屨鉛鐵；吴川石派銀三十許兩。十年，孫可望差官丈田畝。郝承裔在雅州，設官莊徵草糧。狄三品在黎州，以經歷爲稅官，安撥收稅。十一年，孫可望平，李定國命毀斗弛禁，滇、黔賦役始全入朝廷。然壤地褊小，國用浩繁，不得已於營莊仍設管莊，畝歲納穀一石二斗，又一再增賦。元江原歲徵千九百餘石，而至七千餘石，民不堪命，以訖於亡。

魯王監國紹興。隆武二年二月，預徵田賦，山陰、會稽至監國五年。賦役苛重，民多逃亡，稅入益寡。山寨之起，王江於四明山中量畝而稅，稍有法紀。王在舟山，邊海郡邑遥應，陰出粟接濟。永曆七年九月，張名振駐平陽沙，分泊大安山前平安沙小港，每田四畝徵米二石。蘇、嵩、寧、紹郭外一二里，清不敢問，居民一田二輸不怨。

鄭成功初起，命黄愷司餉漳、泉、福、興，民一田兩賦。鄭經在臺灣，十五年五月，承天府尹查報田園册籍徵銀。七月，諸軍乏糧，米直銀四五錢。令民輸雜糧，設三法徵餉，以奔走疏附者爲主户，商旅爲客户。民及熟番年十六上、六十下，歲納銀六錢，曰毛丁。臺民近二十萬，歲徵丁銀八千六兩。官田租率，甲上則歲徵穀十八石，中十五石六斗，下十石二斗；上園十石二斗，中八石一斗，下五石四斗。宗室文武募人墾者，爲文武官田，亦分三則，租率甲上田三石六斗，中三石一斗二升，下二石四斗；上園二石六斗二升，中二石二斗四升，下一石八斗。税率上田甲十四石，中十二石四斗八升，下八石一斗六升；上園甲七石九斗六升，中六石四斗八升，下四石三斗，都納税十三萬許石；外又課其賦，歲計九萬二千一百二十七石九斗八升七合。所謂官斗，較中土倉斛僅止八升。原田膴膴，取之無盡，耕後數年，輒棄其舊，故三年一丈，課其增減，定肥磽，恤民困也。及西征，復漳、泉，以鄭省英督各府州縣錢糧，清田賦。二十九年，行三法於漳、泉。後征輸益繁，盡括屯租、寺租入官。一時官多無賴，嚴刑峻法，犯者以鐵釘七支釘手足於板，暴烈日中。三十一年，命思明民月輸斗米佐軍，久之多藉蔭。三十三年，命副鑾儀衛陳慶清查漏口，凡文武官員人役不許影免，自二月起，人加米二斗。

賦税灾蠲：南渡後，廣西崇禎十七年田禾大熟；湖南弘光、隆武年間，以一二年不通吳、楚，石米直五六百錢，無買者，存粟腐爛而不可食，時稱謂「雞見退」；高州隆武元年大有年；雲南永曆三年十年大有年外，其他直省，連歲兵爭，人民流亡，隴畝輟耕，或水利失修，滂嘆迭告。弘光元年三月廬、鳳飢，戊申，命史可法會黄得功將漕米羡餘散飢民。紹宗監國諭：「凡鰥寡孤獨百姓，皆我窮困赤子，各處見在養濟院。有名孤貧，在有司各正項每石支給足包紋銀一兩；其餘真正窮民，亦許量給銀穀，勿得遺貧濟富，負孤䘏孤苦心。有司舉行不實，察出治罪不貸。」即位詔：「朕愛民出於天性，惟望天下百姓飽食暖衣，父慈子孝，四海太和，朕始無憂。其要惟在省刑薄斂，吏慎官清。錢糧頭緒多端，再蠲必須察確，撫按各將所屬地方錢糧款項細開，限十月造册具奏，指明某款當蠲以安民，某款當仍以濟餉，不得含糊遲滯，誤我生民百姓。七十以上無過者，即給冠帶，仍每歲給米一石、銀一兩；併奬孝子，亦同前例。加恩孤貧，皆炤監國諭内優給。」隆武元年八月，汀州大旱，斗米銀三錢。元二年間，梧州大飢。二年正月，免汀屬借助，武平全免，長汀、清流、歸化免半；上杭、永定、寧化、連城，准寬至三月。二月，泉州飢，賑銀三千兩。川南兵後，土荒薦飢，流莩相望，山深處斗米銀三十兩，藜藿雀鼠屍胔殆盡，有枕萬金而死者，父子兄弟夫婦轉相屠割，屍甫仆地，即爲人食，斬之不能止。永曆二年，順慶大旱，高州大荒，人相食，人易米五升或一二斗，舉人梁秉忠一門十餘人餓死。三年，思南大飢，斗米銀三兩；遵義大荒，斗米銀三兩五錢，蕎麥斗銀十三兩，民死山谷者枕籍。四年，黔陽穀石銀三四兩，民食草根樹皮。七月，舟山旱，請粟日本，以千石來賑。六年，順德大飢，斗米千錢。七年，陽春大飢，斗米銀七錢。八年，奉天斗米銀七錢至一兩二錢，人相食。先後皆有灾蠲。然如崇禎十七年沅江穀石銀四兩，辰州米石銀四兩；弘光元年，荆州斗米銀二兩，漢陽穀石銀四兩；隆武二年，浦江米石銀五兩，義烏、永康斗米千錢，台州斗米銀五錢，温州斗米銀二錢三分，井研斗米銀三兩，綦江斗米銀一兩二錢，名山斗米銀二兩，榮縣、丹稜斗米銀三十兩、蕎麥斗銀十兩；永曆元年湖南斗米銀六錢，辰谿斗米銀五錢，耒陽斗米銀七錢，衡州斗米銀一兩二錢，寶慶斗米銀二兩，奉天斗米銀一至三兩，衡山斗米錢二千，新化斗米銀一兩難得，乾州斗米銀四兩，江西斗米銀七錢，雅州斗米銀十餘兩，名山斗米銀十兩、牛直百兩，嘉定斗米銀三十兩，成都、重慶斗米銀四五十兩，巫山斗米銀四兩，綦江斗米銀十二兩，雲南斗米銀一兩二三錢；二年，江西斗米千錢，惠州斗米銀八九錢，惠來斗米銀三錢，順德斗米三百錢，梧州斗米銀五錢，川南斗米銀二十五兩；三年，順慶糲米斗銀二十兩、蕎麥斗銀七八兩；五年，沅州穀石銀三四兩，黔陽斗米銀三兩，新寧斗米銀七錢；六年，奉天斗米銀六錢；七年，封川斗米銀七錢，新寧斗米銀五錢。各地豐歉不一，賑貸之政，紀載闕如，今皆不可考云。

安宗立，設四鎮淮安、泗州、臨淮、廬州，荒蕪田土聽開墾。又給越其杰銀十五萬，募兵屯田汝、黄、潁、亳。史可法亦命陸遜之屯田開封，凡軍民人等墾廢爲業，三年成熟，據畝升科，照本縣額定升合徵取一半，永減一半，以示鼓舞。崇禎十七年十一月己丑，賀君堯開屯玉環山。辛亥，時敏開屯大瞿山，王之仁開屯金塘大榭山，吴凱開屯寧、紹、台、温。

紹宗嗣位，黄斌卿開屯舟山。隆武二年二月，命所在荒蕪田地聽民墾，三年後始升科充餉。九月，楊展入成都，於有民之地，設官分治，畝徵米二三斗；市牛種，隙地放兵屯田。四川西北自張獻忠兵後，各州邑野無民，城無令，千里無人煙。

昭宗之世，楊展大興屯嘉定，王祥大興屯遵義。永曆三年，下招安免死牛票，上銀六兩，大糧兩納穀八石，十三里各分總攝。七年，川西南接壤之所，墾田日多。田故膏腴，久蕪益沃，用力少而功多，且無租税，力之所及，即爲永業，繇是川南之民就之。久之，渡江漸及西北州縣，始設正佐官。其他如王光興之於施州，劉體仁、李來亨、郝永忠之於西山，賀珍之於大寧，鄧希明之於夔州，王興之於恩平，宋朝宗之於袁、吉，以及河南汝、光，湖廣蘄、黄，興國，南直英、霍、潛、太諸山寨，皆屯田自給。七年，李定國在柳州，與民分田而耕，派徵浮糧。九年，駐南寧，分莊徵餉派夫，并科竹木炭草。孫可望據滇、黔，各府州縣地分與各營頭，即令彼處坐住就食，即爲營莊。各設管莊，畝納穀石二斗。兵日支米一大升，家口月支米一大斗，子女不及歲者月納半分，至三歲者如家口支給。馬分三號，頭號日料三升，二號二升，三號一升，不時查驗，瘠者責治。未幾，米穀優贍，馬匹精壯，爲諸軍最。

紹興之陷，魯王航海，浙東山寨，如李長祥、張煌言、王翊兵皆屯田。王朝先於奉化；張名振於南田、金塘、玉環及南海外諸島，寬徵薄賦，税入養兵六萬，并開賓館延四方薦紳文學士三十餘家七百餘人，月給廩餼，其效尤著。

鄭成功定臺灣，謂諸將曰：「此天府也，可寓兵於農。」諸將請其法，曰：「古者量人授田，量地取賦，自兵民分而轉輸者始有仰屋之苦。故善爲將者，興屯以富兵。諸葛屯斜谷，司馬屯淮南，姜維屯漢中，杜預屯襄陽，皆用以備敵。元之分地立法，太祖設衛安軍，非無故也。今僻處海濱，安敢忘戰，莫若按鎮分地，按地開荒，此百年之大計也。」諸將皆曰然。永曆十五年五月，命文武官兵創田宅，以己力經營，不得侵土民百姓田地物業，各人得圈地爲永業。六月，給文武炤原額各六月俸開墾，留勇衛、侍衛二旅守安平、承天。五軍、果毅諸鎮，赴曾文溪北，前鋒、後勁、左衝諸鎮赴二層行溪之南，各擇地自耕自給，謂之營盤。日以什一者瞭望，相連接應，輪流迭更，無閒丁逸民。插竹爲社，誅茅爲屋，生牛教之以犂，使野無曠土而軍有餘糧。其火兵則無貼田，如正丁出伍，貼田補人。鄉仍曰社，畝亦曰甲，以便耕。甲三十一戈二尺五寸，戈方丈二尺五寸以爲則。炤三年開墾，然後定其上中下則，以立賦税；三年内收成者，借十之三，以供正用。農隙講武，有警則荷戈以戰，無事則負耒而耕。農七兵三，無養兵之費。寧靖王術桂墾竹滬田百數十甲。文武勳故有官田，諸王湯沐別有所給。屯田既興，厥田上上，一歲三稔，一時足食足兵，漳、泉、潮、惠流民大集。十八年二月，施郎窺東寧，抽各鎮屯兵十三備之，又勇衛、侍衛各半萬餘人，防鹿耳門、澎湖、雞籠山、大綫頭。六月，郎歸班師，令勇衛、侍衛之半歸伍，各鎮調撥十三者仍回屯耕作。七月，分諸鎮大興屯田。十九年，陳永華歷南北路各社勸墾，拓地南至琅璚，北及雞籠。番人入山，築土牛爲界。二十四年，至北港溪。二十五年，歲大有。二十八年，西征，調土番佃兵六四聽用。三十四年二月，回東寧，以待衛全旅守安平，諸兵各歸屯田。五月，張日曜按屯册甲數，十丁抽一充伍，得兵三千餘。市商十家輸一丁，名折徵銀百兩，貧富不均，民怨沸騰。三十五年十月，抽鄉兵，命大監督操演，防安平各要口，民裹糧露宿。未幾罷歸。

李自成迫北京，威宗命沈廷揚借漕二十萬石淮上，甫發而北京亡。

安宗監國恩款：「漕糧中有水脚、雜費、板席、簞夫等項名目儘多，今改運南庾，合減其半。其官旗臨兑，向有畫會、使用、酒席、飯食、花紅等項，民間所費不資，合行裁革。南北各項錢糧，不論起解存留，在崇禎十四年以前實欠在民者，盡免。江南、浙西民最苦白糧，合行改折一半，其一切幫貼、雜費及上倉、鋪墊，盡除。」登極恩詔：「漕糧原係永折地方，非比暫折、災折，内有虛糧、沙瘠、灘江等情，當時議折之故，已經酌處三四，今當後還改折，其有罰兑、副米等弊，盡行釐革。」崇禎十七年五月乙巳，高弘圖疏言：「南部歲本色米百十七萬石有奇，折色銀二十三萬有奇，備上供織造等項及營衛月糧，每苦不足。今北都淪陷，省直解北錢糧皆應歸南，若混淆無别，將來南糧不給，必至挪用北糧，非久遠之計。臣謹議五則：曰上供各庫本折各項及金花銀，在北部原屬各司，惟南直屬四川司，北屬福建司。今日錢糧，江北、江南非四川司所能辦，合將蘇、嵩、嘗、鎮例歸四川司，應天、徽、寧、池、太、安、廣歸陝西司，廬、鳳、淮、揚歸山西司；曰省直漕糧，北部屬雲南司，頗稱煩苦，今南部雲南司復有原管運軍行月糧銀等項，歸併益繁，當擇人委任，完日紀録優陞；曰北部各司外設舊餉、新餉二司，以山東、山西司郎中兼管，又新增練餉，設練餉一司，近裁三司，改左右二司，今仍炤左右司例，擇委司官，鑄給關防，題差一年爲滿；曰增北餉銀庫；曰各關税炤各部仍貴州司。」從之。時軍興度支孔亟，命沈廷揚兼理直、浙、山東糧儲，又命户部速挽漕粟以濟軍糈。六月，高弘圖督糧江上。張執中收白糧，勒鋪墊費踰舊制，至杖斃解户。旋詔明年改折。九月，准德清、歸安等漕白蠲折。十月丙辰，漕米准石輸耗一斗二升。弘光元年正月庚子，以張有譽言，定白糧石折價一兩三錢。二月，户部奏定白糧仍歸民運。壬子，許紹興南糧折徵。熊維典疏覈嘉定漕折，胥吏侵匿至五萬兩。三月，楊兆升疏江南有司既徵本色在倉，不肯還民，又徵漕折。諸生吴之俊上史可法五議，其一曰：「漕糧兩石而運一石，今湖廣、江西順流而下，浙、直一水之便，俱數日可達京倉。漕糧在湖廣，令楚鎮撫對支；在徐、泗、淮、揚，與淮、揚鎮撫對支；在九江、安慶，與江西對支。某地鎮撫在某地對支，或對支鄰近，盈餘即解京倉。在昔水耗，緣途運維艱，京倉存積數年，故有鼠雀朽腐之額。今糧本年支銷，所存京倉幾何？過夏令一之耗足矣，對支可無耗也。浙、直兑例，每舡正米三百三十石，凡百加九石八斗十斛三尖，一舡月糧四十金，行糧十六金，每石蘆席、車脚、茶果嘗例之費，二錢有餘；而湖廣、江西耗有加六加七之異，使費倍之。歲舡小修三年，大修五年，大造又外帶六十石。每石水脚一錢五分，耗米加一五，更無他費。則今日四省運糧京倉，途近軍便，較之遼糧，可類推也。白糧三石而運一石，獨蘇、嵩、太、嘉、湖五屬有之，共二十萬十七石，例耗米三斗，舂辨二斗六升，本色四斗，折色四斗，折銀二兩。嘉、湖水脚每石六錢，雜項之費不與焉。今奉旨改折，二年正額外，即餘米十萬石有零，用佐軍興，不爲無補。」李長春復疏請民運漕糧，仍減兑費。未行而南京亡。

紹宗、昭宗時，南直淪陷，江、楚凋殘。魯王畫江而守，浙西亦非王土。國家不復有漕運。

倉庫：北京新、舊、練三餉，分貯三餉庫。安宗南京建國，以省直多陷，存銀不多，於内庫、户部庫收貯南部舊額錢糧，增北餉庫，貯北部各項錢糧。儲漕有京倉。南京亡，内庫猶貯銀九萬兩；京倉米爲劉孔炤滿載入海，餘皆清兵輦去。福京設安民庫、恤民庫。恤民庫貯備積米，上命年務滿二萬千七百五十三石之數，於收成後，凡有罪犯取贖者，咸令納米，庶使陳陳相因，方克有濟。昭宗再幸肇慶，嚴起恒奏設親征庫，練親軍親征，不旬月得銀四萬兩，精甲名馬盈數百。後幸滇京，命各州縣設倉。貴陽之陷，存米七千餘石、穀四千餘石；滇京之陷，存米堆積如山，各州縣各數百千石，皆爲清有。鄭成功在思明，設裕民庫、利民庫。及定臺灣，設天興、萬年二倉。

安宗即位，掣鹽瓜、儀，以蘇養性等催鹽税。孫象乾、孫元德督催浙、閩鹽引價欠三十五萬，兼事清察。劾李挺欠浙鹽二十六萬兩，不許其報竣。旋命自明年起，换給新引。兩淮每引仍五錢六分，兩浙每引四錢。浙鹽計四十萬引，淮鹽正浮額八十餘萬引，湖廣、河南殘破，約三四十萬引。每引入庫價二錢三分，淮、浙可得四五十萬，補正供之不足。弘光元年二月辛酉，加鹽課引五分。癸酉，張亮請立鹽局安慶，不許。牟文綬軍騷擾江上，命户部欠餉速發徵鹽抵補。三月戊子，命錢繼登總理兩淮鹽法，喬尚總理兩淮鹽課，嚴察兵馬糧餉。是時兩淮三十場，浙江三十二場，福建十六場，廣東二十七場，四川井鹽州縣二十四，雲南鹽井二十六。鹽稅所得，亞於田賦，爲國家歲入之大宗。

紹宗嗣立，兩淮不守，浙鹽歸魯，朝廷僅有閩、粵鹽。粵鹽爲何吾騶壟斷，歲應課十萬兩，而僅上數百兩。時謂「吾騶登第四十許年，侵蝕何啻百萬，如蠲課一年，足紓朝廷燃眉之急」。隆武二年四月，清理鹺政，嚴禁私販透越。顧揭竿紛起，鹽無引銷地，商皆裹足不前，榛墟彌望，無所得售。五月，命榷廣西鹽利，不宜留飽奸豪，使鎮臣經理。六月，廣東、西鹽稅加餉五萬。時湖北陷清，湖南淮鹽包銀八錢，長起至包三兩，軍民改食廣東鹽，以魯可藻司其事。

昭宗永曆初年，湖廣、廣東、西、四川鹽稅多爲勳鎮擅奪。奉天、寶慶鹽斤銀八錢，乾州包三兩，雅州斤一兩。蘇利在甲子所，歲入銀百萬。三年二月，平樂鹽稅仍歸有司管榷，分解軍餉，職掌屬之西撫。魯可藻告焦璉每月稅銀，除按院經費分爲八分，五分解焦璉，二分解留守，一分歸撫院。璉即撤委官，聽別委道府，行之相安。後滇營於桂林行鹽，獨自徵收，因成水火。及幸滇南，改食井鹽。黑井課九萬六千斤，徵銀一分六釐；白井課二萬八千五百六十斤，徵八釐；琅井課九千六百斤，徵六釐，比故額數倍。一時商販買賣行銷，官鹽斤增直至一分四五釐。黑、琅二井鹽歸官，令商人領票支鹽，於是鹽商大富以白鏹爲瓦礫矣。

鄭成功在海上，以閩鹽課養兵。十九年，陳永華就臺灣瀨口大修坵埕。西征，復漳、泉、潮、惠，徧置鹽場，石直銀二兩，輸課四錢。三十一年，設東石場。三十三年，設鎮達濠、銅山、南日、舟山，振興魚鹽。鄭時英設餉司一，催督官買官賣，漏者斬。又掘潯尾南北鹽埕，尋罷。自思明之棄，退守東寧，益少鹽利，臺灣遂亡。

茶課：永曆八年，王有德在雅州，優禮茶商，以取爐中之利。其後黎州狄三品命靳洪玉坐守爐中，截斷土司歷來撫賞茶包，以古徑爲新路，撫賞爲私茶，大改故制；復設官毛甲，占天全、六番招討司屬下五鄉、天台山、白巖等處地畝撫番茶斤，以裕軍餉。惜載籍失紀，不可考云。

南京建國，所有鼓鑄錢爐，浙江二十一座，江西一百十五座，廣西十五座半，廣東十九座半，雲南十八座，一如承平之舊。崇禎十七年六月，何楷督理錢法，疏陳：「錢式，以一錢爲準，作銀一釐。廣收銅，多鼓鑄，用工精，以絶私鑄。廣收工匠，嚴禁渣末之搭，則錢自精。以交納稅糧，責成米户。舊錢重八分，上者準二文抵新錢一文七分；下者碎銅交官，炤時給直；行使抵小者，沒其資本，則錢自行。」俱俞旨。十月乙卯朔，南京寶源局、各布政司寶泉局鑄「弘光通寶」，背右「貳」字、背「星」上隸書、背「鳳」字三式錢。弘光元年二月，楊振宗請裁見糜各餉，以供鼓鑄。

紹宗嗣位，寇患益深，爐多停鑄。隆武元年，嚴起恒總督錢法，鑄「隆武通寶」錢衡州，請緩湖南預徵一年。章曠兵餉乏，以蒙正發經理恢撫錢糧，鼓鑄永州石期站，開爐一百二十，以長泰知縣方鎮管理；白牙開爐二百，參將鄭宗文管理；小江口開爐一百四十，户部主事臧煦如管理。錢源少裕，民困大甦。二年二月，福京亦開鑄大小二式，及背「户」、「星」二式錢。

十二月，衡、永鑄「永曆通寶」篆行書錢。永曆三年，再開鑄肇慶，有大小二式，及背「户工」下二星一星，背右「工」字，背上二下「釐」字、五下「釐」字，背右「五」左「釐」，字背上「壹」下「分」字；又有背文「御敕督部道府留粵輔明定國」諸字篆行書諸式錢。瞿式耜開錢局桂林，月得銀二萬兩。孫可望據滇、黔，雲南故用肥貝作貨幣，至是禁民行使，改爲婦女巾領飾品。五年，鑄「興朝通寶」錢遵義，田子禄司其事。錢大者文直一分，次者文直五釐。法令嚴急，錢流無阻。十一年、十二年，昭宗在滇京，再開鑄「永曆通寶」錢。

二十八年，鄭經開鑄日本。三十七年正月，再開鑄。錢重一錢六分，紅銅爲之，千作銀二兩。

魯王於隆武元年十二月，鑄「大明通寶」錢紹興，背「户工帥」字，銅純赤，篆文。永曆元年，舟山行洪武錢。先是，日本用之，後鑄國號，故錢藏庫，不敢銷毀，至是盡致中國，助軍用。嗣後日本歲以寬永錢相餽，率數十萬貫。王亦飄泊海上，不復鑄錢矣。

坑冶：南京建國，擅辰州、雲南金礦，浦城馬鞍坑，貴州太平溪金場，温、處、麗水、平陽銀場，瓊州、大理、貴州銀冶，江西、四川、雲南、兩廣銅礦，湖南、兩廣、四川、雲南鉛錫，湖南馬湖、建昌鐵場，尤溪銀屏山爐冶，湖南煤炭之利。當四鎮之建，許山澤有利開采，戎馬倥傯，不能行也。宋劼請采銅陵鉛銅，崇禎十七年十二月己巳，命督理蕪、采，未著成效。又有云開化、德興雲霧山可開采者，弘光元年，命李國輔往，吴适以爲不便，馳視報罷。隆武元年，魯王監國，命陳爾翼開礦處州、金華。二年，紹宗命鄭芝莞開雷、廉楊苗沙金。昭宗幸滇京，命金銀銅鐵諸廠，聽民自采抽税。永曆三十七年，鄭克塽取金卑南覓社，陳廷輝采金哆囉滿，爲土番所扼，不至。

安宗監國恩款：「關税炤崇禎三年故額徵解，其正税之外，一切新加私派、捐助盡免。如有額外巧立名色，大法不赦。柴米二項，本無額税，近年私自設立，以後均免。又船税亦盡蠲除」四鎮之建，許各於境内招商收税，以供軍前買馬製器之用。又命袁昇催鈔關銀；

蘇養性催關稅；劉安行提督直、浙海舶；劉若金提督閩、廣屯舶，兼珠池海防，駐福寧，榷洋稅。同時駐一内臣、數道臣、中軍，取用不可勝計，其供饋役使，所糜尤不貲。無何，有士民罷市之變。崇禎十七年十二月庚午，命西洋人畢方濟通洋船。弘光元年正月戊戌，佃丹陽練湖，歲可得五萬金。三月，於蘇、嵩、崇明諸海口起洋稅，洋船三百或二百兩，内臣給批放行，如臨清關例。

隆武二年六月，加廣東、西各府關稅五萬。兵戈商阻，輸不足額。

昭宗之世，廣海貿易停止，關稅益絀矣。

鄭成功定臺灣，與西班牙、呂宋、荷蘭、爪哇、葡萄牙互市，日本、暹羅、咬嚁吧、東京、交阯洋船充斥思明。鄭經設三法徵餉，舟計丈尺納稅，曰樑頭。永曆十八年，英吉利來求互市。十九年，陳永華歷南北路勸種五穀，插蔗煮糖，是年大豐，廣販外國，擅海通之利，民多富足；商舶稅，歲增銀數十萬兩。二十年，呂宋來聘，申互市約。二十三年，達濠、銅山、南日、舟山設鎮貿易，皆用三法徵餉。及復漳、泉，以白鹿皮上通日本。二十八年，户都事李德至日本造巨舶，日本人居臺灣者禮之，以雞籠爲互市地。英吉利水師提督東來，八月至安平求互市，命禮官待之，許開安平、思明立約。二十九年，英圭黎萬、暹羅、安南諸國貢方物互市，思明島上人煙市廛如故。三十三年，以諸鎮横徵，通行飭禁，設監紀諸官，上自舟山，下至達濠，監察查核各鎮營地方大小措餉辦船，按季造報，不許重爲科斂。

安宗登極詔：「凡税契擾民者釐革，寬民間交易，如買置田産房屋，嗣後以五年推收、十年大造爲則，每兩止取舊額三分。未至期者，不許奸徒妄報，指詐害民。」崇禎十七年十一月庚戌，榷酒税。縣官給票，斤錢一文，土酒半文，罈大小各炤例派納。納課後，名糟坊，爲官店，免雜差；違者，依私鹽律究罪。十二月己巳，行税契法。凡民間田土，熟田畝二分，熟地五分，山塘一釐，給弘光元年税尾一紙，永爲世産，行一年而止。壬午，搜取寧波洹課七千兩。

紹宗監國諭：「古今國家之大禍，莫過於天下無仁心之清官，百姓無愛惜之父母。視剜肉剝骨，死活不管，用拶指夾足，痛癢不關，此明主所以深恨乎貪酷之吏也。豪紳在鄉流毒，其居官也可知。自孤監國之後，必要痛革前弊，實心愛民。從今以後，一切錢穀，除正額應供外，如新加練餉、房號、典税、契税，及自崇禎十七年以上一切舊欠，不論何項多寡，實實盡與蠲免。鄉紳私税，一切魚、鹽、柴、米、酒、肉、糖、豆、花、油等各雜税，與牙行之收，則盡行革除。貪官，免後復追；豪紳，革後猶行者，撫按察指直參，一定立置重典。通同者，併治不饒。」隆武元年八月，禁豪右擅立銅、錫、絲、漆私税名目，犯者殺無赦。

永曆時，各勳鎮任意徵稅，名目尤多。十年，高承恩在雅州徵人頭稅，人月銀二兩。

鄭成功定臺灣，與民休息，陳永華又咻噢之，歲頻大有，取其有餘以供國用，民亦樂輸不怠。洎陳永華罷，政教偷薄。雜稅之徵，有厝稅、社商、港潭、樑頭牌、船隻、渡船、牛磨、蔗車、網箔罟罾、縺縩烏魚旗、入港貨稅、出港鹽稅、僧道度牒，歲率銀四萬五千五百餘兩。鄭經復漳、泉，陳繩武命楊英設餉司，督各府州縣殷户輸納月米、毛丁，以及渡載、豕、牙、酒、鐵、炭、油、灰，孤寡不免。李景倍加派輸。寡婦樊辛氏助餉三百，旌之。三十一年，鄭經禁諸鎮横徵。三十二年，用兵泉州，水陸軍輸，公帑不繼，取給民間。劉國軒、吴淑啟請：「大師所至，權宜就地措餉。今官之催科，有内差、督糧餉司、宣慰、府縣，又有總督衛鎮、義將，民之供應者，有大餉、大米、雜餉、月米，有棕、麻、櫓、槳、油、釘、炭、鐵、鵝、毛、草、粟諸項。最慘者，有水梢、毛丁。鄉兵民力已竭，科歛無度，乞定畫一之法，以收民心，甦民困。」鄭克塽襲，村落民舍，計周圍丈量，以滴水外寬，徵銀五分。李景、張日曜先後清查徵比，百姓苦之，自毀居室。

安宗監國詔：「凡十庫錢糧，除布疋、顏料、銅、錫、藥材難盡折外，胖衣、弓箭、盔甲，准炤額銀折解。其餘上供派擾商民者，一切釐革。」登極恩款：「上供祀孝陵及諸祀典柴斤，炤洪武二十六年例，龍江、瓦屑二關抽分取用，不得多扣。」自成祖定鼎北京，南京宫殿不修，衙宇日從凋落，而外解錢糧，率急大農而緩水衡。上即位後，百役並作，部庫如洗，不得不開事例。大工既畢，中外執例關請。時工部劄放從工科挂號者，軍火器械十不存一，而内員之請討十居六七，衙門之修葺十有二三。如銀作局工匠千名，日給工食一錢二分，月支三千六百兩。工食如此，所打造金銀，又當如何？錦衣監房修造一千五百兩，光禄寺橱房八百兩，監司靴帽冬至獸炭二千兩，一襲全盛故制。崇禎十七年六月，免户部增解制帛。八月，許四川解黄連間歲折進。十一月戊子，建慈禧殿。弘光元年正月癸巳，修午門、左右掖門。三月己酉，營大善殿。屢興大工，采辦皇木之使四出。御用監請置龍鳳几榻、諸殿陳設寶玩金玉，計費數十萬。光禄寺請辦御用器，萬五千七百有奇。高倬力諫，不聽。時織造上供尤繁，度支費無所出。吴之俊上史可法五議，其一曰：「嵩江綢布三匹而致一匹，今宦寺不過數百人，所需幾何？官布亦便，綢布十有餘萬，編番解户諒助貼價折可十萬。大派改造，祖制十年一派，係浙、直、福建十八府並廣德州供織上用。如金花緞大紅錦，匹至二十餘金，又鋪墊一兩九錢，共計十八萬匹；又細造六千匹，如虎豹緞匹七金，鋪墊一兩二錢。今上即位，例有龍鳳團花，亦應動支二十餘萬。更有龍袍、妃服、綾紗、黄白絹，並鋪墊諸項，共三百萬之額。或動支於四司料價，或動支於太倉料價，或出正倍額辦，不一而足。再如天啟時，加遼餉七百六十萬，剿、練二餉，浙、直、江、廣、福五省亦約一百四五十萬，而冏馬折價、河工見存、典稅、雜稅、金花，及十庫茶、蠟、顏料、藥材，諒酌上供，猶可變通二百餘萬也。」議上不省。弘光元年，籌備大婚，錢糧出戶工二部，合應天府，共措至二萬餘兩，內府執言不足。禮冠須猫睛、祖母緑，又二錢重珠，及重一錢五分者數百，又一錢及五分珠千粒，監臣、商人估價數十萬。工部工科言之，俱不允。戶工部、應天府再公疏會計日下收入，乞上減定冠價。二月庚申，孫元德覈報蘇州七年欠金花銀七萬兩，嘗州欠金花銀九萬兩。丙寅，命於蘇州織造大婚冠服、中宮禮冠三萬，嘗冠一萬兩。三月乙巳，工部造奉先殿琉璃瓦，王坤、孫元德、蘇養性分催浙、閩、南直金花銀，未至而南京亡。

紹宗幸福京，出銀百五十兩葺行宮，令毋擾民。隆武元年七月，諭：「行在不許備辦金銀玉器皿及錦繡衣被，有司不得背旨阿奉；違者，以不忠不敬論。」二年四月，命天興炤舊織造歲緞，閩、廣金花銀悉歸國用。五月，禁地方官官買，諭曰：「府州縣之行戶，實地方害民之惡政。官之稍有良心者，尚以官價買之，比市價十去五六；全無良心者，直票取如寄。胥吏緣之，奸孔百出。朕昔在潛邸，久知此弊，宜行永革。」

昭宗頻年播遷，上供簡約。及幸奉天，侯性於江右劫行旅，金帛數萬，出狩象、柳，上及三宮服御宮人衣被，賴以供張。再幸肇慶，李成棟貢銀萬兩，爲殿陛費，廣東則上金花銀，王祥等貢金帛。上及三宮日膳二十四兩，内寺包直賞賚在内。上不知節用，奏捷面恩，輒左顧賞銀十兩，龐天壽深以直日爲苦。永曆四年五月，定親王禄膳月五十兩，王太后妹姜佐周妻五十兩。寧靜王術桂命所在地方支應。後幸安龍，孫可望歲上饍饈銀八千兩、米六百石，祭祀宴賞在内，妃嬪、内臣啜薄粥，内臣負薪汲水，宮女自炊之。范應旭造册，稱「皇帝一員、皇后一口」，古未有也。及幸滇京，孫可望敗，滇、黔上供少裕。者梗之幸，緬人初猶上供如禮，久之乃衰，而駕亦蒙塵矣。

魯王在紹興，采造、金花、織造限於浙東。後次舟山，朱永祐以勸輸充貢賦。及次中左所，寄食如寓公，饑寒困踣以薨。

安宗登極詔：「諸藩流寓者，撫按善爲安置。宗室在南京者，按時給俸。公侯伯嘗禄，往日本三七關支，或中半兼支者，俱於折色中給本色一半，石折銀七錢，以示厚意。」四鎮之建，鎮歲供本色米二十萬，折色銀四十萬，合二百四十萬；又本色一百萬，聽各鎮自行徵取。左良玉兵餉百餘萬，京營一百二十萬，督輔二十萬，江督三十萬，皖撫二十萬，蘇撫十萬，操江鄭鴻逵、鄭彩、黄斌卿、黄蜚、卜從善八鎮二百四十萬，合七百八十萬，川、楚、東、豫督、撫、鎮不與焉。南京歲入米二百四五十萬、銀六百二十餘萬，合計本折不過八九百萬，關榷在內。往時南糧南餉，用給官俸軍需，常若壓欠不給。南渡兵餉七百八十萬外，有俸禄、國用之增。六百二十餘萬内，有水旱灾傷之減。太倉既無宿儲，内帑涸無可發；漕糧改折，此盈彼絀，以致户部無餉可給。文武俸多折鈔，艱予不發。司兵者惟務姑息，不知汰無用，核虚名。監紀多督撫所題，以備使令，又皆齷齪下流，不敢一核虚冒，一議汰練，借警咆哮，甚而截劫。左良玉兵三十萬，止四萬在額受糧，實又未給度支，嘗奏承德將士餓死。鄭芝龍亦奏黔兵萬里荷戈，三月缺餉。上切責部臣，部臣束手無策。時田仰屢疏爲劉澤清請餉，上諭：「東南餉額不及五百萬，江北已給三百六十萬。豈能以有限之財，供無已之求。」命與劉澤清通融措辦。崇禎十七年六月甲午，命户、兵部以餉十萬、騾馬千騎，濟山東撫、鎮軍前急需。席本楨、黄道立先後捐輸助軍。己酉，停止助餉事例。七月癸巳，户部以兵增餉絀，請敕量入爲出。丙申，户部議湖廣督師二標及降丁餉，分派荆、襄、長、岳支給，用楚賦養楚兵。開援納事例。九月，命府州縣童子捐免府州縣試，并行納貢佐工例，爲兵部招練製器之用。周延儒贓賄，着徽商汪曙追入。十月丙子，命發印單於各撫按，分給所屬司道府州縣官。凡贖鍰自杖以上，俱注單貯庫解部充餉；其不注單者，以贓論。高傑籍没朱一馮家産銀七萬兩、沙田九千六百畝。十一月庚寅，命文武官俸盡支本色。丁未，申紹芳以江北餉急，命户部於附近府州縣措餉二十萬兩給之。十二月丁丑，開納文武職官誥命例。陳藎募兵雲南，餉竭，雲南助銀三萬兩，成軍而東。弘光元年正月，各軍紛起截餉；不從，則以兵提取。戊戌，張有譽言：「故制，各處錢糧必解部派發於外，宜著爲令。」從之。二月庚申，孫元德覈報蘇州七年欠餉六十四萬。乙丑，裁九江額餉六萬，袁繼咸疏爭，不理。萬元吉請增百官俸。户部言兵餉日增，有旨各督折兵十八萬，一切舊兵應併銷入數内。高起潛請餉於閩、浙增派二十萬。孫元德催解軍前欠餉，搜覈嘗州積欠三餉三十三萬兩，勒限嚴徵。辛未，命有以搢紳士民家產獻媚鎮將及宗藩勳戚等家者，立正大法。三月癸巳，張有譽請於文武廪禄外，多加公費，不許。諭：「錦衣旗尉儘堪服役，不應每員更設跟役，致人冗糜餉。」張有譽又言鄖兵三千，先解五萬兩運九江，交袁繼咸送去；復以浙江十二萬兩、福建八萬兩解高起潛開銷。四月癸亥，馬士英言虜寇並急，請徵皖餉。户部奏催各府縣練餉。辛未，申紹芳親催浙、直餉，一時催餉之使四出。然秦、晉既歸李自成，燕、代歸清，兖、豫成甌脱，川、楚多殘破，閩、廣解京無幾，徽、寧力殫於安、蕪二撫，嘗、鎮用竭於京口二鎮，養兵上供者，止蘇、嵩、江、浙。祁彪佳巡撫蘇、嵩，裕軍餉八萬兩，以二萬充史可法餉，六萬存鎮江庫，尋爲楊文驄築金山諸城費盡。國課所入，皆爲馬士英、阮大鋮等侵蝕。四鎮缺餉，靳而不發。史可法標兵至度歲無資。左良玉兵起，始盡撤餉使，南京尋亡。

紹宗即位詔：「朕今繼統，運際中興，比於累代全盛守成既異，又與南京之立止圖報列廟之仇者不同。蓋見在幅員有限，仍逢孝陵虜殘之急。艱莫艱於此時，而今痛任在躬。第一迫切，乃回我弘光之共主暨太母之慈禧。朕今夢魂悲憤，拜請天下真正豪傑，有能設謀出奇驅虜、即迎朕速得見孝陵者，一定立以魏國事例相報，仍當加禄五千石；有生禽闖、獻雪我先帝恨者，亦同前例；若□闖、獻首者，封世侯，當加米三千石；迎回弘光者，封世伯，歲加米二千石；迎慈禧、潞王者，世襲錦衣衛指揮使，歲加米五百石；復我西北一統舊山河者，封真王，歲加禄七千石。朕天性正直篤實，豁達大度，臣民已具見矣。確信朕言，勿生顧慮。如有先逆後順，建此奇功，亦釋去前罪，炤前封賞。并諭天下。」福京建國，閩賦悉歸鄭芝龍。所有雲、貴、廣西賦，才足給軍。江賦正兵得三之二，義兵得三之一。其他餉亦同。紹宗所仰惟粤，而虔撫復便宜留之。版圖七省，而司農無一錢。楊廷麟捐貲餉忠誠社三萬人。黄道周出師，給空劄數百，親書鼓舞，田夫荷鋤從之，時稱扁擔兵。又廣開佐工事例，預徵賦税，大鬻官爵，令撫按下捐助。官助外，有紳助、大户助。以王兆熊主其事，舉林化熙、張綸、黄弘光、姚毓靈、梁春暉、張伯彦、姚毓震、薛賓、陳邦良、陳宏謨爲十義士，沿門搜括。輸者授官旌門奬銀牌，不輸者榜曰「不義」。閩中鼎沸。鄭芝龍以仙霞關外應守者百七十處，兵餉歲百三十一萬九千一百六十兩，入不及半。鄭鴻逵、鄭彩出師，輒報餉竭而止。泉州新故兵額千一百許名，歲餉七千餘兩，除紳衿田頃助銀一錢及典鋪、海船資助外，僅足歲支額。張肯堂捐私資自募六千人。黄慶華捐餉二十六萬，曹學佺亦捐餉一萬。隆武二年正月，楊廷麟疏請留粤餉，上以粤餉爲御營急需，竟留五萬，湊前五萬，以成剿局。楚兵又須粤餉，以前十萬爲不足，命户部以兩廣事例銀五萬付之，爲收拾降兵、取江克京之用。蘇觀生出師，命粤歲解銀十萬。江東兵乏餉，命陸清源輸銀十萬。六月，命福建戰守取閩餉，浙、直、江、楚戰守取粤餉。鄭芝龍議以兵三萬守邊，一萬守腹，請餉百六十萬，户部不能應。李士淳勸餉興、長、程鎮，僅得二萬餘兩。鄭芝龍乃以練餉爲名，閩、粤正供外，捐輸百萬，悉飽囊橐，軍呼庚癸，李長倩憂憤而死。鄭芝龍私蓄黄金九十餘萬兩，珠寶數百鎰，米數十萬石，後安平陷，悉爲清有。浙、楚地當敵衝，兵多餉重。楊文驄食龍泉、遂昌、嵩溪、慶元、雲和。劉孔炤食麗水、青田、縉雲、宣平、景寧。温、處屯、鹽、寺田，充楊鼎卿餉。楊文驄、劉孔炤日括餉田，紛爭不已。何騰蛟在湖南，歲費銀米三百萬。標新營舊營三萬，餉月本折六萬餘。及湖南、北分汛鎮防者，月計十餘萬，無所出，遂創徵義餉，過舊税三倍，與堵胤錫開餉官、餉生，郡邑長吏以資爲進退。又不足，開募奸人告訐，籍没殷富罰餉，一夕傾數十家，用爲諸營坐餉。王允成諸鎮效之，民益苦兵矣。

昭宗即位，督撫勳鎮專制一方。湖南則何騰蛟、堵胤錫。四川則樊一蘅、楊展，出張獻忠沉成都江金銀八百餘萬兩，鞘高與城齊，如是者年餘，軍實賴以無恐。廣東則丁魁楚，擁金二十萬、銀二百四十餘萬兩；王化澄，積銀二十萬兩。廣西則曹志建、陳邦傅，便宜徵稅給軍，不禀承户部。李綺以生貢事例銀盡奉東勳，百之二三應上，猶中飽十餘萬兩。楚軍如劉承胤、黄朝宣、張先璧、馬進忠；忠貞營如李赤心、牛萬才、郝永忠等，皆就地漁食，所過爲墟。永曆元年三月，劉承胤索餉桂林，瞿式耜以庫藏空虚，捐槖金不足，妻邵捐簪珥數百金與之。六月，章曠命全州、東安紳助糧米，授文武劄付，及貢生諸生者，聽樂輸，用爲例餉。二年正月，户部通派粤西全省分給勳鎮，惟郝永忠、曹志建之欲是從。柳、慶盡屬郝永忠，平樂盡蜀曹永建，坐鎮平樂辦梧之焦璉，乃在他郡，且强半未克之梧、潯，不平就甚。上幸南寧，廣開選以資軍餉。江、廣反正，再幸肇慶，百官濟濟，俸給不繼，勇衛營繇龐天壽私資供餉。廣東上徵京倉及梧屬糧税爲國用，内臣司出納，户部不關預，虚糜殆盡。劉堯珍疏言：「張獻忠窖金銀峨眉山頂，請敕楊展發送。」道遠不果行。時粤、桂、江、楚、閩、蜀、滇、黔義師雲集，大鎮數十，兵數百萬。户部會計，廣東正供銀百二十餘萬兩，歲上御用六萬，百官俸、禁旅餉十四萬，餘百萬充軍餉；廣西正供銀二十四萬一千八十一兩，歲上供御營四萬，陳邦傅、焦璉各六萬，曹志建、慎甲各二萬，盧鼎萬二千，瞿式耜標萬七千七百餘，梧鎮萬一千三百七十六。而陳邦傅在潯、南、思、柳、慶，焦璉在平樂，曹志建在永、桂、郴，各自爲政，瞿式耜所食者，臨桂、靈川而已。滇軍趙應選、胡一青、王永祚、蒲纓故食楚地，及至桂林，分派興安、全州。其他如馬進忠、楊國棟等俸餉，一出横征。曹志建積餉百餘萬，諸軍在桂、平乏糧。瞿式耜徵之潯、柳，陳邦傅不應，遂將部派御營四萬借一萬濟之。三年，忠貞營入潯南，月費米二萬餘。七月，清兵迫，諸軍集桂林，餉乏，廷臣集議慈寧宮，發餉十萬，命司禮監沈嘉熙齎給瞿式耜軍。十二月，趙應選等敗績永州，户部以臨桂、靈川之餉與之，俸餉益絀，桂林坐是不守。五年，上幸南寧，百官飢寒，上括帑及馬吉翔獻銀四千兩，量品給之。孫可望專制滇、黔、蜀、楚、粤錢糧，受號令，諸軍餉無缺。上在安龍，百官不給俸。從臣紛紛告艱請俸，上悉括宫中所用金銀器銷毁賜之。李定國、劉文秀分復楚、桂、粤、蜀，虜獲孔有德、吴三桂軍實，士馬騰飽。八年，蜀鎮發成都、新津古今冢墓廢墟金銀，動千百，以餉軍。鄧耀在龍門，收丁口、牛口、船頭、鹽竈、魚課、山場、田穀諸税。九年，陳璽行學政軍儲一帶二得法於四川，諸縣效之，凡麥菽莜課諸雜穀並出。十年，上幸滇京，李定國、劉文秀各上御用銀十萬兩，命分頒各將士。孫可望敗，朝廷始有滇、黔供賦，俸餉亦稍稍給矣。十二年正月，内臣王甲疏陳滇京後宫孫可望窖金，發之，得金犁頭一五百餘兩、銀三十六萬兩，命舉充軍餉，賞功得不乏。劉文秀卒，遺表有「窖金二十萬兩在黎、雅、建、越。臣死之後，倉卒請幸蜀發取。」及清兵寇滇，上幸緬甸，緬人供應浸衰，從臣三四日不火食，采木子蔬果療飢，沐天波出所有分界之。十四年八月，庶僚之貧者饑寒藍縷，遂碎國璽給之。十五年正月辛亥朔，諸臣以無賜賚，一唱百和，謾罵入行宮，上出金銀器千兩分之，乃各引去，飲博歡笑達旦。未幾而兕水禍作，諸臣駢首，車駕亦遂蒙塵。

魯王監國，備置百官，以原設營衛隸方國安、王之仁，孫嘉績、熊汝霖、錢肅樂、陳潛夫、黄宗羲、莊元辰、祁理孫等，皆出私資募兵，一時官義雲集。故例，兵日支三分，至是食八分過倍，浙東三府供餉不能繼。户部請以紹興八邑各義師專供本部，寧波歸王之仁，台州歸方國安，東陽、義烏、永康、武義歸張國維，金華、蘭谿、湯溪、浦江歸朱大典。方國安、王之仁不可，田仰、鄭遵謙爭餉，李士璉拔刀斫鄭遵謙於朝，方國安、王之仁亦惡孫嘉績諸軍。無何，而分餉分地之議起。分餉者，正兵食正餉，浙東地丁銀六十餘萬，田賦之出也，方國安、王之仁主之；義兵食義餉，勸捐無名之徵也，孫嘉績、熊汝霖諸軍主之。分地者，某正兵支某邑正餉，某義兵支某邑義餉也。王命廷臣集議，方國安、王之仁司餉者大譁殿陛，兵露刃取義餉，并檄鄞、奉派支義餉，不給義兵。董守諭請一切税供歸户部，計兵授餉，不果行。王之仁請收漁船税，行税人法，塞紹興金錢湖爲田，官賣大户祀田，以贍軍，亦下部議。董守諭力持之，事得寢。旋以客鳳儀、李國輔制軍餉，軍餉益不可問。謝三賓假輸義餉名，多乾没。開納貢例助餉，文武在事諸臣得按品貤封，因併及在籍者，額助餉有差，亦以先後分次第，而餉益支絀。兵就地掠富室金，加以羈囚，有雉經者。陳梧、張國柱劫餘姚、定海。

惟張國維用東陽世産鄰富家者與原券計直，令出甲士具衣械，程日給糧，總抵直若干，以士著家養不逃兵，富人得産而軍興得兵食，獨不缺餉。義兵以久無餉，少少散去，錢肅樂兵至行乞。江上潰，王航海入閩。劉中藻在福寧，激勸富人出財佐餉。浙東山寨林立，募餉擾民。李長祥在上虞東山，張煌言在平岡，王翊在鄞縣大蘭山，章憲在會稽南鎮，量富而勸，履畝而税。王翊軍設五司主餉，王江督之，額出擾民一粟者必斬，於是四明之賦皆不之清而之王翊，王在舟山，賴以資扉屨。盛貴在餘杭、臨安山中，凡田一畝税米三升，里立户總，歲集餉師，里歲餉徵米二三十石，軍得不飢。永曆四年十一月，王命朝臣不能旦夕者二十餘人，權予月俸有差。及再入閩，寄食中左，諸臣星散，王遂不能振。

鄭成功在海上。永曆三年十一月，入潮州、南洋徵糧萬石。四年四月，復揭陽，追徵正供數萬。五年五月，在永寧、崇武大獲歸。七年閏八月，各鎮在漳、泉派徵樂助餉，黄愷追晋南餉二十萬。九月，徵雲霄糧五十萬石。十月，徵龍巖二十萬名。十一月，徵惠安、仙遊餉三十萬。八年三月，在漳、泉、福、興派助樂輸。四月，派永定餉。顧忠航登、萊、天津，取糧舟百餘歸。六月，派長樂餉。七月，漳、泉、福、興派徵助餉。十一月，派漳州清紳富張明俊等助，派漳州十縣餉百八萬。十二月，派泉屬助七十五萬。九年五月，立大餉司，隨各鎮出征查核餉糧。九月，北上，師阻風，乏糧，徵之温、台。十年二月，徵揭陽銀十萬兩、米十萬石。七月，入閩安、攻天興，舟滿載輜重寶物歸。十月，徵糧福安。十二月，攻寧德，各鎮徵糧各足三月。十一年正月，徵温州、福寧糧。二月，徵温州、福安糧，足三月。七月，徵糧興化、涵頭、黄石。八月，得台州庫銀三千兩。十一月，派潮陽、揭陽糧餉。十二年正月，命官兵積三月糧外，盡發糴守汛官兵。四月，沿海徵糧，復海澄。六月，命各鎮徵七月糧，貯三盤。十三年閏正月，攻瑞安，徵青田、泰順糧。五月，徵泰興糧。十四年二月，下揭陽，徵糧。五月，各鎮就地養兵。七月，北征徵糧。八月，徵興化、福清、澄海、長樂糧。十一月，南下徵糧潮陽、和平。臺灣定，益興販外國供軍餉。子經襲，餉仍仰給東寧。二十八年西征，軍費浩大，歷年所積漸罄，以王家所儲者用之而猶不足，洪磊捐銀十萬兩，乃議徵各餉，六官督比紳富。三十一年三月，諸軍退集思明，軍資不給，遂分汛措餉召募。三十三年，劉國軒請停文武官俸，並自捐俸餉軍三月，諸將效之。

南明史卷十

志第五

無錫錢海岳撰

兵

明初，自京師以達郡縣，皆立衛所，外統之都司，内統之五軍都督府，而上十二衛爲天子親軍者不與焉。每有征伐，命將充總兵官，調衛所軍領之。既旋，則將上所佩印，官兵各回衛所，得唐府兵遺意。既於神宗，存者不能强半。補其逃亡，勾稽爲擾；抽其大户，則一户兩軍，衆議加闐。寨兵亦皆農民，歲時鼓舞，則爲寨兵，登之尺籍，無一願者。行伍虚耗，内外交訌，改用募兵，益不能戡難，潢池鼎沸，北京遂亡。南渡，衛所舊制蕩然，勳鎮專制，以兵爲世業，狼戾恣睢，大都不知有國。朝廷寄命於勳鎮，内輕外重，幾於唐末藩鎮之禍。以視清八旗之節制，受成於上，萬衆一心，如臂使指者，勝負强弱之勢早判。明即有柱石之臣，禦侮之將，精練之卒，而獨木支厦，簣土塞河，終無捄宗社之危亡，詎非兵制之壞使然哉！今取三朝軍政之可紀者，著於篇。

京營皇城守衛　京城巡捕　勇衛營　　官兵

鄉兵山寨　保甲　塘汛　　土兵

海防江防　河防　　軍器

戰船馬政

南京故設神機、巡捕二營，額都萬六千人；神武營額五千人。威宗末，諸將及勳戚、奄寺、豪强以厮役占冒者居十三，老稚疲癃者居十七，所恃者止水陸標兵四千八百餘人而已。

安宗即位，崇禎十七年五月乙未，定京營兵制額萬五千人，高起潛提督神機營，馮可宗提督巡捕營，設協理戎政一員文臣。庚子，張國維爲兵部尚書，協理京營戎政。甲辰，趙之龍總督京營戎政。初，成祖定鼎北京，南京有内外守備及參贊各銜，以上在北京，特假隆稱，以示重要。史可法奏請：「裁去其銜，如北京京營府衛團營制，以大教場、小教場、神機三營如五軍、神樞、神機三營意，營各設兵萬人，副、參、遊、都四人分領，提督總領之，其本營兵額不足，聽於他營選湊，如不足，另募，此皆戰兵也。以外立巡捕營兵六千人，二參、遊分領，提督總領之，以防内奸。神威、振武營兵各五千人，勳臣總領，以護陵。以外炤北京兵部例，設中軍一，兵三千，爲部標營，副總兵領之，所以示居重也。又如京營例，設總督勳臣一，協理樞臣一，各兵除防江者别屬勳臣外，其餘凡係京營兵，悉歸統轄。至中、前等五府，每府向上僉書一，而提督居其三，應炤此例，各府用僉書勳臣一員，提督五員在外。其侍直、大漢、紅盔叉刀、圍子手，以及錦衣、鑾輿諸衛應用軍較，爲數甚多。此時，律軍均入伍操防，不宜多所掣權。擬招選大漢將軍三百，紅盔叉刀、圍子手三千，加以原有皇城直軍，可足五千之數，以勳戚一員領之。錦衣衛旗較設八百，領之者用堂上官一員，加『提督官旗辦事』字樣，其東西兩司街道房、南北兩鎮撫司官不必備，所以杜告密也。」從之。庚戌，設勇衛營，下轄前、後、左、右、中五營，韓贊周、李國輔提督。初牟文綬協防皇陵，募練義勇數千，尋調京營，與劉良佐議原兵不願留者，繇原領兵官率赴劉良佐軍交付，其餘兵將不忍去，隨牟文綬浦口者四千餘人，因請設營，募足萬五千人，壯南京守禦。七月丁酉，改定京營兵制如北京制，爲五軍、神樞、神機三大營。三大營各一營至十營，團練總兵六員分統之。杜弘域、楊御蕃、牟文綬各統一營至五營，卞啟光、竇國寧、胡文若各統六營至十營，下爲正副號首，而以杜文煥、馮可宗提督巡捕營。罷錦衣衛、南北兩鎮撫司，暫停緝事衙門，以五城御史糾察，别設總督、提督、協理、標兵各三千人。八月壬戌，復東廠。時京營將多兵少，一裨將領止二三百人，或官品同而所領多寡不齊。陳子龍疏言：「京營六萬，除總、提、協各置標兵三千外，其一千僅可供探報、雜使，實存兵五萬員名。宜分左、右二軍，以百人爲一哨，合五哨五百人爲一旅，一小將統之；合五小將二千五百人爲一營，一裨將統之；合五裨將萬二千五百人爲一軍，一大將統之，爲左軍前。又合五裨將萬二千五百人爲一軍，一大將統之，爲左軍後。其右軍亦如之。或别置新名，以便分别。其三標兵萬人，則如中軍制。大較二軍之中，小將百員，裨將二十員，大將四員。裨將名下，須置中軍一；大將名下，須置中軍、旗鼓各一員，或量設聽用數員。」不報。九月庚戌，杜弘域提督池、太、盧九德提督京營，馮可宗兼掌錦衣衛。十月乙卯，命錦衣衛旗較補足二千名。弘光元年二月，命京營整理兵馬，親統六師，剋期北伐。三月，徐大受提督勇衛營，馬錫爲總兵。振武營併入京營。於時京營兵精壯不及二萬，餘多豪家之僕從，衙門之班皂，以及負販之徒，竄名行伍，散處各地。武弁褰帷憑軾，呵殿通衢，虚憍不堪戰守。清兵渡江，相率迎降，南京遂亡。

紹宗幸閩，陳有功提督勇衛營，郭承昊掌錦衣衛。隆武元年七月，以鄭芝龍、鄭鴻逵、鄭彩兵爲御營，分授中軍，左、右先鋒。八月壬辰，唐顯悅爲兵部右侍郎，協理京營戎政；鄭成功都督禁軍。定錦衣衛軍制，諭曰：「衛有軍有尉。軍則其中先選旗尉二千五百名，爲擊捧鹵簿，所謂王之爪牙，務要人人精壯，其衣帽俱察炤兩京制度，并分中、前、後、左、右五所。每所五百名，設正副千户二員。每百名設管事百户一員，候差百户三員。其南北鎮撫等官，鄭鴻逵察炤兩京全設，定制條奏。鄭芝豹挑選四千名，督練成一勁旅，名曰錦衣衛禁軍。凡朕親祭壇廟、一切出郊，逵遠近，分守宫城等處。督捕更分作五營。每營八百名，設正副營將指揮二員，設千户四員，每員管軍二百；百户八員，每員管軍一百。再別定名目曰大管旗，每旗管五十名；又曰小管旗，每旗管二十五名；五名中立一伍長，以次統率，總於鄭芝豹及都督鄭廣英督陣佐練之官。該衛捕官及十堂專管，止任旗尉之事。其禁軍四千，止令於各堂官行屬禮，惟有錦衣衛印官，則兼管錦衣軍尉，其佐練之官，則又管軍不管尉也。其五營，名曰錦衣衛天武中、前、後、左、右營。每營正將給與關防，正千户給與條記，其文曰『錦衣天武中等營關防』、曰『錦衣天武中等營一威、二威以至八威等條記』一百户之軍名之曰一威。旗尉千户，亦併給與關防。」尋以鄭廣英掌錦衣衛。九月甲寅，鄧文昌總督京營戎政，丁魁楚協理京營戎政。二年四月，設親征三御營：曰威武、曰鎮武、曰勇武。營兵五千人，都督同知總兵一，都督僉事副總兵二，參將、遊擊四，都司八，守備十六；哨官、哨長、隊長，隨兵多少爲差。隊長統兵十人，又火兵、挑夫各一。營文監紀推官一，武遊擊贊畫一，別設監軍給事中一，督餉户部主事及軍器武官各一。陳秀、郭熺、黄光輝分領之，都司温弘潤、韓應琦總理教練。五月，設行在御營十標，兵萬人。撥周之藩銀三千兩招兵鉛山，與王秀奇、胡上琛，總兵陳天榜、熊和、陳文廉、方登天、巢拱極等領之。吴春枝以黑夷十人歸訓練。上在延平，周之藩爲御營右先鋒，陳丹、張恩選兵爲御營副總兵，二人皆起羣盜，不受節制。汀州之變，京營潰散。

昭宗繼立，丁魁楚掌戎政，馬吉翔掌錦衣衛。永曆元年二月，劉承胤總督京營戎政。奉天出狩，龐天壽提督勇衛營，侯性總督京營戎政。二年六月，劉遠生爲兵部尚書，協理京營戎政。自再幸肇慶，立三扈衛：李元胤長禁旅，馬吉翔總督京營戎政，龐天壽提督勇衛營如故。禁旅二千人，李成棟部多選鋒，總督標兵二千人皆市井烏合。勇衛營，西洋人瞿紗微以西法部勒，旗幟用佛朗西文字，號稱十營。營總兵一，副總兵二，參將四，官頭二，官頭下兵一名。營都十人，十營都百人，爲上視朝扈衛。三年，上幸南寧，京營四散，賀金鼐提督禁旅，林時望自捐資募數千人，周金湯提督勇衛營。四年，康永寧、張鳴鳳迭掌錦衣衛。十一月，朱盛濃總督京營戎政。十二月，林時望爲馬吉翔所害，禁旅遂無人。五年二月，孫可望命賀九儀入衛，充禁旅。六年二月，上在安龍，龐天壽仍提督勇衛營，將士物故殆盡，京營益不振。及幸滇京，李定國以兵充禁旅，三扈衛名存而實亡。緬甸之幸，沐天波統禁旅。及幸者梗，先後畔降。咒水禍作，禁旅將士盡死，惟鄧凱獨存。

魯王監國紹興，王之任、裘永明提督九門禁捕，楊汝慶爲勇衞，池鳳鳴總統護駕軍，張慎錦衣衞，黄明輔提督東司房官旗辦事。軍制不可考。

自衞所法壞，捍圉之兵，皆出招募。崇禎十七年五月乙未，罷鳳陽總兵，改設副總兵。以操江舊兵單弱，添設協理文臣上江巡撫，京口、九江二鎮。定操江、太平、伏波、火攻、後勁諸營，額兵二萬人；安慶兵萬人；楚撫標兵萬人；應撫標兵三千人，鎮兵五千人；淮撫標兵萬五千人；鳳督標兵萬人；京口鎮兵萬八千人；蕪采營水師萬人；徐鎮兵四千人；池州廉勝、勇勝二營各千人，以參將領之；江督、安撫、蕪撫標，及鄭鴻逵、鄭彩、黄斌卿、黄蜚、卜從善八鎮兵，都十二萬人。時左良玉在武昌，額兵五萬，分四十八營，前五營爲親軍，後五營爲降軍，獷悍稱勁旅。馬士英、史可法以江北當敵衝，請分設四鎮：淮、海爲一鎮，駐淮安，山陽、清河、桃源、宿遷、海州、沭陽、贛榆、鹽城、安東、邳州、睢寧十一州縣隸之，經理山東一帶招討事宜；徐、泗爲一鎮，駐泗州，徐州、蕭縣、碭山、豐縣、沛縣、泗州、盱眙、五河、虹縣、靈壁、宿州、蒙城、亳州、懷遠十四州縣隸之，經理河北、河南開、歸一帶招討事宜；鳳、壽爲一鎮，駐臨淮，鳳陽、臨淮、潁上、潁州、壽州、太和、定遠、六安、霍丘九州縣隸之，經理河南陳、許一帶招討事宜；滁、和爲一鎮，駐廬州，滁州、和州、全椒、來安、含山、江浦、六合、合肥、巢縣、無爲、廬江十一州縣隸之，經理河南、光、固一帶招討事宜。各設監軍一員，一切軍民皆聽統轄，州縣有司聽節制，營衛原存兵聽歸併整理，所轄各將聽督師薦舉提用。其體統炤山海經理鎮各處提督鎮行事，所收中原城池，即歸統轄。敵在河北，則各鎮合力協防淮、徐；在河南，則各鎮協守泗、鳳；河北、河南併犯，則各鎮嚴兵固守。設督師揚州，居中節制諸鎮。疏上，從之，以劉澤清、高傑、劉良佐、黄得功分領四鎮。鎮轄前探、前鋒、後勁諸營。六月丁巳朔，增淮、揚兵三萬人，督輔標下設忠貞、忠貫、表海、河協諸營。七月壬辰，定鳳陽護皇陵兵五千人。八月丁丑，增安慶水師五千人。九月，增操江水師爲三萬人。十月壬子，定江北四鎮兵各三萬人。十二月丙子，增南贛兵二千人。弘光元年二月乙丑，命汰衛所伍軍，歸各鎮整理。然左良玉兵三十萬，號稱八十萬；劉澤清、劉良佐兵號稱十萬；高傑兵號稱二十萬；鄭鴻逵兵五萬；黄蜚兵二萬餘，多逾定額。史可法部將劉肇基、張天禄、孔希貴、李棲鳳，及漢中趙光遠，歸德王之綱，睢州許定國，山東張成福，承天張應元，安慶楊振宗、馬進寶，鄖陽王光恩等，兵皆精練，而或死或降，未竟其用。及高傑部李本深、李成棟、胡茂楨降，清兵渡江，南京遂亡。黄得功部田雄、馬得功畔。左夢庚率部吴學禮、盧光祖、金聲桓、郝效忠、徐勇、李國英、高進庫畔。安宗蒙塵，江、楚不守。

紹宗即位，鄭芝龍馬步六萬餘人，鎮福建；仙霞關外設守兵十萬，戰兵十萬；關內增上、下遊撫標各四千，繇夷兵訓練。陳賡募臨安、石屏、寧州、新興、通海、河西子弟萬三千人，繇趙應選、胡一青等分統。至江西，張家玉募潮、惠忠義，立武興營，轄前、後、中、左、右五營，親兵、遊兵二營。營參將一，統都司五，兵千七百五十人；都司統守哨五，兵三百五十人；守哨統隊長五，兵七十人；隊長統兵十三人，實兵十、挑夫二、火兵一。又監軍一，總稽全營功罪；監紀五，理餉；守備五，運鹽米。別有附中營，設監紀二、參將二、都司四、守備十二、隊長一百、兵千三百人。親兵、遊兵半之。都一萬人。堵胤錫立君子營於長沙，轄十營。營都總一，統三百人；都監二，分領百五十人；都哨十，領三十人；都長三十，領十人，都三千人。營分十哨，各有專業。最驍勁者，爲神鋒都；習火器者，爲神火都；習槍者，爲神槍都；習射者，爲神臂都。都總守備，都監把總，都哨副總，餘都以效用把總出身任之。後改督標，繇楊國棟統率，兵增至二萬人。其他，如黄斌卿四萬人，鎮舟山；彭期生撫、義二營，守吉安；黄蜚、吴志葵在南直；孫守法、武大定、賀珍、賀弘器等在陝西；沐天波日、月、獅、象諸營，在雲南；何騰蛟督標三萬人；郝永忠三萬人；張先璧滇奇營、黄朝宣滇廣營，各號稱十萬人；曹志建中、前、後、左、右五營，八萬人；王允成、盧鼎、馬養麟、周金湯、熊兆佐、楊進喜，兵多者二三萬，少者數千人；忠貞營李赤心、高必正等十三鎮，忠武營馬進忠、王進才、張光萃、牛萬才等，合稱五十萬人，皆驍武，惟兵多不肅，進寸退尺。

昭宗嗣立，劉承胤、陳友龍部五六萬人在奉天；陳邦傅部二萬人號稱十萬，瞿式耜、張同敞、焦璉兵在廣西，瞿式耜兵谿夷兵訓練；章曠恢撫營在湖南，轄中、前、後、左、右營，副總兵五分領之。金聲桓、李成棟反正，金聲桓、王得仁、全鳴時、郭天才、宋奎光部三十六營，二十萬人。南昌不守，曹大鎬十萬人，洪國玉、李安民各數萬人，張自盛十萬人，號四大營，出没江、閩山中。李成棟、杜永和、張月、閻可義、李元胤、馬寶部十大營，二十萬人，營各一總兵統之。以及何騰蛟、堵胤錫所部胡一青、趙應選御滇營各三萬人，馬進忠、曹志建、陳友龍、周金湯、楊國棟各數萬人，李赤心、高必正忠貞營五十萬人。一時江、粤兵百餘萬，楚兵亦百餘萬。未幾，姜瓖、王永强、高有才、劉登樓等起兵山、陝，又十餘萬。兵力遠過弘隆時，惜節制乖方，相繼潰敗。永曆四年，孫可望專制蜀、黔、滇、楚兵，凡賀九儀、張虎、張勝、狄三品、王尚禮、王自奇部屬之，諸軍悉曰行營；選鋒充護衛，曰駕前軍；都八十萬。李定國練楚、粤、蜀、滇、黔精鋭别爲一軍，轄左、右、中、前、後軍，軍轄左、右、中、前、後坐營、協營；鐵騎、驃騎、金吾、龍驤、天威、大定、武安、武英、義武、西勝，各左、右、中、前、後營，靳統武、祁三昇、李本高、竇名望、高文貴等屬之；合馮雙鯉八萬人，白文選五萬人，陳奇策、鄧耀等十餘萬人，都四十萬人。劉文秀、盧名臣、陳建十三營，兵八萬人，王復臣、郝承裔各三萬人屬之。孫可望、李定國、劉文秀兵，皆張獻忠百戰之餘，楚、桂、粵、蜀迭建大勳。自孫可望降清，劉文秀解兵，李定國召諸將之在邊者，論功大小爲分兵多寡之地。及清兵猝至，兵失其將，將不得兵，以至大潰，國遂不支。

四川自安宗訖昭宗世，王應熊、呂大器、文安之、樊一蘅、李乾德、馬乾、范文光、詹天顏先後起兵。曾英、楊展各十萬人；王祥三十六營，二十萬人；李占春、于大海各三萬人；袁韜六萬人；武大定四萬人；趙榮貴十餘萬人；侯天錫、曹勳、譚文、譚弘、譚詣各二萬人；向成功五營五哨，三萬人；與譙應瑞中興營，不下八十萬人。以及貴州皮熊四萬人，施州王光興六萬人，王友進二萬人，與王祥、李占春、于大海、袁韜、武大定，別爲忠開營。然僅能守土，不與恢剿。李來亨三萬餘人，劉體仁十萬人，郝永忠三萬人，與袁宗第、党守素、賀珍、塔天寶，合爲十六營，二十餘萬人，皆忠貞營餘衆，盡瘁西山，歷久始歿云。

魯王監國，方國安兵四萬人，王之仁兵三萬八千人。之仁兵二十五人爲小隊，隊設小管；五十人爲大隊，設大管；二大隊以一總領之。使伍不離長，長不離隊，隊不離總，其法可貫數萬人。其他，如荆本澈四會營兵萬餘人，張鵬翼兵萬人，與劉穆、吳凱等防江兵合四十八營，不下三十萬，各不相統。及王航海，鄭彩兵十萬人，張名振兵四萬人，王朝先兵萬三千人，阮進六萬人，劉世勳、顧忠、周鶴芝、周瑞兵各萬人。張名振卒，所部歸張煌言。阮駿、陳文達兵亦數萬。

鄭成功在海上，軍别爲經制。初設親丁、戎旗、護衛、樓船諸鎮。永曆元年，建演武場中左所，頒出軍嚴禁條令。全軍設總督五軍戎政，主持征剿計畫。四年，設中、左、右、前、後五軍，軍設提督一，總理監營一，左右協理監營各一，主持參謀、軍紀。五年，練兵金門、後埔。四月，制殺虜、大敵、中敵賞格。六月，設仁武、義武、禮武、智武、信武諸營，曰五常鎮。八月，設正兵、英兵、遊兵、奇兵、殿兵諸營，曰五兵營，後皆改鎮。六年正月，制副總兵下後退，督陣官立斬，統領、總鎮縛解軍前梟示。四月，設角、亢、氐、房、心、尾、箕、斗、牛、女、虛、危、室、壁、奎、婁、胃、昴、畢、觜、參、井、鬼、柳、星、張、翼、軫諸營，曰二十八宿營。五月，王有才上營盤法，頒行之。十一月，二十八宿營暫撥歸鎮，罷親丁鎮。九年，建澳仔演武亭，親閱各軍操練，修改五梅花操法。三月，制各鎮合操法，閱兵漳州，大合操三日。四月，行各提督、統領選精鋭官兵入戎旗鎮，提升協將、正副領班及班長，以便管理鄉兵。凡合操如法者，逕擢協將。設金武、木武、水武、火武、土武諸鎮，曰五行鎮；援剿中、左、右、前、後諸鎮，曰五援鎮；折衝中、左、右、前、後諸鎮，曰五衝鎮。廣樓船鎮爲水師中、左、右、前、後、一、二、三、四、五諸鎮，以及果毅左右先鋒、中權前鋒、後勁、内司、中司、火器、神器、神𧜊、驍衛、鐵騎諸鎮。鎮設鎮將一，總兵銜，監督、監營、督陣官、戎政司馬各一佐之，轄中、左、右、前、後五協。協設協將一，副總兵銜。協轄正領五，副領十，參將銜。每副領轄班長一，守備銜；衝鋒官一，把總銜，兵五十人。鎮都兵五千人。水師每大艦別配兵四十，中艦二十，小艦十，備陸戰用。兵籍分南郎、北郎二部。南郎爲閩、廣忠義，鄭芝龍故部，多漳、泉人，善水戰。北郎爲直、浙中原忠義八旗新附，善騎射。五月，拔儲賢、育冑二館生爲監紀，配各提鎮，從軍出征，紀録功罪。設大餉司，會同監紀，隨各提鎮出征，查核糧餉。六月，制總理監營，管大小監督監營，監同各提鎮出征，軍機重務報聞。十年，調鄉勇訓練銃器，集各鄉勇親兵，親督操練銃礮，師次鳳埔，操練數日。諭潮、揭各鎮官兵練兵。十一年十月，廣護衛爲宣毅中、左、右、前、後諸鎮。十二年正月，設五衛親軍。二月，行各提督選勇入軍。五衛者：一曰左驍騎，二曰右驍騎，後改左右虎衛；三曰左武驤，四曰右武驤，繇左右戎旗鎮改，後又改左右武衛；五曰鑾儀；轄隨征一、二、三、四、五營。三月，調各提鎮輪班回思明，選勇士分上中二等，撥左右虎衛。鄭成功在演武亭親選壯勇。力舉石獅五百斤繞亭三匝者，入左右武衛。左右虎衛、左右武衛，各設總兵一，轄四協，別設領旗協驍營、火攻營。協計上戰官將及副翼司、哨書記千二百員名。每衛官兵都七千人。協管四正領，正領管二副領，副領管十班。左右虎衛班帶班長六人，配雲南斬馬大刀二，牌錍二，弓箭則全班有之，十班中弓箭居四、刀牌居六。班有伙兵三，負戰裙、手臂、披挂隨後，戰則御之，行伍則免，以防勞頓。兵早晚御披挂操二次，一日試武藝，一日習弓箭。五月，各提鎮自選兵將出征，通諭公選勇將，再申嚴禁條令。時鄭成功有陸師七十二鎮，水師十鎮，雄兵二十五萬，號稱百萬，聽五提督調度。十三年北伐，在舟山、鹽澳、大小門澳、永勝洲考較弓箭，予金銀牌有差。四月，按日操練。及入長江，以五萬人水戰，五萬人騎射，五萬人步擊策應，鐵人一萬攻堅。鎮五隊，五方旗第一，蜈蚣旗第二，狼烟第三，銃第四，大刀第五。隊滚被二人，被綿厚二寸蔽箭，箭過捲被持刀疾滚，斬人馬足。司鼓、司金各一人，鳴金鼓司令。聲徐則行徐，疾則行疾。兵人擎團牌，戰則跳蕩陣前，前進八尺，後退一丈，止則屹立如堵，清兵望之辟易。甘煇、萬禮、馬信、郝文興、張進、林察、陳霸、陳煇、黄廷、洪旭、施郎、蘇茂、黄梧、黄安、陳魁、翁求多兵皆勁旅也。南京之敗，兵半潰散。師次林門，命左武衛、左虎衛中、後提督操練。十四年四月，設親軍驍騎鎮。三十年，鄭經重定軍制，陸師設勇衛中、前、後鎮，侍衛中、前、後鎮，左武衛中、前、後鎮，右武衛中、前、後鎮。左虎衛中、前、後鎮，右虎衛中、前、後鎮，中提督中、前、後鎮，左提督中、前、後鎮，右提督中、前、後鎮，前提督中、前、後鎮，後提督中、前、後鎮，衝鋒中、左、右、前、後鎮，果毅中、左、右、前、後鎮，揚威中、左、右、前、後鎮，建威中、左、右、前、後鎮，龍驤中、左、右、前、後鎮，護衛中、左、右、前、後鎮，戎旗一、二、三、四、五鎮，親隨一、二、三、四、五鎮，及振義、奮義、昭義、彰義、親兵、耀兵、大武諸鎮。鑾儀衛左、右、先鋒，中權前鋒，後勁，五援，五兵，五嘗，五衝，五宣，二十八宿各鎮營，如故。水師設樓船中、左、右、前、後鎮，水師中、左、右、前、後鎮，一、二、三、四、五、六、七、八、九、十鎮。鎮統以總兵，轄中、左、右、前、後協，總理協、領旗協、領兵協、前鋒協、驍翊協。協以副總兵統領，轄中、左、右、前、後營。各鎮稟中、左、右、前、後正副提督節度。五軍都督：中軍都督督理戎政；五軍戎政，旗鼓、中軍、總練使、行軍司馬、咨議、參軍、參軍、監紀、推官、材官佐之。提督上爲總督，副總督佐之，直轄親隨中、左、右、前、後協，親標，隨標，領旗，隨征，殫忠，前鋒，驍騎，驍翼，火攻、神威大礮，衝鋒，練勇諸營。全軍都百三十一鎮、五協、四十營、三十五萬人。劉國軒、周全斌、吴淑、趙得勝、何祐、林陞、江勝、丘煇、陳諒，稱一時名將云。

北京亡，北直、山東、山西、河南鄉兵雲起。淩駉在臨清、東昌，連合畿南、山東、河南，兵十餘萬人。馬元騄在德州，十萬人。莊鼐在日炤，二十萬人。王遵坦在青州，二萬人。宫文彩在嘉祥，二萬人。郭爾標在即墨，數萬人。徐小野在東平，十萬人。劉洪起、李際遇、李好在河南，各十餘萬人。南直亦起鄉兵。淮安路振飛義社、大義社、武備社，二十萬人。鎮江葛麟立忠孝、干城、大正三社，爲馬士英所沮，散去。南京亡，南直、浙江、江西郡邑所在，鄉兵拒守，然皆不旋踵而敗歿。惟侯峒曾在嘉定、吴易在吴江、宗室盛澂在太湖、閻應元在江陰、尹民興在涇縣、丘祖德在寧國、黄毓祺在常州，多者十餘萬，少者數萬人。鄮盧象觀、常爾韜、姚志卓、方明，先後奉宗室議漇、瑞昌王議瀝直、浙。常爾韜衆二萬人。報國集竈丁灘民三四萬鹽城、興化、泰州、如皋、通州、海門；金聲十三營十餘萬人起徽州；吴應箕四五萬人起池州；屠象美三萬人起嘉興；羅川王由杦、昌王由樬、嘉興王某、陳泰來、詹兆恒起江西，各數萬；揭重熙大忠、大孝、大廉、大節四營，十餘萬人；石光龍起饒州數萬人；楊廷麟、郭維經、萬元吉忠誠社十餘萬人；黎遂球廣兵數萬人，以及金谿忠義、公勝二社，規模尤著。

黄道周出師北伐，召募鄉兵，自爲經制，凡十五人爲伍，一人挑帶糧食兵器，一人挑帶爨具，一人挑帶帳席被窩；不宿民舍，不入城市，違者重則斬，輕則撻；凡一百八十人爲一陣，設遊擊一員，兩遊擊屬一參相，凡參相十員，遊擊二十員，兵三千六百五十人；參相二員屬一主事，以風、雲、雷、雨、虎、豹、熊、羆、龍、象爲號，每號填補參相一員，遊擊二員，兵三百六十人。道出崇安，增至十二營，營三百八十四人。及進徽境，復得萬餘人。而兵皆烏合，臨敵潰散。

昭宗即位，廣東、福建、北直、江西、山西、陝西鄉兵又起。廣東則陳耀、羅英各數萬人，陳子壯、張家玉、陳邦彦三十餘萬人，賴其肖十萬人，王興、陳奇策各數萬人。陳子壯漢威四營，多蜑户、番鬼，以敢戰稱。張家玉初設蕩虜營，後設龍、虎、犀、象營，再增爲二十五營，多山林草澤之豪。陳文豹兵多鹽徒、蜑户。王天錫立報恩營。張家玉戰死，黄用元忠正、義正二營，與陳鎮國、張安國在龍門、東莞、新安間，衆猶數萬。福建則王祁、毛明卿、李希賢，奉鄖西王常潮，十餘萬人；何應祐奉宜春王議衍，二十萬人。北直則蔣爾恂二萬餘人。陝西則劉文炳、郭雄麗、王元、馬德邊軍，騎射絶倫。金聲桓、李成棟反正，揭重熙智、仁、勇、信、嚴五營五萬人，金志達萬餘人，李陳玉、陳九思各數萬人，與傅鼎銓、余應桂等以江西應；李建泰、李虞夔、萬練、劉遷、牛化龍、沈海、高鼎等十餘萬人，劉永祚、虞胤三十萬人，以山、陝應。李定國、鄭成功出師，楚、桂、粤、閩、浙、直鄉兵鱗集。事多，不具載。

魯王監國，張國維之東陽兵，楚王華堞之浙、直兵，孫嘉績、熊汝霖、黄宗羲之餘姚兵，沈宸荃之慈谿兵，于穎之紹興兵，鄭遵謙之義興軍，錢肅樂之寧波兵，朱大典之金華兵，傅巖之義烏兵，汪碩德、陳萬良、金有鑑、查繼佐、姚志卓、金公玉、柏襄甫、盛貴、唐彪、錢達之浙西兵，林太師之龍泉兵，汪師臨之柯兵，馮生舜之處州兵，沈時之東、蘭、永兵，何兆龍之温州兵，霍起如之徽州兵，尹燦之新昌兵，趙壽、周欽貴之東陽兵，劉中藻之温、處山兵，王士玉之仙遊窑兵，林埊之忠武軍，郭符甲之惠安、安溪、永春、德化、大田、尤溪兵，以及山東、河南之孫繼洪、蔡乃漢、王俊、任復性、丁維岳、周魁軒、李化鯨、孫化庭、于樂吾兵。其間義興軍四萬人，金有鑑、姚志卓各萬餘人，柏襄甫二三萬人，盛貴前、後、左、右、中、衝鋒六營，唐彪五軍號十萬人，林太師二萬人，汪師臨、馮生舜各十萬人，沈時數萬人，何兆龍十萬人，霍起如萬人，尹燦數萬人，趙壽、周欽貴各萬餘人，郭符甲五鎮五六萬人，孫繼洪二十餘萬人，蔡乃漢萬餘人，王俊數萬人，丁維岳萬餘人，周魁軒、李化鯨、孫化庭各數萬人，皆鄉兵之卓卓可紀者也。

鄭經在東寧，永曆三十二年，劉國軒攻漳、泉，地廣兵少，以鄉兵充伍，而移家口東寧。三十三年九月，練思明鄉兵。三十五年，抽東寧鄉兵守安平港口，民苦征調，臺灣尋亡。楊彦迪、洗彪猶率五營十餘萬人，縱横瓊海，歷久始熸。

鄉兵憑險自守者則爲山寨，當李自成、張獻忠兵起，河南、陝西、四川鄉兵所在結寨。史可法檄安、池、太、光、羅、蘄、黄、廣、九、湖山民團守山中，家出丁戰守，一時有寨主、洞主之目。清兵南牧，河南、湖廣、南直、陝西、四川、江西、福建、廣東西、浙江山寨尤多。河南則張縉彦河上四百八十九寨，邵起、張仲豫、楚各寨。湖廣則夏時亨大義營、忠義營數萬人；張其倫羅田寨，易道三德安白雲山寨，連蘄、黄四十八寨，數萬人；黄景運蘄州舒城山寨，連蘄黄東山斗方諸寨；柯抱沖興國寨；耿應衢黄州天台山寨，王熼、侯應龍羅田、蘄、黄四十八寨，十餘萬人。南直則張福宸、周損先後奉宗室常巢、統錡英、霍二十四寨，數萬人；金行生祁門寨萬餘人。陝西則單一涵奉山陰王鼎濟興安寨，孫守全奉宜川王敬鑼紫陽寨。四川則王干城潼川、射洪寨十餘萬人，鄒簡臣敘州寨十萬人，胡際亨達州方斗寨萬餘人。江西則温應宲、彭順慶寧都寨十萬人，王龍興國、樂安、永豐寨五萬人，金子襄永豐、寧都、樂安寨，陳其綸瑞金羅漢巖寨，宋朝宗樂安、永豐、寧都、宜春、峽江、新淦、吉安、宜黄寨，楊文廣信九仙山寨，楊大宗興國、永豐、雩都寨，曾拱辰興國梅窖洞寨，劉文煌吉水寨數萬人。福建則曾慶、羅南生先後奉德化王慈煃平和、延平寨，林忠永福寨、林良大田寨，各數萬人，譚貞良平和寨四十二營三萬人，范繼宸奉昌王世子慈炎妃彭汀州九龍寨數萬人，楊爲㦸永春寨數萬人，林永聚永春三百餘寨，新建王由模延平寨，林日勝永春帽頂山百餘寨，吴一星將樂七十二寨萬餘人，吴覲泉州牛嶺庵寨三萬人。廣東、西則弋陽王議潨陽山、連州、連山寨，滋陽王弘懋惠州山寨，蘇利甲子所寨，各數萬人；龍韜羅城海龍山寨萬人，皆可稱。浙東當北京亡，寧波杜懋俊以土團法部勒族人子弟，沿海效之。魯王航海，蕭山、紹興、天台、奉化、慈谿以及浙西湖州千里間，山寨林立。平岡張煌言，東山李長祥，杜嶴馮京第，大皎張夢錫，南鎮章憲，四明山邵一梓，合五萬人，天台俞國望稱天台洞主萬餘人，大蘭王翊、王江、劉翼明數萬人。王翊稱大蘭洞主，設内五營，營有都督、監軍道分領之。大抵山寨之兵，與弘光、隆武、永曆三朝相始終云。

保甲之法，崇禎十七年十二月辛酉，行之巢湖。隆武元年八月，命閩縣一百八鋪、侯官一百三十二鋪，各户自備利器，戒不虞，審奸宄，逐鋪换補栅隘，十家設一儲水具，防火患。

塘汛之制，孫可望入滇，滇、黔府州縣衛所開路廣闊，十里立塘，以次驗票稽察，無者以奸細論。

土兵有蒙古、回回、苗、瑶、狼、侗、砂之别。卜布賴長素、札穆素等之邊外兵，則蒙古也。丁國棟、米喇印奉延長王識鋝甘肅，衆十餘萬，則回回也。秦良玉之石砫白桿兵，朱化龍之邊谷、小河、麻桑兵，楊之明之天全兵，馬京之黎州兵，錢邦芑聯合之酉陽、石砫、烏蒙、烏撒、平茶、容美、永順、保靖兵，彭象乾之保靖兵，章曠之鎮筸、麻陽、辰陽、黎平兵，滿大壯之辰、麻兵，莫宗文之麻陽兵，向登位之鳳凰兵，宗室盛濃之富川兵，黄安信之思明兵，吴承忠之平越兵，姚友興、滎陽王蘊鈐之黎平兵，楊鴻、楊鷚之烏羅兵，楊光謙之平茶兵，馮天裕之甕安兵，羅大順之新添兵，麻哈之龍吉兆兵，水田之安坤兵，石屏之龍在田兵，趙應選、胡一青之僚葛兵，李定國之傈傈、瑶、佬兵，以及石屏許名臣、寧州禄永命、元江那嵩、新興王耀祖兵，錢邦芑三十餘萬人，莫宗文二萬餘人，黄安信二萬人，羅大順三萬人，安坤數萬人，那嵩數萬人，王耀祖二十餘萬人，則苗、瑶也。北京亡，方震孺議以周仕鳳七千人入衛，李明忠以衆捷撫州許灣，覃裕春以柳州六千人大捷湘陰潼溪，晏日曙命成大業以八千人援忠誠，王鳳昇以三千人保永州，陳懋修起兵復東安、新興、岑溪，應陳子壯，與瞿式耜所用兩江、東蘭、那地、南丹、歸順四十五峒標勇，則狼兵也。峒兵在撫、建、汀、贛之交，羅榮、蕭陞、謝志良進賢社、靖虜營，轄前、後、左、右四大營，營兵萬人，轄前、後、左、右四小營，營制一遵御營。羅榮兵號稱十萬；謝志良五六萬人；陳丹兵四萬人，賜名龍武新軍。及李成棟出師度嶺，羅自榮以峒兵數萬人應之。砂兵，郴州礦工，袁從諤募守忠誠。殺手，永州、東安礦工、獵户，何騰蛟、章曠募守長沙，王鳳昇募守全州。

大抵土兵出私資招募，團結家人父子同志，萬里轉戰不潰。苗、瑶兵號鐵脚猫，自幼跣足，趼厚數寸，度峭壁如飛猱，履鐵蒺藜、竹簽如平地，頭裹疋布，横直簪尺，鐵堅如鐵臼，披氈毹於膺前，開袂奮迅如疾翎，雖攢矢不能入。臨戰，飲水食乾糧，可數日伏不飢。器用盡載馬上，止營進戰，別無剩物。軍令嚴，萬口不枚，肅肅如著書士。以金鼓、鐃角爲節，無敢差尺寸者。秦良玉征播、征遼、平奢崇明，龍在田戮力豫、楚，李定國恢復楚、粵，迭奏膚功，惜明不能盡其用也。

明世海防江防並重。嘉靖倭寇之亂，海口修礮臺、墩臺，防務益密。鄭成功起兵閩海，永曆七年六月，命馮澄世城海澄，合五都土城爲一，高二丈許，灰石砌之，並爲短墻礮臺，置大小銃三千餘，環以海水，通巨舶。九年，林習山爲海澄、高崎、竹坑沿岸攻南澳、八尺門礮臺、煙墩。四月，馮澄世撤高浦所城，建洒洲、新城、高崎、五通、湖蓮諸寨。九月，建白沙城。十年八月，城閩安羅星塔。鄭經於十八年二月，修赤嵌城，密爲礮臺。三月，設媽祖宮左、右峙營礮臺，戍淡水。十九年，設鹿耳門、澎湖、雞籠山、大綫頭防，大修澎湖礮臺。二十年九月，再設鎮思明。三十年十月，設興化蕭嶺脚礮臺。三十一年七月，設鎮達濠、銅山、南日、舟山。劉國軒於三十二年五月，城燈火寨。三十三年二月，城雞籠及泉州果堂寨。五月，城潯尾寨。七月，建同安石城、土城一及泉州寨。十月，城坂尾寨。三十四年，平雞籠城。三十五年二月，再城雞籠，修礮臺。十月，大修澎湖媽宮嶼上下風櫃尾、四角嶼、雞籠嶼東西峙、裏內外塹、西嶼頭牛心灣頂礮臺。媽祖宮城加女墻，浚濠，安巨礮。三十七年三月，何祐城淡水。

江防：崇禎十七年五月，增防江水師五萬人，復操江提督，文臣協理。高起潛修浦口江上墩臺策應。八月乙酉，阮大鋮巡閱江防。十一月辛亥，城金山、圌山。十二月戊辰，爲蟂磯、板子磯堡。弘光元年二月，爲鴨子磯諸堡江上。魯王監國，城西興以扼錢江。

當清兵入山東、河南，南京遂議河防。高起潛督河，屯兵造墩。宿遷不守，王燮、劉澤清沿河南岸爲墻，曹友領黃河水師。清兵南下，曾無溝澮之限，江、淮淪喪，南京以亡。

隆武時，福京製九龍大箭。成大用狼兵用藥弩。陳賡滇兵用標槍連弩，擲敵騎馬上立墜。何騰蛟、章曠殺手用鈀頭。鈀頭者，形丁字，横板廣厚，能拒馬，遮矢石槍弩，衛全伍。萬元吉嘗進之楊嗣昌，何騰蛟、章曠遂廣用之軍中。永曆中，陳子壯兵用長牌斫刀。張家玉兵以竹索爲甃，綘布屯頭，跣行荆棘，口含刀而手飛劍。木棉之槍長可三丈三尺，持之進四尺，退四尺，旋轉如電，從地上跳起，人馬擲之空中，謂之八步長槍；雜以丈二竹篙、錐、藤牌、絮被，燋銅之鏑，輪轉之鈀，清兵遇之多殺傷。李定國兵標槍、連弩。苗、瑶刀長六七尺許，可截層甲，諸器具皆飾白金；人肩長槍各四五支，手擲如袖箭，洞裂竿竹，非至近不發，發無不中，中無不立死者，尤稱利器。鄭成功、鄭經在海上，先後造倭刀於日本。永曆五年，設局思明，大造金龍甲、弩矢、鏢牌、斬馬大刀、不空歸、木棍諸器。十一年，親臨閲視武器，不時稽察。十二年二月，馮澄世命陳啟日夜造三十斤全鐵甲。披挂兵御堅厚鐵盔、鐵面。鐵面露耳目口鼻，繪五彩鬼形。鐵鎧、鐵臂、鐵裙、鐵鞋，用鐵鎖聯之不脱。每戰，專立陣前斬馬足，矢銃不入，敵騎望而股弁，號曰「鐵人」。北伐道中，命各提鎮就地制器。十三年，於大、小門澳逐日考核器械。回師思明，命備造軍器。明自萬曆後，東西洋銃礮入中國。南渡，火器之用益廣。崇禎十七年六月乙未，試神器。弘光初，命陳于階督造火器南京。隆武時，設火藥、火器二都司，鍾澄川、李之蕃、王開勳、陳宗器分領。邵明俊自陳有精微要法火攻奇異器件，願捐資措辦，命回福京製造。張家玉武興營設火攻營。胡一青、趙應選、章曠、覃裕春、楊國棟、李明忠、李赤心、高必正軍多交銃。銃長六七尺許，聲不甚猛，煙發輒殲敵。每戰，皆蹲伏持蒲如墻以待，聽敵施技，敵氣稍衰，雖百步一蹴即至，拔刀斫馬足，大都騎兵一人，須三百金乃辦。覃裕春、李明忠潼溪、許灣大捷，交銃之力爲多。永曆時，張家玉起兵東莞，所用三眼鳥槍、獨彈龍銃，皆爲敵所畏。瞿紗微以西洋火器至廣東，陳子壯用銃縱横西江。畢方濟大造銃桂林，瞿式耜用以三全危城。及江、廣反正，龐天壽大造銃礮京營。胡一青、趙應選軍設火器火攻營。李成棟、金聲桓、李定國、劉文秀軍火器最烈。進攻肇慶，李象履傾家造西洋大礮火器，淬鋒以毒，中者輒死。魯王監國，張國維、孫嘉績、朱大典軍有火攻營，俞國望軍精鳥銃。時得洪武六年造銅礮四十二於蕭山署土中，以爲神異，别鑄神礮，重十餘萬斤，題其名曰「大將軍」以領之，工費千金，載筏中流，睨江一發，直擊杭城，崩垛數丈，清兵懼欲他徙。顧再發而裂數尺，不復能用。鄭成功取箭標、火藥荷蘭，取鉛銅及大熕、鹿銃日本。已，陳啟立局製大熕、靈熕、連環熕、百子熕、攻城大銃、神機銃、千花銃、百子花銃、鳥槍鹿銃、連珠火箭噴筒、火罐、火箭。大熕一曰斗頭熕，置戰船首，靈熕置戰船尾，連環熕、百子熕置戰船腰，攻城大銃重千斤，爲陸師攻堅之用，皆銅鑄。全軍設神器、火器諸鎮，火攻、神威大礮、衝鋒諸營。永曆二十八年，再造銅熕器械日本，又得荷蘭龍熕。龍熕者重萬斤，長丈許，紅銅爲之，受大彈重二十四斤。尋如式造副龍熕，各以艦載之，彈之所向，四五里中人舟倐忽糜碎，最爲無敵云。

弘光時，馬登洪石城島水師，陳洪範下江、定海水師，黃蜚登萊水師，陳子龍自募水師嵩江，戰船皆窳舊，脆弱不堪戰鬬。沈廷揚疏言：「有海運舟百，高大完好，舟容兵二三百，水手熟海道，便捷善戰。請練水師，則二萬人可成一軍。」不報。鄭鴻逵、鄭彩、黃斌卿防江水師，軍甚盛，清兵窺渡，相率驚竄，卒不得其用。隆武中，章曠造船湘陰，張名振造船南田，規模較爲可觀。鄭成功以舟師雄長海上。戰船有大熕船、水艍船、犁繒船、沙船、鳥尾船、烏龍船、銃船、快哨之別。大熕、水艍，仿福船、西洋夾板船製，廣二尋，高八九尋，吃水一丈二尺，容兵三百人，上施樓堞，遶以睥睨，面裹鐵葉，外懸革簾，中鑿風門，以施礮弩，其旁設水車二乘，激輪如飛，便廣洋屯結。犁繒、沙船，吃水七八尺，容兵百人。鳥尾、烏龍銃船，吃水六七尺，容兵五十人，便近海攻擊、引港之用。快哨吃水不深，旁設十六槳，轉旋迅疾，便於偵察、通信，及載陸師登陸之用。永曆九年三月，制變五梅花操法，制水師將操法。十年閏六月，凡出征船，各發船牌烙票，以防混冒。十一年，親閱視船隻，分別獎勵。十二年北伐，遭風羊山，命各提鎮就地造船。十三年十一月，大修舟備。三十四年十月，改洋船盡爲戰船。其後澎湖師熸，臺灣遂不能守。

馬政：崇禎末，廢弛殆盡。南渡，西番馬不至。左良玉、高傑、黄得功諸軍外，皆缺馬。弘光元年，高起潛請市馬，予太僕銀五萬購之民間。顧東南水鄉，所産無幾，廣馬尤下。東川、烏蒙、滇南、水西、傈僳所畜，質小蹄堅，履危磴如平地，最稱良駿。陳賡募兵雲南，得水西戰馬二千、象十二，成軍而東，稱爲勁旅。其後隆武、永曆中，李赤心、高必正、馬進忠，亦尚擁有西馬，惟轉戰經年，損耗畧盡。金聲桓、王得仁馬數萬，李成棟馬二萬，郝永忠馬三千。王有德在雅州，以茶易爐馬送黔不絶，故孫可望有馬萬匹、象數十。王祥在遵義，歲貢馬行在。李定國有馬數萬匹，親軍象十三，俱命名封「大將軍」。每戰列陣，背坐健卒數人發火器。鄭成功驍騎、鐵騎諸鎮用馬，全恃虜獲。論者謂明軍之敗，馬政特其一云。

南明史卷十一

志第六

藝文一

無錫錢海岳撰

明世稽古右文，文淵閣庋奎章宋元舊藏，縹緗之富，軼於前代。秦、晉、蜀、趙、周、寧諸藩，卷帙亦比天府。自經喪亂以次，突如焚如銷，沈於一炬。暨於南渡，三朝海寓鼎沸，君臣上下，仍汲汲以文學爲務。

安宗於崇禎十七年九月，詔搜羅羣籍。十月，太學生蔣祐聖、吴蹈昌、蔣佐各進大明累朝實録。弘光元年，頒刻張自烈所著四書大全辨。

紹宗性好書籍，披閱丙夜不休。於弘光元年六月入閩，道中鄭爲虹進大明會典、浦城縣志，陳國元進遜志齋文集，坊間進續稗海、浙江通志。閏六月即位後，命王兆熊耑理睿覽書籍事務。貢生薛瑞泰進玉海、太平廣記、資治通鑑。隆武元年七月，薛瑞泰搜求遺書，不論新舊批點藍硃，至十六朝實録，尤爲要典。八月，頒新刻皇明祖訓。王志道進實録，翁正春孫進太祖至穆宗十二朝實録。二年五月，大田貢生樂英進册府元龜，何九雲進書四百八十種三千五百册，陳元綸上豳風、保治全書、五經涉録留覽。敕艾南英將生平著作刊成帙者進覽。陸瀁波進大明一統志等二十餘種。召諸生劉孟震輯皇明大政。又設蘭臺館和衷堂，燃藜較讐。

昭宗於永曆三年十月購求遺書。四年五月，孫可望在雲南購書。五年，敕工部刊行瞿式耜、張同敞御覽傷心吟。一時詞臣奉敕修纂之書，象魏布告之訓，名臣碩彦騷人墨客之著作，左史不能知其讀，侍中不能奏其畧，詩書禮樂之化，古未有也。

清兵南牧，凡所謂珠囊玉笈、丹書緑字、綈几之横陳、乙夜之進御者，與夫錢氏絳雲、祁氏淡生、曹氏石倉、黄氏千頃、毛氏汲古、鄭氏叢桂私家所藏，多用汗牛馬掣，駱駝蹈泥，沙籍糞土，求其化爲飛塵、蕩爲烈燄而不可得。

嗚呼！方其人握靈蛇，家抱荆玉，緘之石室，藏之名山，莫不殫精弊力，思託不腐，乃竟故紙湮没，斷簡飄零。譬則時鳥候蟲，自鳴自止，榮華飄風，與時開落，斯亦昔人之所喟已。今故窮搜博采，備録其目。雖其間存佚不可盡知，亦賴是編以著其梗概，俾作者之精神不泯於後云。

經類十：一曰易類，二曰書類，三曰詩類，四曰禮類，五曰樂類，六曰春秋類，七曰孝經類，八曰諸經類，九曰四書類，十曰小學類。

錢士升易揆。

劉偉施周易了義。

程啟南周易宗聖録、易時草。

鄺洪炤易河圖解。

林先春易象參。

尹志伊易經臆談。

石文器易經臆闡。

劉養貞大易圖解。

陳述知大易偶見。

陸位羲畫憤參。

鄒忠胤周易揆。

朱朝瑛讀易略記。

李奇玉雪園易義圖說。

余國禎點易支言。

李公柱讀易述餘。

歸起先易闡。

徐昌治周易旨。

趙洪範周易要義。

傅國周易中注。

吳其馴易疏。

魯論周易辨義。
高弘圖易解。
劉宗周古易鈔義、讀易圖說、易衍。
侯峒曾易解。
李如璨周易講義。
成勇程易發。
秦鏞易序圖說。
曾化龍易醒解。
龍文光乾乾篇。
王夢鼎周易演旨。
賈必選嵩蔭堂學易。
侯鼎鉉義經要旨。
王際泰周易翼注。
汪邦柱周易會通。
陳于泰補六十二卦文言。
黃文煥易釋。
侯玄汸學易折衷。
袁楷易揆。
郭士豪金滕易參。
周一敬苑雒易學疏。
李實周易疏解。
岳虞巒周易感義。
葉應震易鑑合參。
黃道周易億、周易象正、易學象數論。
易筮命易本象、三易軒圖、三易箕圖、六十四卦要說、三易洞璣。
林欲楫易勺解。
何楷古周易訂詁。
曹學佺周易可說、周易通論。
葛寅亮易繫詞講。

張鏡心易經增注。
王志道易解千續韋編、六十四卦名解。
鄭賡唐讀易蒐。
周瑞豹易解。
錢繼登易簀。
吳載鼇易勺。
林胤昌周易耨義、易史象解、易史廣占、周易口占。
王孫蕃易注。
鄭友玄易觀、易經小傳。
游有倫易義真詮。
劉同升易頌。
姜應甲易推。
黃潤中易義注解。
俞墨華易度。
金士升周易內外傳、易經疏解。
吳太沖易義發蒙。
賀登選易辰。
韋際明易解。
梁玉蕤易通。
唐洞惓易經合疏。
馮秉青易經合義。
鄭奎光大易解。
章世純券易苞。
黃雲師周易裁。
李韡易導史。
蔡鼎易四解、易蔡集解、周易説意。
吳煌甲讀易識小。
沈中階易翫。
陸起龍周易易簡編。

陳顯達易解心燈。

吳炳說易一編。

朱天麟易鼎。

方以智易衲、周易圖、易幾表。

文安之易傭。

李陳玉三易大傳。

錢邦芑他山易學。

楊廷樞易論。

張家玉大易纂義。

陳邦彥易韻數法。

連城璧易占三墳繇詞。

方孔炤周易時論合編。

劉泌易解。

李乾德易易。

方中德易爻擬論。

方中通易經深淺說。

左國材易學。

黃炅元大易元苞經。

湯紹中大易注抄。

王之昭玩易編。

王華玉十一翼。

陸振奇易芥。

陰旭讀易應蒙。

楊期演易經窺見。

丁之鴻易經象義。

劉奇遇易經體要。

羅儀則易酌。

陳龍可易順篇。

徐宏泰羲經注疏、揲蓍草。

淩夫惇批點易經來註。

鄭維岳易經意言、易經密義。
楊應桂自知樓點易集。
洪垣星易經繹注。
趙振芳易原。
鄭德瀟定雲樓易研。
吳鍾巒十願齋易說、霞舟易箋、周易卦說。
汪沐日易解。
王正中周易注。
董守諭卦變考畧、讀易一抄二抄、周易韻補遺。
來集之讀易偶通、卦義一得、易圖親見。
郭符甲易訣。
馮京第繫詞前傳。
陶履卓周易存是。
馬權奇田間易經解、尺木堂學易注。

傅奇遇易彙元解。
姜安節易學待旦。
許士儉易緯。
沈泓易憲。
王大名周易廣義、周易箋解。
林宏瓚讀易雜訂。
徐鳳垣三易評林。
吳脈鬯易象圖說、周易卦變解、八宮說、周易醒詁。
徐奇大易卦義。
王榜易學講義。
鄒期相周易筆旨。
鄭溱易象大旨。
孫奇逢周易大旨。
刁包易酌。

張履祥讀易筆記。

陸世儀易窺。

芮長恤易象傳解。

張怡讀易私抄。

李顒易說、象數蠡測。

王夫之周易稗疏、周易考異、周易內傳、周易發例、周易大象解、周易外傳。

謝文洊易學緒言。

朱用純刪補易經蒙引。

應撝謙周易集解。

顧樞西疇易稿。

汪佑周易闡要。

施璜易繹注。

湯之錡默齋易說。

嚴瑴生軒易說、易問。

王弘撰周易筮述、易象闡述、易象圖說。

劉源淥周易解評。

黃宗炎周易象詞、尋門餘論、圖書辨惑。

錢秉鐙田間易學。

朱鶴齡易廣義畧。

張爾岐周易說畧。

俞汝言京房易圖。

李尌讀易大旨。

耿極周易淺義。

吳蕃昌大易圖說。

王同廱周易管窺。

楊珅周易觀玩偶抄。

吳光易粕十箋。

王介之周易本義質。

鄧觀濟生易簡。

孔鼎周易達傳。

陳晝周易備考、周易意。

李騰蛟周易臆言、周易剿說、易數。

彭任周易解說。

詹明章易經提要、大象通義、先後天卦說、雒範啟要、河雒通解、圖卦辨。

華時亨易箋注。

華允誼三易粹精。

吳日慎易爻徵、周易本義翼、周易愚按、周易集粹、爻擬。

洪嘉植易說。

顧文亨易鑑。

喻國人周易辨正、河雒定義贊、全易十有八變成卦定議、周易對卦數變合參、河雒真難、周易生生真傳。

陳藎誼易傳。

陳胤昌卦變論。

王大經周易釋箋。

楊無咎三易卦位圖說。

程智易說、大易要語、二四一三參兩說、大易宗旨、蓍法定序。

李子金周易後天圖說。

徐世溥易繫。

陳弘緒周易備考。

賀貽孫易觸。

張仁熙周易淺說。

吳道行易說。

施相周易大象集解粹言。

李天植易經疏義。

錢士馨古文易。

董說易發。

張岱明易、大易用。

陳洪綬箋儀象解。

丘嘉彩易經妄測。

阮旻錫讀易闕疑。

熊超易經解。

屈大均翁山易外。

王鳴雷續易林上下經。

楊晉讀易日解、大易析疑。

先著易微。

吴璜易求一編。

高懋賢學易小刻、易經纂注。

鄭敷教易經圖考、周易廣義。

宋學程繫詞宗旨。

周采鄭圃讀易緒言。

計大章玩易隨筆。

徐天俊易緯本義解。

章夢易周易筌。

王艮易贅。

嚴衍修綆齋易悦。

蕭雲從易存。

王育易說。

何泠四聖易注。

嚴福孫易經通義、易象圖義。

王檠易漢學。

謝遴是亦樓易志。

周濂易學金針。

周廷求易經天獻。

梅正平易解圖說。

蕭懋光大易說意。

陳朝棟三易露箋。

姚亮易存。

王延造周易圖說、周易解義。

許作楫易草。

汪學聖問易録。

吳文冕周易燃犀。

汪大業易經析義。

程昌誼易解。

張祖房周易關鍵訂譌。

吳肅公易問。

吳士品周易程傳集解、周易義傳大全。

梅士昌周易麟解。

汪尚謙易經祕旨。

江杏易心苞。

趙士通易圖說。

懷晋周易訓蒙輯要。

丁昜佳周易述擬。

王巖楨周易圖說。

崔干城手批關氏易傳、周易古占法批。

馬之驦周易解。

耿華國周易解。

程孔儀周易合象、周象解。

徐繼發周易明善録。

鄧炅周易發蒙。

孔貞文大易闡注。

熊司平易通。

吳雲天門易學。

蕭正發易侻。

羅維善易經爻象證。

陳宗禄易經極說。

劉世華易經祕旨。
曾思遜大易解義。
周家鼎周易貞通解。
艾然周易疏無一剿説。
蔡其焞大易補注。
魏閥清風易注、周易講義、焦氏易林解。
易爲鼎易説。
林之華鎖鑰易。
李見瑗讀易緒言。
鄒元芝易學古經正義。
陳應麟易經辨義。
張燧易筏。
陳三績易經傳義衷。
桑日昇易圖解。
嚴武順易説。
嚴調御印持易解。
張遂辰射易談咏。
徐繼恩逸亭易論、周易畧解、雲溪周易。
張次仲周易玩詞困學記。
查書繼周易玩詞述。
張允修易義。
徐善易論、徐氏四易。
沈起大易測。
沈進文言會粹。
朱之任易説。
孫鍾瑞易學心符。
徐震亭周易圖説、周易象意、讀易隨録。
宋咸易説、易驗。
陸錫禮讀易微言。
陳梁易説。

陸許廷周易注傳演林。
金鏡易經四測。
董樵易象表、歸藏論、山海卦緯。
董耒策卦十八變全圖。
郭鈺易解。
葛承傑周易要言。
蔣泰賓易存。
唐大章易經合參。
黃繼冕周易定本。
林丙春周易參較。
鄭郊明易。
鄭郟易測。
潘晋臺易綜。
伊勳周易宗解。
任元忠易鏡。
王賡易序。
鄭宇明羲易說、易道中天。
林廷擢周易探賾。
林邁佳環中一貫圖說。
陳國典易啟微。
黃端伯易疏。
黎遂球易史、周易爻物當名。
卓爾康易學全書。
李文纘舌存。
龔業新易解。
馬元調簡堂易說。
唐昌全大易樂玩。
陳嘉謨周易就正稿。
王贊育易燈。
龍嘉震易注廣義。

郭其昌易經圖説。
孔大德易解。
黄色中易經舉業注。
唐元竑易通。
錢棻讀易緒言。
鄭思恭易學金針。
林時躍三易評論、三易衍奥。
李獨明易象經别。
趙自新易論。
俞塞易痻。
楊國士蕭楊合易。
湯泰亨周易大象稿。
于鏞易經注疏。
吴喬森周易爻義。
張戭易學管窺。
吴自惺周易本義觸。
徐纘高易學。
王昌紀易經大全注疏合參。
鮑光義周易解義、周易講。
陳淑思周易本義。
程觀生四易通義、易内三圖注。
章佐聖周易時義注。
吴汝弼夏易揆方。
饒陞易抄。
蕭洪治周易復古圖。
許琮易省。
楊應麟易經辨義。
馮洪業易羨。
姚世勳易臆講義。
周宏起大易集義。

唐達大易臆解。

高萌映增訂本來氏易經、太極明辨。

何治仁易解。

武張聯闇齋易箋。

楊遴周易解。

鍾師薦易經詒。

葉國楨周易集解、易林元旨。

鄭之鉉不腐齋易醒解、五雲居易經翼解。

黎民鐸易經旨意。

梁之棟易解圖說。

何吾騶周易補注。

李開先讀易辨疑。

沈幾原易。

蔣士隆易解心燈。

吳以連易經闡微。

李燦明羲經明解。

吳韓起易經解。

周立本易學纘言。

汪璲周易補注便讀、讀易質疑。

朱奇穎周易纂注。

沈壽昌易學圖解。

右易類

姜逢玄禹貢詳節。

林先春洪範解。

徐大儀書經注、書經狐白解。

楊聯芳書經纂注。

潘士遴尚書葦籥。
鄒忠胤尚書稽。
但宗皐湖南講書。
汪漸磐尚書宗印。
張能恭禹貢訂傳。
陳于階尚書剩墨。
傅國書經補注。
揭愃尚書詳説。
朱朝瑛讀書畧記。
胡之竑禹貢注解。
吳其馴書疏。
夏允彝禹貢古今合註。
董養河羅溪閣書解。
吳國琦尚書音。
黃文煥書釋。
張儁九雒序測象。
李楷尚書補注。
畢十臣説書去存。
潘顯道尚書彙纂。
黃道周洪範明義、典謨集傳、政官集傳、禹貢明義、呂刑明義、疇象。
曹學佺書傳會衷。
王志道嵩關書義。
林胤昌讀尚書。
陳天定陳氏説書。
艾南英禹貢圖注。
黃潤中禹貢注解。
林宗仁林氏説書。
唐洞惓書經考證。
張濳夫尚書提旨。

顏茂猷天皇河圖。
傅元初尚書撮義。
章簡尚書集解。
黄雲師尚書考義、硯北堂説書。
李陳玉書傳。
楊廷樞禹貢祕訣。
韋調鼎書經考定。
駱鳴雷尚書講義。
周師稷尚書直解。
康穀書經注疏。
林轉亨書經纂疏便覽。
郭孝懿尚書翼注。
沈邵璜尚書説統、禹貢通解。
吴鍾巒尚書講義。
黄宗羲授書隨筆、辨河雒方位圖説。

吴之文書經翼。
朱茂時禹貢補注。
鄭溱三墳衍義。
孫奇逢書經近旨。
陸世儀書鑑。
張怡尚書策取。
王夫之尚書稗疏、尚書考義、尚書引義。
胡承諾續書説。
應撝謙書傳拾遺。
施璜書繹注。
嚴轂尚書講義。
王建嘗書經要義。
劉源淥書評。
朱鶴齡尚書埤傳。
揭暄禹書。

羅守鑑皇極考。

孔衍學書箋。

陸士楷尚書彙纂必讀。

顧夢麟書經説約。

彭任尚書解義。

費密尚書説。

姚弘仁古文尚書通論別僞例。

錢肅潤尚書體要。

華時亨書箋注。

陳啟源尚書辨畧、禹貢長箋、讀書偶筆。

顧文亨洪範疇解。

喻國人神禹治水本源。

揭衷熙尚書簡言。

吳騏讀書偶見。

顧祖禹書經正旨。

徐世溥夏書三解。

陳弘緒尚書廣義。

魏禧尚書餘。

揭恂尚書釋。

董説洪範考、河圖卦版。

蔣永譽讀易要畧。

仲沈洙尚書集解。

王育尚書説。

楊臣諍禹貢箋。

戴思孝壁經解。

吳肅公五行問。

寧時尚書説、洪範解。

韓霖尚書譜。

馬之驌書解。

董三槐尚書輯解。

李國昌尚書傳意。

吴雲禹貢歌。

蕭子建書經纂注。

童楚白禹貢圖説。

楊文彩尚書繹。

易爲鼎尚書説。

何悝書經大旨。

鄒元芝書學章句讀。

蔣又滋尚書合參。

徐繼恩尚書別解。

沈嗣選尚書傳。

沈澣讀書醒、尚書印。

金鏡尚書評注。

徐浩尚書賁象敷言。

楊維熊尚書要言。

陳名賓書經講述。

林丙春尚書參較。

林廷擢尚書啟筵。

戴作材尚書詳參。

詹韶尚書發微。

卓爾康書學。

莊仲祥尚書筆筌。

梁希阜書經纂要。

徐日光書經説約。

楊遴書經廣義。

趙□忭河貢圖。

李朝朗尚書洪範補注。

唐達尚書臆解。

伍福綏尚書集義。

吴士燿尚書集覽。

鍾師薦書經詒。

劉廷鑾尚書年曆。

張爾崇尚書通義。

右書類

朱敬聚詩經上編。

許承欽詩意。

石文器毛詩義。

王泰徵讀詩隨筆。

戴羲詩經簡注。

黃文煥詩經考、詩經嫏嬛、毛詩箋。

鄒忠胤詩經闡。

祁理孫詩學內傳。

薛寀詩經水月備考。

田有年毛詩箋疏。

傅國毛詩中注。

郝明徽詩經探奧。

朱朝瑛詩經畧記。

黃道周詩序正、詩揆、詩表。

歸起先詩通解。

何楷詩經世本古義。

徐時勉毛詩注疏大全合纂。

楊廷麟詩經講義鞭影。

范宏嗣毛詩補亡。

曹學佺詩經質疑。

董養河羅溪閣詩經解。

王志道詩經疏。

葉廷秀詩譚、續詩譚。

林胤昌續三百篇。

鄭友玄詩起。

黃潤中詩義注解。

熊人霖詩約箋。

唐洞惓詩贊餘旨。

高承埏五十家詩義折中。

黃雲師毛詩異正。

戴震雷詩解。

堵胤錫詩經澤書。

錢邦芑他山詩學。

文煥詩經考。

張家玉歷代詩說。

袁立俊詩經補注。

左國材詩學。

吳灝之魯詩補傳。

顏鼎受誦詩弋獲六義辨、國風演連珠。

張調鼎詩經備考。

徐鳳彩毛詩博義、詩經補注。

袁啟翼詩論序記、葩經約旨歌。

法寰毛詩義。

汪沐日國風。

陳子龍詩問畧。

馬權奇詩經誌。

徐鳳垣毛鄭會箋。

郭振清毛詩章解、魯鄒參紀諸書各章解。

馮瑋毛詩解。

鄭溱詩經萃華。

孫奇逢詩經近旨。

黃淳耀詩劄。

芮長恤四詩正言。

張怡白雲言詩。

王夫之詩經稗疏、詩經考異、詩廣傳。

謝文洊風雅倫音。

費經虞毛詩廣義。

應撝謙詩傳翼。

汪佑詩傳闡要。

施璜詩經繹注。

王建嘗詩經會編。

劉源淥詩評。

錢秉鐙田間詩學。

朱鶴齡詩經通義、毛詩古義。

張爾岐詩經説畧。

顧夢麟詩經説約。

王介之詩經遵序詩序參。

費密二南偶説。

陳啟源毛詩稽古篇。

王大經毛詩備考。

毛晋毛詩陸疏廣要、毛詩名物考。

陳弘緒詩經羣義、詩經解。

賀貽孫詩觸、詩代掌録。

郭金臺毛詩辨。

陸圻詩經吾學内傳、詩經吾學詩論。

錢士馨緇衣説。

董説古詩緯詩發、詩律表。

蔣獻陛詩經題窾。

任大任詩經解。

王志長毛詩注疏删翼。

王育詩説。

謝遴説詩志。

周廷求詩經大成。朱之佐詩經偶筆。

蕭懋光毛詩編次。姚佺詩源。

吴天放詩億。金鏡詩經傳演。

吴肅公讀書問。胡良臣詩經真義。

潘厚本詩經嚴纂。聞性道惢泉手學。

易爲鼎毛詩説。林占春月令合璧。

胡問仁十五國風詩論。夏大輝漁樵詩説。

鄒元芝詩學章句誦。蔣泰賓詩可銑。

黄文旦二南箋義。王隼詩經正訛。

嚴武順詩説。黎遂球詩風詩刺。

徐士俊三百篇鳥獸本紀。卓爾康詩學全書。

徐繼恩毛詩別解。潘集葩經解。

張次仲待軒詩説。桑拱陽詩解説詩録。

陸嘉淑三頌解。馬元調簡堂詩説。

沈起詩逆。楊聯芳詩經纂注。

王贊育詩說。

許用賓詩經解。

林時躍毛鄭會箋。

葉國楨詩牖廣說。

俞塞詩起。

劉孔懷詩經辨韻。

朱汝礪詩劄。

孟登詩經廣說。

王昌紀詩經大全注疏合參。

顧玘徵十五國風疏。

王養民詩經璞記。

殷祚吕詩經詳解。

右詩類

朱朝瑛讀周禮畧記。

王志長周禮注疏刪翼。

王泰徵周禮考工辨。

姚亮井田圖說。

孫元凱周禮評輯。

陳蜚英周禮釋。

鄭德瀟周禮絜領。

蕭名韶周禮補注。

張采周禮注疏合解。

錢士馨周禮說、周禮答疑、冬官補亡。

費密周官注論。

董說周禮緯。

萬斯大周官辨非。

董樵周禮六夢表。

楊維熊周禮詳講。

林廷擢周禮永學。

王家勤周禮解。

陸藎誼周禮辨注。

謝天詔天官撮要。

葉國楨周禮集解。

史大壯周禮疑誤辨。以上周禮。

朱朝瑛讀儀禮畧記。

劉宗周儀禮經傳考次。

丘道登儀禮考證。

譚貞良儀禮名物考。

劉源淥儀禮經傳評、儀禮經傳通解編。

張爾岐儀禮鄭注句讀、監本正誤、石經正誤、

吳氏儀禮考注訂誤。

萬斯大儀禮商。

錢士馨儀禮説。

萬斯同廟制圖考。

韓治儀禮因注。

欽楫儀禮圖解。

王志長儀禮注疏删翼。

王育祫祀宗會禮。

徐裳吉儀禮纂集。以上儀禮。

傅永淳禮經解義。

鄭二陽禮要。

蔡官治禮記删繁。

周鑣禮要。

靳于中禮記翼宗録。

朱泰禎禮記意評。

傅國禮經補注。

趙僎禮記思。

王家祚禮記提綱。

湯道衡禮記纂注、禮記新義。

朱朝瑛讀禮記畧記。

楊梧禮記説義集訂。

張養禮記纂言、禮經獨解。

劉宗周禮經考次正集、分集。

吴國琦禮畧。

王泰徵禮記旨要。

何兆清禮記説約。

汪運光二汪戴經集注。

左光明禮記旨要。

張懋鼎禮箴。

李實禮記疏解、禮記字學。

黄道周月令明義、坊記集傳、表記集傳、緇衣集傳、儒行集傳。

曹學佺禮記明例。

葉良漸禮記衍義。

韋際明禮經解。

唐洞惓禮記刪存。

林日光禮記析疑、戴經解注。

戴震雷讀禮初編。

楊鼎熙禮記敬業。

堵胤錫禮經澤書。

章有謨禮記説約。

鄭維岳禮記解。

黄宗羲深衣考。

林尊賓禮記評定、古禮當然。

李安世禮記約言。

吴之文禮記翼。

陸世儀禮衡、宗禮典禮折衷。

芮長恤禮記通識。
王夫之禮記章句。
顧天錫戴擬。
汪佑禮記問答、禮記訂訛。
劉源淥小戴記評、大戴記評。
張爾岐夏小正傳注。
耿極王制管窺。
鄧觀禮記刪補。
彭任禮記類編。
華允誼戴記纂疏。
堵景濂禮記貫屬。
孔興綗家廟禮則。
吳名溢喪禮注。
喻國人投壺儀制。
萬斯大禮記輯注、禮記偶箋、學禮析疑、宗法論。
馬之駉禮記節文。
王猷定夏小正輯注。
徐世溥夏小正解。
周篔投壺譜。
李天植禮記疏義。
錢士馨禮記申惑。
沈昀士喪禮。
毛先舒喪禮雜記。
萬斯同讀禮通考附論。
薛鎔禮記微解。
韓洽禮記因注。
蔣獻陛禮記萃珠。
朱汝礪禮辨。
楊臣諍禮經會玩訓注。

吳肅公讀禮問。

吳士品禮記經傳通釋續編集注。

徐封魏禮記明述。

金鏡戴記偶評、夏小正辨注。

林丙春禮記纂要。

方都韓禮記搜義。

鄭羽儀戴禮新旨。

任文朗喪禮撮要。

何謙貞禮記説約。

阮鶚禮要。以上禮記

陳述知四禮訂疑。

劉宗周小相編。

李實三禮臆。

黃道周三禮定。

林胤昌三禮約。

黃雲師三禮會通。

孫奇逢四禮約。

張怡三禮合纂。

顧天錫三禮集解。

應撝謙三禮會通。

王建嘗四禮慎行。

朱之瑜朱氏談綺。

費密四禮補録。

彭大壽魯岡通禮。

華時亨三禮正宗。

王大經三禮折衷。

鄧炅三禮會典。

徐繼恩三禮異同考。

潘晋臺三禮大成。

鄭正學家禮辨。

李文纘三禮注疏詮集。

李獨明三禮合刪定本。以上通禮。

右禮類

黃汝良昭代樂律志。

毛乾乾樂述、律述。

王允佐律呂考辨。

馬負圖律呂圖解。

方中通律衍。

喻國人伏羲樂律。

黃宗羲律呂新義。

李子金律呂新法、傳聲譜。

王正中律書詳注。

蕭名韻補律呂宗。

蔡所性律呂解。

董說樂緯、律呂考、律呂發。

汪佑大樂嘉成。

黃居中文廟禮樂志。

王建嘗律呂圖說。

沈應瑞明樂志。

應撝謙古樂書。

唐達樂制備覽。

薛鳳祚樂律。

彭釬古今樂部。

右樂類

楊嗣修春秋叙實編。
鄒忠胤春秋衷。
朱泰禎公穀二傳箋。
冒起宗春秋纂直解。
傅國春秋史駁。
朱朝瑛讀春秋畧記。
蔣璨春秋講義。
陳于鼎麟旨定。
夏允彝春秋四傳合論。
吴希哲麟旨明徵。
成勇春秋三傳釋疑。
王寢大春秋抄。
葛遇朝春秋幾鑒。
吴亮明公羊春秋表微。
王泰徵春秋四傳輯言。
宋存標春秋四家。
侯玄涵左國類雋。
宋曹胡傳纂要。
周撫辰公羊墨史。
劉嘉禎春秋旨業。
李實春秋疏解、春秋字學。
岳虞巒春秋平義。
王錫春秋彙覽。
黃道周春秋表正、春秋揆、春秋軌、春秋問業。
何楷春秋繹。
曹學佺春秋闡義、春秋義畧、春秋傳删。
宋賢左傳撮要、春秋雞窗手澤。
鄭賡唐春秋引斷、春秋質疑。
林胤昌春秋易義、春秋總論。

姜應甲春秋春月考、昭穆考、地理考。
唐大章春秋遵義、春秋存教。
唐洞惓春秋十二公明辨。
馮秉青春秋繁露釋。
倪元瓚春秋五傳羣史目。
張國經春秋比事。
黃雲師春秋析疑。
余昌祚春秋繁露纂訂。
魏奇春秋左傳公穀胡傳。
陳寶鑰春秋遵懼篇。
堵胤錫春秋澤書、春秋説義。
李陳玉三傳書傳。
賀王盛春秋説約。
劉城春秋左傳國語地名録、人名録。
張自烈春秋大成。
方孔炤春秋竊論。
梅之熉春秋因是。
陸憲度麟經彙稿。
伍堣春秋旭旨。
傅爾訥春秋講義。
法寰春秋繁露解。
余颺春秋存俟。
嚴通春秋箋。
黃宗羲春秋日食曆。
董守諭春秋簡秀集。
來集之春秋志在、四傳權衡。
林尊賓春秋林氏傳。
宋龍春秋義。
馬權奇麟經注。
傅奇遇左氏類斷。

顧朱春秋本義。

鍾鳴雷麟經歌訣。

孫和鼎春秋名系彙譜、春秋義例通考。

孫和斗三傳分國紀事。

徐鳳垣四傳衍奥。

王臣縉麟經稿明。

周有鳳評左韻言。

馮瑋春秋解。

吴主一左傳遵經删節。

張立中麟經正旨、金甌春秋正經傳删本。

陸世儀春秋考論。

王夫之春秋稗疏、春秋家説、春秋世論、讀春秋左氏傳博議。

顧天錫三傳集解。

謝文洊左傳濟變録。

彭士望手評春秋五傳。

張時爲讀左言。

應撝謙春秋傳考、春秋集解較補、春秋集解緒餘、春秋提要補遺。

嚴瑴春秋集説、春秋論、屬比直書。

王建嘗春秋要義。

顧炎武左傳杜解補正。

朱鶴齡春秋集説、讀左日抄、日抄補。

張爾岐春秋傳義。

俞汝言春秋平議、春秋四傳糾正。

楊玾分類春秋五傳。

王介之春秋家説、春秋四傳質。

鄧觀春秋考全。

淩嘉印較補春秋集解緒餘、春秋提要補遺、應氏春秋集解注。

華時亨四傳異同、春秋叙說、春秋法鑒録。

華允誼春秋纂疏。

洪嘉植春秋解。

顧文亨春秋類記。

惠有聲左氏春秋補注。

喻國人春秋日食定鑑、日食補遺。

萬斯大春秋輯傳、丁災甲陽草、學春秋隨筆。

李魁春春秋三傳訂疑。

馬之騆春秋遵朱。

傅山春秋人名地名韻。

魏禧左傳經世抄。

陸圻春秋論。

毛先舒春秋異書。

董說左傳提。

周西春秋注。

李世熊春秋涉録。

趙起元春秋大義。

韓洽春秋贊。

沈明倫春秋辨志全旨。

蔣永譽春秋講義。

馮夢龍春秋衡庫、别本春秋大全、麟經指月。

章夢易春秋左氏兵法。

王挺春秋集論。

周廷求春秋二十編。

張祖房春秋魯論覺言。

吴肅公王正録。

梅巨儒左傳發明。

葉令樹六六麟史編。

鄧瑨春秋補注。

韓范左傳測要、春秋左傳集評。

謝生蘭春秋要録。
艾然春王正月辨。
鄒元芝春秋經學本義。
張岐然春秋四家五傳平議、左氏地理疏。
吴名溢麟經詮解、春秋詳注、三傳折衷。
虞宗瑶春秋提要。
徐繼恩春秋別解。
張次仲左傳分國紀事、左傳抄。
查書繼春秋論斷。
徐善春秋地名考畧。
沈起春秋經傳引。
朱之佐春秋述。
陳許廷春秋左氏典畧。
金鏡春秋集義。
童鈺春秋祕旨。
丁翼元春秋剩義。
蔣泰□春秋取銑。
鄭禹疇春秋彙要。
陳肇曾春秋四傳辨疑。
鄭郟春秋表微。
王夢弼春秋類纂。
林廷擢春秋壽世。
彭釬五傳彙抄。
馮光璧春秋訂義。
薛虞畿春秋別典。
華允誠春秋説。
黎遂球春秋兵法。
卓爾康春秋經義、春秋時義、春秋粹義、春秋不書義。
王道焜左傳杜林合注。

李文纘魯書。
桑拱陽春秋統義。
單允昌胡傳發明。
周邦彥左國參谿。
嚴啟隆春秋傳注、春秋大聲集。
錢瓚春秋畧。
鄭思恭左國精髓。
楊毓奇春秋四傳論衡。
趙自新左氏贊論。
吳道配春秋析義。
章佐聖麟經志在解。
周士遲春秋鍵鑰。
唐達春秋四傳合纂。

右春秋類

楊遴春秋獨斷。
何其偉春秋胡諍。
江兆京麟旨。
盧世漼春秋問説。
吳士燿春秋決議。
張宏麟經集成。
賴朝會春秋畧談。
丘鍾仁春秋遵經集説。
許自俊左氏提綱。
顧宗瑋左氏事類年表、春秋通例稽疑。
朱元英左氏博議拾遺。
吳箕春秋明心録。
錢密緯春秋畧。

林先春孝經解。
張有譽孝經衍義。
劉宗周曾子章句。
龍文光孝經秋訂。
張懋鼎孝闡。
黄道周孝經集傳、孝經贊、孝經頌、孝經外傳、孝經定本、孝經別本。
何楷孝經集傳。
唐顯悦孝經旁訓。
葉廷秀孝經啟蒙。
許令瑜孝經釋義。
周歧孝經外傳。
朱天麟孝詮。
李明睿孝經箋注。
鄭德瀟廣孝經定本。
陶履卓孝經解。
姜安節孝經正義。
鄒期相孝經筆旨。
沈昀孝經輯義。
潘平格孝經發明。
張怡孝經説。
應撝謙孝經辨定。
雷子霖孝經神授篇、孝經圖説。
張夏孝經衍義。
黄文炤兩孝經。
洪儲孝經箋説。
薛正平孝經通箋。
吴懋謙重定孝經列傳。
鄭郊孝經心箋。
葉奕孝經衍義。

戴安節孝經正義。

官懋勳孝經注釋。

莫之永孝經句解。

陳藎謨孝經疏傳。

右孝經類

曹珖折大樹堂說經折衷微義。

畢懋康兩蘇經解。

雷叔聞五經匽經。

成勇十三經注畧。

冒起宗拙存堂經質。

蔣鳴玉五經圭約。

王家祚五經類語刪正。

田有年十三經纂注。

梁斗輝十三經繹注疏。

楊懋官三經畧。

李如榧四書五經彙解。

施永圖五經慧解。

丁師虞五經演說。

葉應震五經纂注。

朱朝瑛五經畧記。

黃道周司經局進呈書、行業、吟業、焚草。

葉紹袁緯學辨義。

曹學佺五經困學、五經可說。

張養五經四書主意。

熊明遇五經約。

楊聯芳羣經類纂。

葉廷秀五經啟蒙。

劉同升五經大全注疏四書大全注疏合編。
韋際明經書講義。
陳元綸五經涉録。
馮秉清春秋繁露易經合義。
顔茂猷五經講宗、六經纂要。
羅萬藻十三經注疏類編、十三經類語。
饒元珙經書實義。
韓曼五經繹昌言。
張同敞十三經注疏補。
張儐詩禮約旨。
李洪雯易詩心得。
王用賓經書訓詞。
葉后詔五經講章。
鄭德瀟定雲樓五經通義。
查繼佐五經説、敬修堂講録。
連邦琪五經攝注。
李國標五經圭羅考。
盧之頤合刻周秦經書十種。
顧朱詩禮解、詩書易解。
范驤十三經評注。
沈濳四書五經尊王録、四書五經尊聖録、九經開聖大義、五經大義。
張履祥詩書初學備忘。
沈昀七經評論。
李顒十三經注疏糾謬。
王夫之諸經考異。
顧天錫三經蒙解、五經論孟説、三禮三傳集解。
戴擬五經説。
張自勳五經大全正誤、九經廣義。

應撝謙禮樂彙編。

施璜易書詩釋注、五經臆記。

王建嘗五經要義。

顧炎武五經異同。

孫雙穀古微書。

黃生三禮三傳會籥。

顧夢麟十一經通考。

彭大壽易經春秋合解。

姚際恒九經通論。

楊無咎譚經録。

毛晉新刻十三經注疏。

劉振緯書。

陸圻詩禮二編。

洪思洪圖六經。

易奇際詩書傳解。

趙起元五經大問。

許元溥十三經叢箋。

欽楫五經圖解。

徐天俊四書易本義解。

徐開任六經通論。

嚴衍易詩書說。

潘江六經蠡測。

李向陽五經疏。

戴思孝四書壁經解。

張祖房書詩禮經義。

王雲鵬五經詳說。

汪尚謙經義記。

傅金城五經臆補。

陳蜚英五經博義。

王瑱五經正旨。

王業五經釋義。　吴銘訓經義集說。

易爲鼎經說、尚書毛詩易說。　趙師世禮律類要。

何惺六經批釋。　陸藎誼五經注傳删。

陳三績傳經傳義。　張戭六經串。

沈起墨庵經學。　郭開泰五經指訓。

包萬有五經同異。　馮遵祖五經摘注。

蔣泰賓三經祕録。　袁世疇四經輪貫。

高兆六經圖考。　余懋衡經翼。

段暄五經纂要。　阮鶚明疏義輯畧。

陳龍正朱子經說。　張煜然經書集解。

右諸經類

張四知四書釋義。　寇慎四書酌言。

黄汝良東宫大學講章。　石文器四書義。

林先春孟子畧。　薛寀四書備考。

張惟機四書永業、致知格物說。

徐昌治四書旨。

孫肇興四書刪補約說。

汪漸磐四書宗印。

陳于階四書增要。

傅國四書中注、四書知二竊解、論語別傳參注。

何陽春四書膚說。

秦凱四書正訛。

何遜四書主意。

歸起先四書大旨。

魯論四書通義。

魯訓學庸參解。

劉宗周大學古文參義、大學古記、大學古記約義、大學雜言、中庸慎獨義、論語學

案。

李如璨四書講義。

袁繼咸四書講義。

吳麟瑞大學通。

王際泰四書廣古詮。

吳本泰論語頌。

黃文煥四書嫏嬛。

丘道登四書詳說、四書正講。

吳名思四書慎餘講義。

郭士豪四書口義。

李實四書畧解、四書字學。

梁仁傑學庸日抄。

葉應震四書貫。

王秉乾四書講義。

林欲楫學庸注補。

何楷四書字考。
葛寅亮四書湖南講。
葉廷秀四書啟蒙。
吴載鼇四書要義。
林胤昌論語耨義。
金聲大學中庸説。
金世俊四書字貫録。
盛國政大學衍義辨訂。
熊人霖四書繹。
韋際明四書賓岱日箋。
喻以恕四書永。
陳元綸學庸日箋。
馮秉清四書解邛。
林日光四書解注、四書講意。
王鼎鎮禹烈四書畧。
章世純四書留書。
賴朝會四書尊聞。
徐鳴時四書辨疑。
戴震雷四書解。
姜玉菓四書説約。
沈光裕四書字辨。
劉用懌四書遵注正解。
李韡四書寤言。
晏日曙四書標旨。
何三省四書翼注。
夏時亨四書師説繹。
張自烈四書大全辨、四書雜注。
袁立俊四書正解。
曾益四書通考。
吴中蕃四書説明。

李寅學庸要旨。

戈允禮四書正眼。

龔懋熙四書講語、四書輯解。

駱鳴雷四書講義。

陸振奇格物訓。

周裕珽四書一旨。

鍾丁先四書明微全集。

張儐四書大全或問。

魯鑑四書精義。

滿之章四書浴。

古心四書讀抄。

淩夫惇學庸貫道解。

鄭維岳大學存古、中庸明宗、論語學脈、孟子聖諦、四書知新日録、四書正脈、四書定説。

洪垣星四書翼注。

法寰四書義。

鄭德瀟廣大學讀本。

吴鍾巒大學衍注。

汪沐日孟子國風注。

黃宗羲孟子師説。

孫桀四書正義。

陳子龍華亭卧子説書文箋。

查繼佐四書説。

陶履卓四書正訛。

李長祚四書正訓。

嚴爾珪側修四書。

傅奇遇四書編注。

姜安節古大學釋、中庸衍義。

譚貞默孟子編年畧、四書見聖編。

吳之文四書翼。

梅之熼四書寄言。

吳脈鬯四書講義增删。

馮瑋四書解。

鄭尚藩大學古本注。

王兆修四書指南。

鄒期相四書筆旨。

孫奇逢四書近指。

刁包四書翼注。

黄淳耀四書大旨。

張履祥四書語類抄。

沈昀四書宗法論辨、四書輯畧。

陳確大學辨。

潘平格四書發明。

惲日初則堂四書講義。

張怡四書會通、大學古本抄、中庸近一解。

雷士俊大學注、孟子注。

李顒四書反身録。

蔡啟胤四書注。

王夫之四書稗疏、四書考異、讀四書大全説、四書訓義、四書詳解、四書授議、大學衍、中庸衍。

謝文洊學庸切己録講義。

張自勳四書衆解合糾。

朱用純四書講義。

費經虞四書懿訓。

應撝謙學庸本義、論孟拾遺。

高世泰中庸問答。

汪佑四書講録。

施璜四書繹注、學庸或問。

嚴瑴四書講義。

王建嘗大學直解、論語輯說。

劉源淥四書補注。

毛乾乾大學中庸述。

王徵學庸解。

耿極古本大學繹言、中庸繹言。

田極四書輯要。

顧夢麟四書說約、四書通考。

楊彝四書大全節要。

吳光大學格致辨、中庸臆說、論孟合參。

孔鼎四書達旨。

費密大學中庸古文、大學中庸駁論。

党成大學中庸膚言、中庸學思録、致知階異。

詹明章四書提要。

吳曰慎大學中庸章句翼。

堵景濂四書就正語。

揭衷熙四書析疑。

王大經四書逢源録。

李盤中庸臆說。

程智大學定序、中庸旨說。

鄭與僑怡慈近業。

錢士馨中庸說。

張岱四書遇。

阮旻錫四書測。

屈大均四書補注考。

趙起元四書大問。

高廷獻四書講義。

鄭敷教學庸大義、鄉黨考。

韓洽四書因注。

俞粲論語述規、孟子詳說、大學說。

任大任中庸解。

徐天俊四書本義解。

仲沈洙四書析疑。

嚴衍修綆齋四書說。

陸景醇四書合參。

何冷大學衍注。

屠錫光四書講義。

劉朝鑑四書詮義。

孔興綱四書講義。

蕭懋光四書說意。

吳文冕四書不夜篇。

汪大業四書學路、四書要旨、學庸衷注、學庸圖說。

潘顯道四書講義。

吳肅公大學述。

朱苞四書些子會心。

寧時論語口授講義。

樊夢斗中庸講義。

孫爾禎四書事實。

崔元裕四書朱子或問、四書六辨。

懷晋四書易解。

馬觀光四書守約。

宋繼澄四書正義。

衛蒿四書答問。

王巖楨四書周易便蒙抄翼。

陶註學庸心領。

黃希聲四書彙講。

張昉四書正。

耿華國論語正意。

呂鈞璜四書講義。

潘厚本四書折衷。

吴雲學庸注解。

王業論語約解。

易爲鼎四書説明。

李見璧四書從信録。

何惺四書正義。

錢璜四書翼箋。

齊東魯四書大畧。

張樹聲四書大醇。

潘遊龍四書仲注。

蔣又滋四書正字。

陸堦四書大全。

嚴調御四書解。

張歧然仁庵古本大學説。

徐繼恩四書偶言。

張次仲四書隨筆。

查書繼四書述。

潘廷章四書指月。

沈起四書慎思録、論語沈氏傳、尊孟小傳。

沈澣學庸蒙筏。

朱心四書衍注。

金鏡學庸緒言、論語博義、孟子博義。

胡良臣四書直義。

宋昰大學古本解疏。

葉振熙四書曲直解。

唐大章大學原本闡義。

黄士舉四書衷解。

林喬材四書集説。

林丙春四書集解。

伊勳四書述。

陳幼嘉四書合説。

王夢弼四書名物類纂。

林廷擢學庸圖説。

彭釬四書内説。

伍佳郎四書正解。

佘帝選四書祕義。

馮光璧四書管窺。

梁耀祖四書解。

傒應東四書頌。

高國琦學庸講義。

華允誠四書大全纂補。

桑拱揚四書則。

趙天騏四書正傳、四書真一解。

單允昌四書注抄、四書説。

張映發四書正義。

周邦彦四書筆記。

陳嘉謨四書就正編。

周繼聖中庸贊。

俞塞四書心詁。

湯泰亨四書從正録。

劉餘芳四書大全。

江桓四書正義。

程觀生四書通義。

候政勤四書講義。

周宏起四書集義。

唐達四書臆解。

江兆興四書隻眼。

沈士鑑四書參注。

葛太環學庸口義。

吴以連西山四書鐸。

鍾師薦四書詒。

韓范四書性理。

蔡承瑚中庸藏枕。

汪璲大學章句辨義。

王錫光四書講義。

林瀾學庸集說、論孟彙解。

徐養元、趙漁四書集說。

馬廣軨四書讀、四書提鉤。

張士璵四書講。

鄭之鉉五雲居四書翼解。

范明徵四書合發。

李開先四書簡明講意。

右四書類

吳脈鬯五雅會要。

張爾岐弟子職注。

胡吳祚駢雅。

張夏小學瀹注。

劉宗周古小學通紀集紀。

汪鼎和小學闡義。

林胤昌續小學悌經。

張仁熙古孝行。

施璜小學發明。

程鳳儀弟經。

王建嘗小學句讀記。

馬亦昌小學大觀。

劉源淥小學補注。

袁業泗訓蒙編。

李如璨詒塾小箋、幼儀歌。

錢邦寅家課提綱。

何惺引蒙字説。

陳三績教養編。

曾熙丙家訓。

徐時勉家訓。

宫偉、鏐庭聞、張欽鄰家範。

何陛庭訓十義。

王觀光家訓。

吴載鼇四字家訓。

曹元方淳村家戒。

堵胤錫家規。

張自烈庭訓。

劉城劉氏家訓。

陶履卓人子要言。

孫奇逢孝友堂家規、家訓。

張履祥誡子語、吕氏童蒙訓評本。

陳確叢桂堂家約。

汪佑汪氏家訓。

柴紹炳家戒。

張承烈家訓。

王介之耐園家訓。

費密費氏家訓。

王時敏奉嘗家訓。

傅山霜紅龕家訓。

張仁熙藕灣訓兒編。

楊晋家訓。

徐石麒趨庭訓述。

劉受三家規十則。

江有衢簡身家訓。

褚士奇家訓。

邵汝德家訓。

黃色中傳家寶訓。

方際明訓兒録。以上小學。

王宮臻女四書。

李清女世說。

陳確叢桂堂女訓。

秦雲爽秦氏閨訓新編。

吕釣璜古今閨範。

温璜温氏母訓。以上女學。

王象晋字學快編。

傅國韻總。

陳煌圖隸釋、部切互注篆韻篆學源流。

陳光述三吳正韻。

胡正言千文、六書統要、篆法偏旁正譌歌。

張僎四三韻畧。

李實蜀語、吳語、六書偏旁。

黃景昉雙聲疊韻疊韻譜。

周應期正字遺書。

劉同升音韻類編。

韋際明詩韻字考。

梁玉蕤韻畧易通。

黃雲師說文鳩異。

沈光裕經字辨畧韻言。

黃敬止六書同文。

理安和等字。

方以智切韻聲原通雅。

錢邦芑他山字學。

張自烈正字通。

方中通音韻切衍、篆隸辨從。

方中履切字釋疑。

吳中蕃韻會。

周裕珽六書考。

劉祺韻會。

盧若騰學字。

孫和斗石鼓文辨證。

范驤古韻通補。

陳冶四始元音。

林霍滄湄學韻、雙聲譜、滄湄字問。

阮旻錫韻選。

王夫之叶韻辨、説文廣義。

張自勳字彙辨。

費經虞古韻拾遺、字學雅論。

顧炎武音論、詩本音、易音、唐韻正、古韻表、韻補正、唐宋韻補異同、詩律蒙告、求古録、石經考、九經誤字、金石文字記、開成石經考。

黄宗炎六書會通。

柴紹炳古韻通雜説、四書表韻表、轉音圖、切韻復古編。

黄生字詁、葉書。

毛乾乾詩經音韻。

顧夢麟韻珠。

喻國人六書真傳。

陳藎誼樂律希聲、皇極圖韻、元音統韻。

宋應星畫音歸正。

王大經字學正譌。

紹潛字學考證。

方文六書貫。

李子金傳聲譜、書學慎餘。

喬騰鳳五方元音。

徐世溥韻叢、韻蕞。

顧景星黄公説字。

毛先舒韻學指歸、聲韻叢説、韻問、韻學通指、韻白。

董説六書發。

萬斯同聲韻源流考、漢魏石經考、唐宋石經考、石鼓文定、書學彙編。

潘棏清嶺南花逸韻補。

張飌一門反切。

方夏廣韻藻。

徐石麒轉注辨。

韓洽篆學測解釋訓考源。

王育六書學、説文論正。

顧柔謙補韻畧、六書考定。

高自卑千字文同音通釋。

潘江字學析疑。

方思四聲音釋義。

許作棏毛詩通韻、説文堂字説。

郝繼隆韻學一貫録。

劉夢五車韻瑞補、篆中隸宜。

郭宗昌金石史。

蕭正發説文因説。

蕭韻韻學參、詩韻正叶。

潘爾倬説文長箋考。

閔齊汲六書通。

李中馥石鼓考。

馮弘業睡庵六書。

唐達古音考辨。

謝重華化原韻考。

熊文登字辨。

劉孔懷四書字徵、五經字徵、詩經辨韻。

曹雲從字韻同音辨解。

陳藎謨皇極統韻。

周鼎清韻蕞字貫通。

劉孔當翰林重考字義韻律、大板海篇心鏡。

高萌映重訂馬氏等音外集、內集。

黃宗羲勾股圖說、開方命算測圜要義、圜解、割圜三錢解。

趙均寒山堂金石林。

馬負圖開方密率法。

李子金幾何易簡集、算範算法通義。

史以甲勾股籌算捷法。

吴烺周髀算經圖注。

陳藎謨開方說度算解。

李天經新法算書。

艾儒畧幾何要法以上書數。

右小學類

南明史卷十二

無錫錢海岳撰

志第七

藝文二

史類十：一曰正史類，編年在内。二曰雜史類，三曰史鈔類，四曰故事類，五曰職官類，六曰儀注類，七曰刑法類，八曰傳記類，九曰地理類，十曰譜牒類。

惠宗讓皇帝實録。弘光元年二月敕修。

毅宗烈皇帝實録。崇禎十七年九月敕修。

威宗烈皇帝實録。隆武元年八月敕修。

聖安皇帝實録。隆武元年八月敕修時再敕修，都十二卷。

永曆思文皇帝實録。永曆時敕修。

弘光起居注。

隆武起居注。

永曆起居注。
監國魯王起居注。以上官修。
李清南渡録。一曰甲申日記、南渡記甲乙編年録。
馮夢龍中興實録。一曰中興偉畧、中興從信録。
顧炎武聖安紀事。
黄宗羲弘光實録鈔。一曰弘光紀年。
姜曰廣南渡紀事。
何光顯聖主中興全盛兼三録。
文震亨監國新政記。一曰福王登極實録。
朱鑑中興筆記。
顧紳中興紀録、中興頌治。
戴笠聖安書法、北狩事跡。
吴孟堅南都紀畧。
莊潛石函録。
韓宗騋弘光北狩記。

佚名聖安日記。以上記弘光朝事。
周燦乙丙時事。
吴鉏光武紀年。
李沂南福兩京實録。以上記弘光、隆武朝事。
蔣德璟中興一統鏡。
陳燕翼思文大記。一曰三山野録、思文紀畧。
黄宗羲隆武紀年。
戴笠隆武紀畧。
李令晳福京大事記。
褚廷琯閩史。
紀文疇復書。
鄒式金閩事紀畧。
熊緯幸贛行程日記。以上記隆武朝事。
鄭逢玄隆永兩朝統紀。
錢秉鐙所知録。一曰夢南録。

周齊曾閩粵春秋。

劉湘客行在陽秋。

戴笠行在春秋。

王隼隆永編年。

瞿共美天南逸史。一曰粵遊見聞、東明聞見録。以上紀隆武、永曆朝事。

王夫之今上實録。

黃宗羲永曆紀年。

明心永曆紀年。

方以智兩粵新書。

阮旻錫粵滇紀録。

沈應旦粵滇小史。

魯可藻嶺表紀年。一曰盾頭隨筆。

金鐘皇明末造録。

胡欽華天南紀事。

羅謙殘明紀事。

劉湘客象郡紀事、南粵新書、粵事紀畧。

郭象雲武岡播遷始末。

楊在武岡播遷始末、安龍紀事本末。

周元初安龍事畧。

滄洲漁隱安龍佚史。

林日宣安龍紀事。

江之春安龍紀事。

屈大均安龍逸史。

嚴璋蜀滇檮杌、晋乘。

文安之黔記。

劉聯聲滇都記事。

鄔昌琦扈從日録。

劉蓶見聞録、狩緬紀事一曰萍滇信筆。

容溪樵隱求野録。

鄧凱生還紀事、滇緬紀聞、滇緬日記、遺忠録、也是録。

陳忱東寧紀年。以上紀永曆朝事。

黃宗羲魯紀年。

佚名監國紀年。

錢肅圖尊攘略。

于穎今魯史。

吴鍾巒文史。

周齊曾魯春秋。

查繼佐魯春秋。

戴笠魯春秋。

余增遠魯曆。

李文纘魯書、井中録。

任廷貴魯王紀事。

楊文瓚島史。

李國經明季逸史。

沈應旦魯閩小史。

周容滃志。

滃洲老民海東逸史。

錢士馨魯國通表。

韋全祉魯監國宰臣卿寺年表。以上紀監國魯王朝事。

吴蕃昌三朝大事記。

林時躍甲申以後丹史。

彭孫貽明史紀事本末補編。

鄒統魯明逸編。

魏禧存信編。

林賓芝園樵史。

李文靖南疆遺事。

查繼佐東山國語。

沈起東山國語補。

韓日箕日昃月虧録。

徐樹丕明季大臣年表。

沈東生三朝宰輔年表、封爵年表。以上紀弘光、隆武、永曆三朝事。

文秉甲乙事案。一曰聖安本紀。

沈國元大事記。

許重熙明季甲乙兩年彙畧。一曰東村八十一老人明季甲乙彙編。

吳肅公甲乙存録。

李清三垣筆記。

吳邦策甲乙國變録。以上記崇禎弘光兩朝事。

朱素庵明史記、明綱目、明紀事本末。

雷叔聞國史。

譚遷國榷。

查繼佐罪惟録。

張岱石匱書、石匱書後集。

黃宗羲明史案。

鄭之珖明書。

沈起明書。

萬斯同明史稿。

吳炎、潘檉章明史記。

張自烈明史綱目。

吳鍾巒皇明紀事本末。

林時躍明史大事紀聞。

徐鳳垣明史大事紀聞。

林廷擢明史綱目、明史考議。

莫以寅明史綱。

任元忠明紀全録。

何絳皇明紀畧。

吳應箕國朝紀事本末。

潘國瓚明帝紀鈔。

李可贄明事紀畧。

姚宗昌皇明鑑始。

吳邦策國緯。

周士儀通紀野獲。

楊嗣龍國乘紀要畧。

紀許國广史。

沈國元皇明從信録。

顧炎武皇明修史備文。

林時對繭庵逸史。一曰明小記荷鍤叢談。

薛寀皇明聖朝守在編。

黃宗羲明季災異録。

方孔炤識大録。

劉振識大録。

許重熙國朝殿閣部院大臣年表、歷代年表。

陳龍可皇明十六朝廣彙記。

錢謙益太祖實録辨證。

戴重和陽開天記。

陳許廷洪永紀事本末。

錢士升遜國逸書、遜國遺事。

許元溥遜國史及。

劉日杲建文陽秋。

曹參芳遜國正氣紀。

劉廷鑾建文遜國日表。

戴笠永陵傳信録。

許重熙憲章外史續編。一曰五陵注畧。

賀王醇讀憲章録。

劉心學四朝大政録。

張自烈四朝大事記。

黃道周神宗皇帝實録。

韓在神宗實録鈔畧。

文秉定陵注畧、先撥志始、先朝遺事。

沈國元兩朝從信録。

錢謙益三史備言。

陳盟三朝紀畧。

李遜之三朝野記。

顧苓三朝大議録。

顧炎武熹廟諒闇記。

文秉啓禎野乘。

姚宗典啟禎存是録。

朱鑑兩朝見聞雜記。

文秉烈皇小識。

王世德崇禎遺録。

錢士馨崇禎遺録。

許重熙崇禎大事紀畧。

李遜之崇禎朝紀事。

佚名崇禎長編。

馮夢龍甲申紀事。一曰甲申紀聞紳志畧。北事補遺。

朱統鈉崇禎遺詔事實。

吳之璋崇禎事畧。

劉宗周甲申慟哭記。

楊士聰甲申核真畧。

王永壽甲申日記。

孫奇逢甲申大難録。

張爾岐甲申紀聞。

錢士馨甲申傳信録。

李延昰崇禎甲申録、甲申因話録。

董説補樵書。一曰甲申野證。

趙御衆傳信録。
顧苓國變紀聞。
錢邦芑甲申燕都紀變實録。
陳方策京師塘報、國諱忠奸録。
朱東觀崇禎朝詔疏。
陳盟崇禎閣臣表。
俞汝言崇禎大臣年表、卿貳表。以上紀明代事。
毛晋重刊十七史。
儲懋時二十一史編年紀傳。
鄧旻廿一史提要。
盛國芳廿一史纂注。
顧炎武二十一史年表。
吴應筳廿一史異同考。
陳子龍、徐孚遠史記測義。
費密史記補箋。
黄文焕批史記漢書審索。
趙濤後漢書札記。
吴銘訓三史異同考。
陳周二史備問。
蔣之翹晋書别本。
李清南北史合抄。
王泰徵五代史嘆。
錢邦芑五代史注。
劉同升删改宋史。
文德翼宋史存。
許重熙宋史增定新編。
黄宗羲宋史叢目補遺。
錢士升南宋書。
彭士望手評通鑑。
儲懋時通鑑編年。

談允厚通鑑胡註補。
嚴衍資治通鑑補。
林皋通鑑綱目大成。
張爾岐通鑑綱目後語。
吴雲綱目注。
羅維善綱目發明。
芮長恤綱目分注補遺、綱目存疑。
林如源綱目集要。
林日宣綱目外傳。
馮夢龍綱鑑統一。
聶慎行歷朝鑑補。
朱東觀綱鑑正業全書。
劉晉康綱鑑郛畧。
梅巨儒史鑑大事録。
馮光璧綱鑑貫珠録。
徐樹丕中興綱目。
馬謙心史大綱。
張自勳綱目續麟較正凡例附録彙覽。
吴士品宋元通鑑。
嚴衍宋元通鑑補。
談允厚宋元通鑑注。
俞汝言宋元舉要曆。
魏閥元代鑑統。
陶鴻祚重編元通鑑綱目。
姚士粦北魏春秋、後梁春秋。
吴應筳三唐編年。
孫雙轂唐紀。
費密歷代紀年。
翟振龍歷代紀年。
王應憲歷代帝王紀要。

許重熙邃古通畧。
包萬有編年合録。
傅占衡編年國策。
宋存標國策本論。
費密古史正。
揭暄帝王紀年。
包蒙吉古史補。
孫慤、孫瑴、嚴首昇後三代史。
孫和斗東周通紀。
董説七國考。
徐鳳垣歷代傳是録。
胡震亨靖康咨鑑録。
錢謙益重輯桑海遺録。
萬斯同庚申君遺事。

右正史類

姚康評貨殖傳黄巢傳。
陳子龍史拾載補。
裴嶰諸史或問。
陳允衡古人幾部。
張儁三蔀畧。
施永圖歷代紀異。
馬應禎讀史災異録。
吴與湛災祥考。
黄宗羲歷代甲子考。
顧天錫歷代改元考。
徐枋建元同文録。
丘民瞻紀元録。
萬斯同周正彙考、歷代紀元彙考、補歷代史表。以上紀歷代事。

顧炎武南都時事。

顧苓金陵野抄。

張怡金陵私乘。

史玄舊京遺事。

談遷金陵對泣録。

戴笠南都大畧、南都雜著、南都愴見録。

錢光繡南渡紀事。

俞允懷南渡野記。

儲懋端留都見聞録。

陸上瀾南渡野記。

佚名江南聞見録。

陳貞慧過江七事。

文秉前星野語。

夏完淳續幸存録。

韓宗騋再變紀。

梁以樟經理山東河北中原紀。

佚名京口揚州變畧、淮城紀事。

張天民淮城日記。

李實出使録。

盧渭戢兵紀畧。

應廷吉青燐屑。

史德威維揚殉節紀畧。

王秀楚揚州十日記。

周廷英瀨江紀事本末。

吴适季末思生録。

許元溥吴乘竊筆。

朱明德句吴外史。

佚名吴城日記、蘇城紀變。

蔣臣桐畔紀異。

姚康忍死録。

陸世儀鄉國紀變。

呼谷燼餘前録。

吕於韶桑梓籌難記。

姚嫣俞再生餘事。

袁繼咸潯陽紀事。

佚名使臣碧血録。

陳洪範北使紀畧。

左良玉請誅馬阮疏、請除君側檄文。

阮大鋮蝗蝻録、續録、蠅蚋録。以上紀弘光時事。

沈應旦閩小史。

林佳璣福京遺事。

華廷獻閩事紀畧。一曰閩遊月記。

許令瑜孤臣述。

蔡在新薪膽紀畧。

謝宮錦蘆中春秋。

陳有祚陽九春秋。

張自勳建陽紀事。

毛鳳彩戰守捷功録。

鈕應斗野史亭賸録。

戴貞會山居内外篇七函。

葉紹袁甲行日注、湖隱外史。

施世傑酉戌雜記。

葉繼武乙丙日記。

李模木居士憤言。

王煒喈史。

朱子素嘉定屠城紀畧。一曰東塘日劄。

蘇瀜申酉聞見録。一曰惕齋聞見録。

陸時□乙酉紀事。

侯玄瀞孤臣泣血録。

閻應元和衆乘城畧。

許重熙江陰城守記。
黄晞江上孤忠録、死守孤城記。
季承禹澄江守城記。一曰乙酉紀事。
張湯問康城兵事。
江天表感義扶喪記。
李維樾折衝紀述。
李兆星浙東紀事。
黄斌卿東南紀畧。
羅鴻草閣陽秋。
周岐嗜蒙難紀事。
劉九嶷髮聲存年。
黄宗羲贛州失事記。
康范生虔事始末、贛州乙丙紀畧、江人事記、倣指南録。
易學實贛州乙丙紀畧。
彭孫貽湖西遺事、一曰紀事。虔臺逸史、一曰節畧。嶺上紀行、客舍偶聞、茗齋雜記。一曰舊聞録、大僕行略。
潘國瓚入虔記。
黄晉良井上述古。
莫秉清上海亂畧。
佚名惠潮兵紀。
潘馴丙戌紀事。
費密蠶北遺録。
黄宗羲沙定洲紀畧、紹武爭立記。以上紀隆武時事。
殳京閩粵外史。
郭都賢楚事畧。
章曠楚事紀畧。一曰楚寇紀畧。
蒙正發三湘從事録。

郭良史滇黔近事。
韋人龍滇黔逸事。
錢邦韶野史紀事。
陳彌高西山樵史。以上紀隆武、永曆時事。
丁大任永曆紀事。
王隼兩粵新書。
李永茂蒙難記。
華復蠡兩廣紀畧。一曰粵中偶記。
林時躍粵事徵信録。
林溶野記。
易奇際逸紀。
馬光兩粵夢遊録。
劉湘客粵遊紀聞、野筆、日記。
錢秉鐙琴江雜記。
劉湘客、楊在、綦毋遂象郡記事。
佚名桂林留守始末。
王孫簡天南紀事。
黄晋良桂林筆録。
瞿玄錫庚寅始安事畧。
瞿昌文粵行紀事。一曰粵行小記、粵中紀程、粵中紀事。
冷日昇龍州扶櫬記。
徐世溥江右紀變。
陸世儀江變紀畧。
全鳴時壁記。
曹大鎬化碧録。
王睿定番殉難紀事。
鄭之玭紀難。
何是非風倒梧桐記。
嚴瑋晋乘。

陳舜系亂離聞見録。

胡璇南疆紀事。

汪郊滇南日記。

黄向堅尋親紀程、滇還日記。

楊在孫可望脅王始末、犯闕始末。

佚名興兵始末、入寇始末。

楊德澤楊監筆記。

顧開雍滇南紀事、丙申日記。

楊在朱容藩亂蜀始末。

祝之至蜀事記。

鄒簡臣壬辰紀畧。

劉廷琦入蜀紀畧。

林習山明季紀事。

黄宗羲賜姓始末。

楊英先王實録。

唐顯悅天涯紀事。

阮旻錫海上見聞録。

張煌言北征紀畧。

駱亦至島史。

楊期演島上紀事。

佚名閩海紀畧。

沈光文流寓考。

許旭閩中紀畧。一曰閩以上紀永幕紀畧曆時事。

徐芳烈浙東紀畧。

黄宗羲行朝録、瀨外録、舟山興廢記、四明山寨記、瀨外慟哭記、日本乞師記。

朱金芝、何衡朝野日録。

吕章成野述。

祁駿佳遯翁隨筆。

朱金芝聞變録。

張岱鵑舌啼血録。

王玉書善徵録。

黄宗炎存疑集。

邵泰清甲子紀畧。

徐鳳垣且存録。

高斗魁徵信録。

沈進行國録。

張煌言四明紀事。

馮京第浮澥記。

高斗權澥疆紀畧。

任廷貴航澥遺聞。一曰明季續聞、續明季遺聞。

張在宥舟山雜記。

佚名舟山始末。

余颺莆變紀事、蘆蜡識小録。

華夏過宜言。

張茂滋餘生録。

陳士京澥年譜。

朱之瑜陽九述畧、安南供役記事。以上紀監國魯王時事

鄒澋三朝備要。

陳煌圖甲子編年。

鄒漪明季遺聞、遺聞拾遺。

佚名明亡述畧。

葛芝紀年前録、續紀年録。

侯歧曾江湖亂筆、丙丁雜志。

余懷汗青餘語。

顧苓三吴舊語。

戴笠則堂紀事。

許學桑海經。

程封石門確史。

項起漢外史。

戴本孝前生録、餘生録。

萬應隆天禄閣外史。

許楚新安外史。

吴晉錫孤臣泣血録一曰半生自記。

沈楫楚事紀畧。

申艇見聞隨筆。

易三接永州野史畧。

歐陽直紀亂。

劉道開痛定録。

沈荀蔚蜀難叙畧。

佚名紀事畧。

惲日初野乘。

雷鳴春桂林田海記。

佚名滇南外史、滇寇紀畧。

錢邦芑焦書。

陳子英見聞偶記。

歐中蘇抱國焦書。

周容明季綫。

潘居貞鞠旃小史。

韓昌箕日昃月虧録。

邵泰清忠孝見聞録。以上紀弘光隆武、永曆、監國魯王時事。

李清明史雜著。

張怡玉光劍氣集、謏聞隨筆、續筆。

吕毖明朝小史。

陸圻陸子史稿。一曰纖言。

紀許國广史、焦書。

李山明通事案。

葉奕苞允明廣記。

徐昌治昭代芳模。

張岱史闕。

鄭達野史無文。

涂伯案留史。

陳弘緒留書。

何繪樵史。

鄭敷教吾猶及。

李鄴嗣可考録。

彭孫貽海濱外史。

李延昰南吴舊話録、雲間舊話録。

錢謙益開國羣雄事畧。

吴之器革除遺事。

俞汝言弇洲三述補。

吴應箕三大征本末、庚辛壬癸録、啟禎剥復録、留都見聞録、南都應試記、盛事集。

曹學佺野史紀畧。

黃宗羲續時畧。

黃煜碧血録。

楊廷樞全吴紀畧。

楊維垣薙稗録。

虞廷陛天鑒録。

王心一風塵紀録。

曹玭閒思往事。

朱茂曜兩朝識小録。

葉紹袁啟禎見聞録。

蔡憲陛天崇軼事。

姚宗典啟禎存是録、門户志畧。

徐肇台甲乙丙丁紀政録。

吴非續丙丁龜鑑。

孫奇逢兩大案録、乙丑紀事。

方震孺禍谿録、報恩録、遼事始末。

黄宗羲邪氛録、虐政録、倒戈録。

吴應箕東林本末、交友録。

蔣平階東林始末。

夏允彝幸存録。

黄宗羲汰存録。

巢鳴盛汰存録紀辨。

鄒之麟先朝逸事。

文秉先朝遺事。

吴甡憶記。

蔣德璟慤書一曰召對日記。

王應熊雪程記。

李日宣清禄始末。

侯峒曾都下紀聞。

楊士聰戊寅紀事、玉堂薈記。

史兆斗鳴冤録。

葉應甲進香述事。

馮舒虞山妖亂志。

龔立本烟艇永懷。

朱長祚玉鏡新譚。

吴亮思山居謝客編。

彭孫貽山中聞見録。

花村看行侍者談往。

吴應箕復社姓氏。

陸世儀復社紀畧。

華渚復社紀事。

潘凱復社或問。

吴甑復社同人姓氏録。

吴殳流寇長編、一曰寇事編年。撫膺録。

戴笠、吴殳懷陵流寇始終録。

李確流寇志。

彭孫貽流寇志。一日平寇志。

李嵩平寇紀事。

俞汝言寇變畧。

徐善流寇紀年。

周燝守城日記。

黄日芳辦賊紀畧。

張士亨平寇紀畧。

楊復亨遇亂記。

孫沅野史畧。

李養仲延長紀事録。

李顒歷年紀畧。

張道濬從戎始末、兵燹始末。

梁以樟中原遺記。

韓昭宣寇徐紀事。

高謙中州戰畧。

李光壂守汴日志。

白愚汴圍濕襟録。

朱儼鑨檮杌紀畧。

楊山嵩孤兒籲天録、召對紀實、被難紀畧。

楊山梓辨謗録。

萬元吉籌軍録。

高斗樞宦歷漫記、三楚舊勞録、存漢録。一日守鄖紀畧。

趙士錦北歸紀畧、甲申紀事。

馮夢龍燕都日記。

李遜之闖賊犯北罪狀、北變紀事。

程源孤臣紀哭。

陳濟生再生記畧。

沈國元再生紀畧録。

趙僎甲申日記。潘江桐變日録、皖桐舊事録。
史惇慟餘雜記。一日痛餘雜録。周繼聖慘然録。
劉尚友定思小記。林銘球監軍紀畧。
吳邦策燕都志變。一日遇變紀畧、燕都識餘。國費密荒書。
變録、破夢閒談。一日遺事瑣談。李馥榮灩澦囊。
張聖型燕臺録。黃霖蜀紀畧。
陸世儀甲申臆議。康斌江津守城日記。
祖心甲申紀變録。李樞續荒書。
錢守俊燼宫遺録。王開禧山城紀事。
于重慶思痛紀畧。朱一馮福寧定亂紀事。
丁耀亢出劫紀畧。符離弭變紀事。
鄭與僑客途紀異。曹履泰靖海紀畧。
陳以運守淦記。黃斌卿平妖實紀、銅塞實歷。
蔡官治湖南紀事、剿寇録。錢謙益東陽兵變。
方都韓五捷紀。馬士英永城紀畧。

郭之奇剿防合記。
張宗岱兵荒紀畧。
謝泰宗西征志。
彭孫貽西人志。
梅之熉西征曆。
張鏡心平蠻紀事。
李日宣平回始末、勤王檄稿。
費密奢寅紀亂。
郭九有平猺記。
汪之光撫黎本末、全澄心血。
謝琯新平水西紀畧。
祁彪佳東事始末。
李清袁崇焕計斬毛文龍始末。
陳之伸疆事紀要。
傅國咸平平平譜、紫蒙祕記、昌國艅艎、咸平陽秋。
高承埏寶坻全城記。
何平高密全城記。
謝三賓視師紀畧。
宋劼過海紀畧、還萊始末。
高起濳東征紀。
孫和斗國恤家冤録。
余大成剖肝録。
毛霦平畔記。
李世熊狗馬史記。以上紀明代事。
黄以陞古史。
嚴首昇後三代史。
張元拱秦漢王侯雜記。
李清南唐書合訂。
毛先舒南唐拾遺書。

錢謙益北盟會編鈔。

丁耀亢天史。

張岱史闕。

周士儀通紀野獲。

洪思洪圖六史。

何冷樵史。

王璣信書。

顧天錫戒史。

張自烈孤史。

羅鴻疑史。

孫雙轂庸史。

楊履圜庸史。

錢邦寅歷代徵信編。

宗元預讀史識小録。

王昌紀甲子會紀。

蔡文琳龜山實録。

陳之伸闕里書。

王永積梁溪軼事。

計南陽五茸雜記。

吴非池事未盡録。

趙士喆萊史。

朱里青萊續史。

鄭與僑濟寧遺事。

朱儼鏴郢書。

邢祚胤桃源拾遺。

荀廷詔蜀國春秋。

郭鈺古越書。

錢士馨續越絶書。

董説潯書。

談遷棗林外索。

黃宗羲姚江瑣事。屈大均廣東新語。以上紀歷代事。

林霍續閩書。

右雜史類

朱儼鑅讀史問疑。吳希哲刪評二十一史。

曹珖史解、史評。王寢大史綱鈔。

胡世賞閱史載筆、閱史隨筆。王夢鼎歷代名言摘懿。

徐憲卿讀史紀要。蔡元宸史論。

鄭二陽史取、五代史鈔。侯鼎鉉廣史懷。

寇慎歷代史彙。王泰徵史蠹。

陳述知讀史偶見。宮偉鏐州世說。

汪漸磐宋賢事彙。宋存標史疑。

冒起宗拙存堂史括。吳炎、潘檉章國史考異。

葉紹袁讀史碎金。潘檉章壬林。

高弘圖史記論事、綱目別見。郭紹儀史諾。

楊櫝讀史管窺。

陶珽續史懷。

何陛史辨。

黃景昉經史要論、左史唯疑、讀史唯疑、國史唯疑。

顧錫疇綱鑑正史約。

吴甡安危注。

曹勳通史記畧。

鄭賡唐古質疑、兩漢語林。

王命璿虞石史論、古今傳贊。

錢繼登經世環應編。

吴載鼇十七史葺。

李清正史摘奇、外史摘奇、史畧正誤、諸史同異録、澹寧齋史論。

陳天定嵩石軒讀史。

艾南英古今全史。

胡夢泰讀史書後。

彭期生名賢論世畧。

周二南史芳。

俞墨華史渡。

余垣史學析疑。

林志遠歷代史白。

張溍夫十七史撮要。

黃日芳史別、史拈。

黃雲師正史鉤英。

郭之奇稽古篇。

堵胤錫史綱。

潘應斗白石山史評補。

張自烈史辨、函史考信録、歷代名臣奏議評定、金冢宰古方畧。

李貞逸民傳贊。

陳盟三朝正論。

張家玉歷代帝王説、名臣論贊。

孫嘉績五世傳贊。

徐孚遠十七史獵俎、唐書獵俎。

余颺蘆蜡史論。

曾益函史纂要、古今論大觀。

秦祖襄正史約編。

梅之熉萍廬史論寄言。

陳子龍史拾載補。

劉晉康綱鑑乳畧、蟫史。

査繼佐通鑑嚴史論。

王開元讀史臆見。

李國標讀史等。

陳學益通鑑纂要。

張以邁讀史要言。

李洪雯讀史管見。

黃鼎鼐三史通。

朱四輔讀史先資。

史奕楠讀史悶全編、歷代史論。

龔三級讀史摭異。

侯岐曾史記偶筆。

法寰通鑑約。

徐鳳垣十七史林。

陳寶鑰緑野堂評史。

張岱明越中三不朽圖贊。

鄭德瀟定雲樓史統。

鄭溱正統萃書。

王仕雲論史異同。

朱東觀史彙。

王餘佑通鑑獨觀。

侯保讀史心見。

黄淳耀史記質疑、史記評論。

張履祥讀史偶記。

沈昀綱目質疑録。

陸世儀讀史筆記。

張怡史絜。

李顒二十一史糾謬。

蔡啟胤鑑觀録。

王夫之讀通鑑論、宋論。

顧天錫史記戒史、二十一史評論。

彭士望手評通鑑。

張自勳廿一史論斷。

汪佑讀史筆記。

柴紹炳通考纂畧。

俞汝言宋元舉要、閏史掇遺。

王徵歷代發蒙。

甘京通鑑類事鈔。

費密古今篤論。

詹明章班馬合抄。

錢肅潤史論一編。

吴龍禎勿庵史抄。

顧文亨諸史石言。

孫蘭柳庭人紀。

王大經史論。

徐枋讀史雜抄、讀史稗語、通鑑紀事類聚。

陳貞慧皇明語林。

楊無咎論世。

朱明鎬書史異同、新舊異同、史典、史幾、史畧、史風、史游、史嘉、史芸、史異、史最、史俳、史譬、史粲、史糾。
吴殳史論。
萬應隆三峯史論。
章愷二十一史童觀集、閱史偶談。
傅占衡漢書蹠言。
賀貽孫史論。
涂斯皇古論。
涂斯昌史論。
顧景星讀史集論。
吴道行讀史闕疑。
車以遵史繫。
談遷史論。
胡震亨靖康咨鑑録、文獻通考纂。
彭孫貽茗香堂史論。
董説史記脈。
張岱史闕。
李鄴嗣漢語、續漢語、南朝語、補世説。
黄居中論世録。
曾燦垣史纂。
孫學稼十六國年表論。
李世熊史感。
紀文疇史勺、史勺補。
楊晋綱鑑撮最。
宗元預史論。
張司璿林屋史抄。
沃起鳳史匯解、史論。
郭允觀尚論篇。
史以甲文獻通考鈔。
王光魯閱史約言。
李濳昭半萬樓史要、史要論。

范荃讀史小識。
高廷獻史段類抄。
劉心學明史摘要。
許元溥讀史通。
文枅閱史。
沈國元廿一史論贊。
顧苓讀史無通。
吳翻讀史存信存疑。
吳與湛史概、殉節忠臣贊。
沈以介讀史貫索。
葉樹廉論史石鏡。
何泠古史綱目鈔。
儲懋時廿一史紀傳詳節。
周廷求廿一史纂。
王鐕史論。

吳天放史傯。
趙相如史約、鑑畧。
姚亮讀史辨疑。
王延造廿一史説、史學三筆。
戴思孝閱史隨筆。
吳肅公明語林、讀書論世。
梅巨儒史鑑大事録。
江杏史綱彙説。
謝生蘭綱鑑洞觀評語。
蕭名韻讀史眼。
萬爾昇史求。
李春期通鑑彙纂。
何惺綱鑑提要。
胡維宗讀史新編、讀史新論。
潘遊龍宋元史刪。

楊德遠史辨。

嚴首升談史。

李嘗之古今評史。

周士儀史貫。

嚴武順廿一史手鈔。

張佑民史畧、史論。

張次仲史記鈔、晋書纂。

朱一是史論。

陸嘉淑史論續。

陸啟浤讀史經世譜、讀史十部。

陳許廷漢書雋。

陳忱讀史隨筆。

韓昌箕歷代史衡。

潘之京史憶。

董樵史測。

許重熙歷代通畧。

聞性善歷代正史挂一編。

陣廷宣讀史偶録。

陳星羲芝山讀史論。

吴孔錡明史約。

鄭郊史統古論。

陳有祚史懷參。

林如源綱目纂要史評。

梁歧超史評。

張贊宗史評。

王夢弼綱鑑紀要。

黄以陞史説萱蘇。

陳國典史宗。

黄登歷代嘉言。

彭釬世紀史抄、諸史彙抄、讀史鑑法。

林皋論史。

梁祐逵史眉。

吴古懷宋遼金元四史刪。

趙爾折廿一史詳斷。

單允昌漢書注鈔。

龔立本遼事類鈔。

羅伏龍論世編。

顧所受閱史隨筆。

彭文咸古代人物衡。

梁希皋史記輯畧。

胡從治史論。

金士升史畧。

李慕魁讀史臆説。

劉日杲開國功臣贊、甲申十八忠臣贊。

郭其昌史評。

孔大德史評。

錢栴史尚。

王昌紀讀史掄珠。

汪溥丹石齋史論。

蔡憲陛史疑。

蕭士熙史評。

陳應橡史畧。

楊九垓廿一史類纂。

陳子英明紀撮奇。

張應鼇中興金鑑。

唐達史學訂疑。

何治仁史衡。

張機鑑畧。

沈濳諸史人物第一。

王之璽史辭。

游時祺史遺。

徐奇歷代史論。

潘之京史憶。

錢肅史論。

董樵史測。

夏煒通史。

項煜論世編。

曹煒兩晋南北朝史腴。

王璲十七史删評。

儲顯祚歷代史斷。

陳鑑綱鑑總論。

徐永貞十七史枕中祕。

陳之伸史記鉤玄。

徐昌治通鑑燦。

郭必昌讀史偶見。

陳喆歷代史問。

袁彭年史屑。

施遠宋逸史鈔。

程雲翼雪牕論世、史畧臆評。

林辰史删。

戴羲廿一史論斷。

林迪杞窗讀史。

王之楨史局通論。

張嘉允文獻彙編。

馮遵祖廿一史論。

朱觀賓及闕編。

右史鈔類

孟紹虞金華殿中語。

李日宣枚卜始末。

于仕廉海運籌畧、修城通河救荒書。

張福臻秦事鏡、秦中煮粥事宜。

張爾忠砭漕八策、平臺召對紀畧。

鄭二陽理邛仁政太目。

蔡官治廣救民全書。

王象晋保境集議、星署紀言、春曹紀言、救荒成法、鹺政紀畧。

石文啟守瀛録、理建録。

郭胤厚會計册。

朱國盛漕鏡、南河志。

岳淩霄萬曆田史。

汪砢玉古今鹺畧、鹺畧補。

梁斗輝馬政書。

單崇餉政考。

劉宗周中興金鑑録、保民訓要。

楊士聰玉堂薈記。

侯峒曾江西學政全書、嘐城救時急務録。

張弘道科名盛事録。

夏允彝保甲書、同書會徵糧法。

蔣臣皇明薦舉考、足國裕民考。

祁彪佳救荒全書。

王健經濟乙編。

李實憲章録。

石啓明理檀録。

蔣德璟中興一覽鏡。

黄景昉館閣舊事、御覽備邊册。

徐人龍守虔經畧、留虔紀實、監剿隨記。

熊明遇中樞集畧。

張鏡心馭交記。

唐顯悦樞曹政畧。

葉廷秀、盧世㴶德濮就正録。

林銘几鹺規。

吴孔嘉臣鑑彙編。

吴易富强要覽客問。

倪會鼎治格會通。

韋際明徵獻録。

夏時傅朝制見聞畧。

黄日芳辨賦畧。

章世純治平要畧。

何家駒華亭海塘紀畧。

朱健古今治平畧。

饒元珙經世實義。

蔡鼎邊務要畧。

錢潤徵大政廣考。

陳子壯秋痕。

郭之奇視學中義。

堵胤錫權政記畧。

湯來賀粵東鄉約全書。

羅大任金殿説約。

張自烈宦寺賢奸録、黨戒録。

陳邦彦中興政要書。

劉斯潔太倉考。

郭允觀經世策。

陳計長六政臆言。

張國維中興任賢從諫録。

張肯堂保黎録。

楊德周荒政紀要。

沈廷揚海運書。

馮京第中興十二論。

屈大均中興六大典。

朱天璧掌録。

周斯治河書。

朱茂暉棘闈記。

李瀅經濟考。

沈潛歷朝政務。

許元溥古吴文獻。

陳瑚開江築圍説、荒政全書。

王焕如吴中水利全書。

謝文洊大臣法則。

史玄鹽法志。

王弘撰屯田議。

朱子素吴疁文獻。

顧炎武官田始末記。

吴肅公中邊圖制考。

薛鳳祚海運篇。

王雲鵬三才紀異。

費密歷代貢舉合議。

樊夢斗屯海八議。

劉振廟算。

韓霖救荒全書。

胡震亨歲華紀畧。

劉丁歷代典畧。

陸嘉淑藩鎮録。

吴雲歷朝正議。

朱金芝賑荒議。

顧天錫選舉史。

李鄴嗣砌里文獻録。

蔣又滋心政簡要。

陸陛經世驪珠。
徐繼恩經濟指南。
姚士粦蓮花幕記。
金鏡中興時政鏡。
許重熙歷代通畧、兩朝大政紀要。
張應鼇中興金鑑。
程鶴翥闡務全書。
吴應箕國瑋。
丁燿榷淮畧。
卓爾康禮樂郊廟財賦漕運錢法官制六要會要、河渠議。
陳龍正陽明鄉約法、保舉法、墾荒兆行、救荒策書。
顧咸建保甲事宜、救荒答問。
周宗彝修備紀畧。
顧鳳正救荒書。
郝愈救荒餘記。
龍孔然拯湘録、墮糧逸案。
何治仁太平金鏡。
蔡奕琛德清均田折田議。
唐世濟荒政紀事。
陳之伸國家掌故。
周昌晋福建鹺政全書。
林瀾古今名臣經濟録。
儲懋端酒政商。
儲顯祚籌邊紀畧。
朱元英治河要畧。
徐開法漕政考。
盧爾惇皇明經世。
黄元驥泮西轉運畧。

右故事類

李日宣太僕寺志。

郭尚友繕部紀畧。

于仕廉職掌録。

荆之琦北新關志。

盧上銘辟雍紀事。

徐石麒官爵志。

劉宗周憲綱規條。

黄景昉館寮志。

吴載鼇古今銓宰問答。

李長春憙宗七年都察院實録。

王廷垣明名輔考。

韋際明官制考。

夏時傅大官丞紀事。

王龍賁頌爵編。

陳璠育賢館志。

陳盟崇禎閣臣年表。

俞汝言左氏晋軍將佐表、漢官差次考、明大臣年表、崇禎大臣年表、卿貳表、南京兵部車駕司職掌、品級廣考。

劉振工部志。

彭孫貽儀部條議。

萬斯同歷代宰輔彙考。

張可仕南樞志。

王焕如蘇州府學志。

李焕章科道姓名録、狀元考。

許重熙明殿閣部院大臣年表。

郭承昊錦衣衛志。

蔡文琳明輔典畧。

右職官類

蔡官治禮法删煩。

李實明禮紀畧。

黃景昉古今明堂記。

李清補明謚考。

梁朝鍾家禮補牋。

何三省帝后尊謚紀畧。

劉城古今廟學記。

鄧凱天潢謚。

黃宗羲黃氏喪制。

孫奇逢家禮酌答問、日譜。

趙士喆皇綱録。

沈潛私擬官制。

蔡方炳銓政論畧。

張履祥喪葬雜録、葬親社約。

陳瑚薦先祀神權定禮。

宋之盛喪禮訂誤。

張時爲喪禮去非。

汪佑家禮儀節。

朱之瑜釋奠儀注。

俞汝言謚法考補、禮服沿革考。

王之徵祀要考畧。

甘京家禮酌宜。

毛先舒喪禮雜説、嘗禮雜説。

萬斯同廟制折衷、喪禮辨疑。

耿極王制管窺。
寧浤丁祭考議。
黃居中文廟禮樂志。
賴良鳴明倫典則。
韓洽士庶儀禮。
蕭名韻文廟禮制畧。
丘民瞻家祭約儀。
徐震亨孔孟二廟從祀考。
俞粲喪禮報本書。
劉應期家禮正衡。
孔興綱家廟禮則。
萬實家禮節要。
余藩卿家居四禮。
沈士鑑孔廟從祀源流。
吳肅公廣祀典議。

右儀注類

李日宣按豫勿喜録。
石文器棘寺讞録。
毛士龍毛氏爰書。
傅國咸平刑書。
黃正賓國朝當機録。
陳咨稷愼刑箴。
張爾忠知漳罪畧。
熊鳴岐鼎鐫欽頒辨疑律例、昭代王章。
王象晉佐濟刑書。
徐時勉澄城政畧。

許鳴遠治湖録。

何應瑞江藩政畧。

成勇李署炯鑒録。

黄承昊律例析微、讀律參疑、律吕互考。

祁彪佳按吴紀實。

周燦西巡政畧。

張國士治藁紀畧。

林有麟刑戒。

路進守湖輯要、治苕八法。

周應期江州計過録。

李清折獄新法。

梁朝鍾輔法録。

尹民興涇政。

彭期生豫章雒下留李爰書。

陸自巖守苕血譜。

陸自嶽祥刑指要。

沈正中署司末議。

吴煌甲慎刑録。

王化澄蒙城政畧。

堵胤錫沚政八箴。

湯來賀廣陵敬慎録、廣陵欽恤録、廣陵東粤政畧。

羅鴻李延七疏爰書。

楊嗣龍中北城讞語。

史奕楠治衢詳著。

張肯堂罃辭。

袁州佐存湖録。

彭孫貽提刑通要。

丘民瞻大誡篇。

陳龍正政書。

屠象美讀律揭。

周鑑祥刑二要。

右刑法類

李清諸忠紀畧。

姜埰正氣集。

高承埏自靖録。

葛世振昭忠録。

趙庾殉節諸臣録。

林時對表忠録。

陳濟生忠義録。

陳邦彦留丹録。

張自烈成仁録。

錢肅潤南忠記。

林時躍丹史。

趙最汀李爰書。

查繼佐國壽録。一曰知是編。

高宇泰雪交亭正氣録。

李延罡四朝成仁録、明季殉難諸公傳、諸鎮列傳。

屈大均皇明四朝成仁録。

郭都賢國殤紀畧。

涂伯案授命録。

錢邦寅南忠録。

彭孫貽殉難忠臣録、甲申後亡臣表。

戴笠殉國彙編、外編、發潛録、耆舊集、骨香集。

吳坰忠節紀。

楊坤表忠録。

萬應隆三峯傳稿。

陳盟崇禎閣臣行畧。

蔡鼎孫高陽前後督師畧、孫愷陽先生殉城畧。

蔣平階畢少保傳。

盧象觀盧司馬殉忠録。

王捷高邑侯忠烈志。

崇端五忠録。

郝明龍太僕褒忠録。

桑日昇江門遺事述。

王業隆忠烈考。

徐懋賢忠貞軼紀。

李長祥甲申廷臣傳。

戴貞會甲申殉難諸臣傳。

錢邦芑甲申忠佞諸臣紀事。

吳邦策甲申忠奸實録。

鄭與僑日光爭光集。

劉文炤一門殉難紀畧。

姜埰紀事摘謬。

祝淵吳太嘗殉節實録。

申涵光旌忠録。

張羅喆保定張氏殉難録。

顧苓南都死難紀畧、三大忠行實。

范燮齊南都記。

林時對留補堂纂乙酉以來殉國十二臣傳。

羅伏龍大生記。

林明儁、劉道開三忠傳。

黃宗羲劉子行狀。

惲日初劉忠正公行實。

祁理孫、祁班孫先大夫世培府君行述、殉節述。

曹夢元崑山殉難録。

張立平、張立廉玉峯完節録。

佚名盡忠實録。

朱貞善貞烈傳。

侯岐曾嘉定死事備考。

侯玄汸侯文節公行實類志。

張應錫識忠録。

談允謙闡幽録。

何冷孤忠志。

沈自駉亡友五君傳。

傅廷獻夢翁行録。

張怡白雲道者自述。

彭孫貽閩中死義諸臣傳。

謝杲青門節義録。

佚名愍忠録。

林琦倫史鴻文。

歸莊路文貞公行狀。

施世傑孫烈士傳。

許令瑜孤臣述。

彭孫貽太僕行畧。

徐以暹生平紀畧。

佚名周太僕忠烈傳。

王鏡小史。

劉遠生瞿留守傳。

劉湘客臨桂伯瞿稼軒傳。

蒙正發嶺表罪狀。

吳肅公姑山事跡。

陳啟相瀝膽將軍遺事記。

盧若騰浯洲節烈傳。

張在宥難遊録。

徐芳烈忠義録。

李文纘井中録。

徐鳳垣且存録、明山遺民傳。

李鄴嗣可考録。

邵泰清忠孝聞見録。

陳朝輔寧郡輔忠録。

楊德周寧郡輔忠傳。

林時躍、徐鳳垣、高宇泰甬上正氣録。（一曰荔堂西氣録）

潘居貞甬東餘氣録。

周容滃洲死事諸公傳。

章正宸海東餓夫傳。

劉沂春錢忠介公葬録。

黃宗羲張元箸事畧。

楊式傳楊氏葬録。

朱顯宗九死孤忠録。

何弘仁廢莪編。

陸嘉淑亡友録。

宋之盛江人事、江難述、求仁編。

萬䳮江人事。

易三接永州忠鬼録。

姜埰嚶鳴録。

張允掄續高士傳。

黃雲師巖棲志。

盛敬續高士傳。

高兆續高士傳。

許楚明遺民録。

戴貞會明季高士傳、先著遺民行畧。

陳蘭徵遺民閱清録。

陳貞慧山陽録、交遊録。

黄宗羲思舊録。

朱茂暉兩京求舊録。

金俊明闡幽録。

李生光友于集。

張僑與斯集。

查繼佐敬修堂同學出處偶記。

邵潛友誼録、引年録。

馮舒懷舊集。

鄭敷教交遊籍。

丘嘉彩三師友志。

陳恭尹先友傳。

蘇國珍樵寄垂後録。以上紀崇禎、弘光、隆武、永曆、監國魯王時人物。

錢士升皇明表忠録。

劉同升明名臣傳。

李若愚昭代名臣傳。

徐時泰明名臣政績。

徐開任明名臣言行録。

丘民瞻國朝名臣言行録。

熊人霖明臣録繹、相臣録繹。

朱素庵明名臣孝子隱逸節烈四編。

戴移孝明忠節傳。

李確明忠清隱林合傳、褒忠録。

朱鑑本朝生氣録。

俞汝言明世家考。

張士楷明儒林列傳。

張允掄續廉吏傳。

劉應祁忠孝録。

楊仕僎忠義録。

郭正中明孝友傳。

趙天騏續高士傳。

孫嘉績存直録。

錢謙益皇明開國功臣事畧。

潘國瓚六王世家、功臣列傳。

錢士升遜國表忠記。

周鑣遜國史記。

曹參芳遜國正氣紀。

任皥臣表忠記。

劉士焜報國録。

周濂學靖獻録。

李維樾、林增志忠貞録。

卓爾堪卓氏忠烈遺事。

劉城遜國貴池三忠録。

林時對五朝耆舊記。

張福臻劉杜二將軍傳。

陸嘉穎銀鹿春秋。

鄒漪啟禎野乘、啟禎野乘二集。

吳應箕熹朝忠節死臣列傳。

孫奇逢取節録。

韓范司馬紀畧、司空紀畧。

袁繼咸三立祠傳。

文秉姑蘇名賢續紀。

徐晟姑蘇名賢小記。

章夢易續同里先哲志。

任僎南闈足徵録。

冒起宗前徽録。

冒襄先世前徽録。

鄭二陽世德彙編。
朱茂暘闡德録。
王弘撰貞文遺事。
姚士粦吳少君遺事。以上紀明代人物。
楊廷樞尼山正史。
胡時忠孔庭神在録。
李獨明孔子世家、七十二賢列傳。
范弘嗣宗聖譜、三晋正學編、直聖志、聰聖志。
林灦古今聖賢傳。
焦復亨關侯世家。
邵潛關帝紀定本。
丁鑛漢前將軍漢壽亭侯關公志。
王應憲歷代帝王紀要、名臣紀要。
朱謩㳻古今宗藩懿行考。
儲懋時廿一史編年紀傳。
林涵春古今人物大觀集。
徐震亨古今人物紀年考。
王夢弼州郡姓氏人物摘要。
錢邦寅歷代徵信録。
丘園名教表微録。
馬權奇名臣言行録。
汪漸磐名臣言行録。
沈昀名臣言行録。
沈潛名臣録。
陸嘉淑歷代名賢録。
俞粲先儒言行録。
孫奇逢理學宗傳。
李若愚歷代相臣傳。
黃道周廣名將譜。

張家玉百將抄畧。
龍遇奇仕隱霞標。
王夢鼎先哲考。
梁斗輝薦辟人物考。
吴鍾巒歲寒嵩柏集。
劉堯珍物望志。
趙士喆逸史三傳。
彭大壽兩宦録、賢相集、高尚集、孝義録。
吴爾壎死□傳。
牟奇歷代忠臣殉義節録。
胡簡文歷代忠臣録。
熊鍩古今忠孝節義輯畧。
盛敬成仁譜。
李長庚古今死異紀畧。
郭紹儀康濟譜。

潘遊龍康濟譜。
金俊明康濟譜。
張岱義烈傳。
胡從治奇人傳。
高鐈義烈金蘭編。
張琿巖居尚友録。
方國焕尚友録。
邵濳循吏傳。
王雨謙廉書。
郭正中孝義傳。
官懋勳孝思傳。
徐國珩隱史。
葉幹逸民録。
甘京逸民傳、無名高士傳。
徐開任逸民傳。

李確隱林列傳。

魏書逸民傳。

何冷高士傳。

郭士標俊傑傳、隱逸傳。

侯玄潔遺民録。

朱子素歷代遺民録。

顧樞古今隱居録。

許楚士窮録。

丁明登古今長者録。

黃文炤古今長者録。

錢謙益重編義勇武安王集。

屈大均閭史。

俞汝言閭史撮遺。

李鄴嗣西京節義傳。

劉廷鑾武侯過化録。

何開遠東晉人物畧。

黃宗羲補唐詩人傳。

鄭瑄唐忠臣睢陽録。

聞性道賀監紀畧。

劉廷鑾李杜行記。

劉同升删改宋史名臣傳。

張采宋名臣言行録。

毛晉海岳志林、蘇米志林。

劉廷鑾三蘇遊歷記。

萬斯同宋季忠義録。

鄒式金宋遺民録。

陳煌圖宋遺民録節録。

陳弘緒宋遺民録、南宋遺賢録。

李盤廣宋遺民録。

朱明德廣宋遺民録。

許元溥宋遺民續録。

朱儼鑨金陵志傳。

陳煌圖吴中往哲小傳。

文枏吴中先賢圖象集。

陳匡國吴逸民傳。

華渚吴逸民傳。

史玄嵩陵耆舊傳。

章夢易同里先哲志。

陸時亮瞟邑人物老、發潛録。

陳貞慧毘陵棲逸志。

張夏錫山宦賢考畧。

潘江桐城鄉賢録。

林如源八閩掇名志。

郭文祥玉融人物志。

何源滙玉融人物志。

沈元文流寓考。

孫奇逢畿輔人物考。

刁包鄉賢録。

劉鱗長浙學宗傳、埽背圖。

嚴有穀吴興人物志。

高宇泰敬止録。

李鄴嗣甬上耆舊傳。

劉宗周鄉賢考。

祁彪佳越名賢圖記。

唐九經紹興府鄉賢世次録。

金江義烏人物志、續敬鄉録。

徐洪瑆三衢人物考。

鄭思恭東昆仰止録。

黄雲師江西人物志。

賴良鳴吉州人文紀畧。

魏禧寧都先賢傳。吳之文延陵緒録。

高世泰楚寶。顧景星顧氏歷代傳。

孟紹甲武昌忠孝傳。牟國卿牟氏紀畧。

朱儼鑅江陵先賢傳。高兆列女傳編年。

曹學佺蜀中人物記。汪洪度新安節烈志。

劉道開蜀人物志。黃希聲東雍士女志。

孫奇逢中州人物考。韓霖東雍士女志。

許元溥許氏考證編。游時祺鳳城列女志。

袁扉世範録。鄒之麟女俠傳。以上紀歷代人物。

柴紹炳家傳。

右傳記類

盧若騰方輿互考。書、區言。

倪會鼎古今疆域合志。王應憲方輿圖考。

顧炎武肇域志、一統志案説、天下郡國利病顧祖禹讀史方輿紀要。

張機廣輿捷徑。

許楚廣輿紀補。

陸敏樹廣輿紀補。

沈以介職方表。

寇慎輿圖考畧。

吴國輔今古輿地圖。

連邦琪天下輿圖經。

孫蘭山河大地圖説、輿地隅説。

李介輿圖集要。

李作朋五土圖傳。

曹學佺大明一統名勝志。

顧炎武歷代帝王宅京記、十九陵圖志、海道經。

謝生蘭歷代帝王陵寢考。

梁份帝陵圖説。

陳芳績歷代地理沿革志。

盛敬形勝要畧。

周廷鑨水經注鈔。

黄宗羲今水經。

史玄河渠注。

萬斯同河渠考、崑崙河源考。

卓爾康河渠議。

朱國盛南河志。

華渚太湖志。

王應憲黄河古今通志。

薛鳳祚兩河清彙。

方以巽方輿勝畧。

高兆攬勝圖譜。

郭文祥名勝紀。

解引樾名勝志。

陳宗之山志。

曹茂才名山志。

王應熊雲程記。

李開先臥遊録。

宗元預臥遊録。

楊文驄山水簃。

李若愚煙霞盟。

顏棲筠雪屐酬。

黃以陞遊名山記。

孫承榮秦晉遊畧。

杜文煥五岳志概。

王思任季重紀遊。

薛熙秦楚之際遊記。以上總志。

張怡金陵私乘。

陳周瀨水備問。

李維樾江浦縣志。

巫三祝霍山縣志。

葉彌廣江都縣志。

劉萬春泰州志。

王大經泰州中十場志。

邵潛州乘資。

蘇壯蘇臺志。

徐韞奇吳郡志畧。

華渚蘇州府志。

牛若麟吳縣志。

周永年中吳志餘。

徐開禧崑山志稿。

王夢鼎邑獻備考。

龔立本嘗熟縣志。

史□吳江縣志。

周永年嵩陵別乘。

張采嘉定縣志、太倉州志。

金江太倉州志。

劉廣生嘗州府志。

馮士任江陰縣志。

王大經重修靖江縣志。

謝存仁祁門縣志。

劉城池州雜記。

江杏資乘瑣言。

許作楫蕭縣志。

劉芳碭山縣志。

徐鳴時横谿録。

毛晋隱湖小志。

潘凱平望志。

仲沈洙盛湖志。

葉紹袁湖隱外史。

顧夢麟雙鳳里志。

費參直塘志。

曹煒沙頭里志。

陸鉞穿山志。

王抱承開化鄉志。

張國維吴中水利全書。

顧炎武建康古今記。

杜士全金陵圖詠。

張怡金陵名園記、攝山志畧。

楚雲攝山志。

劉同升金陵遊覽志。

葛寅亮金陵梵刹志。

吴雲靈谷寺志。

王槩高座寺志。

揭衷熙金陵紀遊。
錢繼章仿夢華録。
顧樵吴郡名勝志。
徐嵩百城煙水。
余懷三吴遊覽志。
陸世廉遐園誌。
周永年虎丘志。
顧湄虎丘山志。
熊開元鄧尉聖恩寺志。
周永年鄧尉聖恩寺志。
王焕如聖恩寺志。
李標穹窿山志。
韓洽羊山志。
文震亨香草垞前後志。
湯傳楹遊虎丘記、虎丘往還記、遊吴山記、靈巖懷舊記。
馬元調横山遊記。
陳啟源司空見聞録。
李紹文雲間雜識。
王澐雲間第宅志。
王永積錫山景物畧。
嚴瑴東林書院志。
高世泰東林書院續志。
談允謙三山志。
冷士嵋遊焦山記。
吴道新浮山志。
汪弘度新安大好山水志。
汪沐日黄山志。
閔麟嗣黄山志。
傅巖黄山録。

施璜紫陽書院志。
左士望水西志。
顧元鏡九華山志。以上南京。
李世熊福建通志。
楊德周古田志畧。
夏允彝長樂縣志。
吳孔錡連江縣志。
章簡羅源縣志。
郭文祥福清縣志。
馮夢龍壽寧縣志。
唐世涵汀州府志。
李世熊寧化縣志。
雷民望泰寧縣志。
沈起津詔安縣志。
□□□寧洋縣志。
吳仕卿福安縣志。
陳瑄寧德縣志。
沈光文臺灣輿圖考。
林如源八閩名山川誌。
林涵春閩海奇跡編。
蔡懋德鼓山志。
元賢鼓山志。
隆琦黃蘗山志。
行□黃蘗寺志。
劉沂春龍峯巖志、出雲巖志。
林胤昌泉山小志。
黃文炤九日山志、南臺志。
王誠玉融志。
衷仲孺武夷山志。
楊德周武夷掇考。

余光龍門志。

劉中藻洞山九潭志。

陸自嶽閩遊紀畧。

王澐閩遊紀畧。

李嘗之武夷遊記。

韋際明洞遊記。

鄢正衡小白渡紀勝。以上福京。

魯鑑雲南通志。

黄宗羲滇考。

何其偀迤江圖說。

張相度太和縣志。

敖浤貞、艾自修鄧川州志。

潘昌浪穹縣志。

孔之裔霑益州志。

申官陸涼衛志。

何其偀元師平滇道路考。

楊泰虎丘志、温泉志。

沈道隆九峯志、點蒼録。

錢邦芑雞足山志。

楊運升雞足山志以上滇京。

秦士奇固安縣志。

唐紹堯立安縣志。

孫奇逢容城縣志、新安縣志。

顧天錫津門三書。

韓上桂定州志畧。

喬己百臨城縣志。

張福臻東明縣志。

余一元山海關志。

盧若騰帝京景物鈔。

周損帝京景物畧。

張駿業京都遊覽志。

姚士粦日畿訪勝録。

顧炎武北平古今記、萬歲山考注。

顧天錫燕京物紀。

陸啟浤客燕雜記。

阮旻錫燕山紀述。

談遷北遊録。

林時躍十三陵圖記。

顧炎武昌平山水記、京東考古録、營平二州地名記。

孫奇逢遊譜以上北京。

范驤海寧志畧。

談遷海昌外志。

吴維熊海寧志餘。

黄承昊嘉興縣志。

胡震亨海鹽圖經。

姚士粦海鹽圖經。

陸上瀾湖邑紀聞。

董説潯書。

劉沂春烏程縣志。

吴鍾巒長興縣志。

蔡奕琛德清縣志。

聞性道鄞縣志。

邵輔忠舟山志。

周容滃洲志。

倪元瓚紹興府志。

宋奎光寧海縣志。

吴之器婺書。

楊德周金華雜識。

熊人霖義烏縣志。

汪慶百開化縣志。
徐世蔭開化縣志。
林占春永嘉縣志。
潘廷章硤川考。
沈謙臨平記。
潘爾彪南潯志。
張圓真烏青鎮志。
楊秉紘浙江水利考。
吳載鼇胸中西湖。
夏基西湖遊覽志。
黎遂球西湖雜記。
張岱西湖夢尋録。
吳本泰西溪梵隱志。
孫治靈隱寺志。
沈謙安隱寺志。

宋奎光經山志、天目山志。
李確乍浦九山志補志。
何宏祚九山志林。
高漣卞山志。
韓昌箕卞山法華寺志、卞山法華寺紀畧。
沈戩穀仙潭後志。
聞性道四明龍薈。
黃宗羲四明山志、四明山古跡記。
馮元仲天益山志。
楊德周延慶寺紀畧。
孫治雪竇寺志。
董劍鍔遊録。
李文纘遊録。
萬斯同南宋六陵遺事。
祁彪佳寓山志、越中園亭記。

孫承榮越山清夢。

倪會宣蘭亭備考。

趙甸雲門顯聖寺志、稱心寺志。

張夬苧蘿志。

鄭奎光南明山志。

楊文驄台蕩日記。

黄宗羲台宕紀遊。

弘儲國清寺畧。

冷時中爛柯山志。

鄭思恭南雁山志。以上浙江。

陳弘緒南昌府志。

陳良訓進賢縣志。

寇可教武寧縣志。

傅占衡臨川記。

秦鏞清江縣志。

陳以運新淦縣志。

袁業泗袁州府志。

陳弘緒江城名跡記。

徐世溥西山勝境、西山遊記。

黄宗羲匡廬遊録。

吴雲識仁書院志。以上江西。

陳述知楚會存書。

林增志蒲圻縣志。

朱儼鏼郢書。

沈會霖安陸郡縣志。

章曠沔陽州志。

胡維宗沔陽州志。

顧景星蘄州志。

朱儼鏼江陵志餘。

毛壽登公安縣志。

馮兆麟湖南風土記。
堵胤錫長沙府志。
江有溶長沙縣志。
陶汝鼐寧鄉新志。
錢邦芑寶慶府志。
劉應祁邵陽縣志。
車以遵召乘臚句。
潘應斗武岡圖經。
闞士琦桃源索隱。
邢祚胤桃源拾遺。
錢邦芑永州府志。
陳文燭黃蓬志畧。
王澐太和山志、楚遊紀畧。
王瀚雲居山志。
吴道行嶽麓志。
潘應斗雲山別志。
王夫之蓮峯志。
黃周星衡岳遊記。
陶汝鼐溈山小志。
羅其綸北歸録。
易三接零陵山水志。
朱禋沱斗吾小志。
蔣鑎九疑山志。
錢邦芑九疑山志、浯溪志以上湖廣。
曹學佺蜀中廣記、蜀郡縣古今通釋、蜀中風土記、蜀中方物記、蜀中名勝志、蜀漢地理補。
劉泌蜀省全圖。
陳嘉言資州志。
潘世標資志備要。

李實遂寧縣志畧。
顧廷琦入蜀紀畧。
王澐蜀遊紀畧。以上四川。
嚴爾珪嶺東記。
屈士煜、王鳴雷、黎彭祖番禺縣志。
薛起蛟番禺縣志。
陸清原增城縣志。
何準道香山縣志。
王命璿新會縣志。
薛起蛟、湯晋新會縣志。
梁招孟惠州府志。
巫三祝龍川縣志。
黃景明長樂縣志。
吴仕卿潮陽縣志。
馮元颺揭陽縣志。
王仕雲程鄉縣志。
丘金聲饒平縣志。
梁亭表大埔縣志。
區懷瑞肇慶府志。
林皐陽江縣志。
宋應昇恩平縣志。
陳鑑州志拾遺。
韓上桂雷州府志。
曾開儋州志。
黎春曦九江鄉志。
蔡文琳鏞志備考。
薛學參三山古跡志。
林皐圭峯志。
朱學熙禺峽疏畧。
王之楨陸丞相崖山志。

袁立俊茶山鄉志。

易宏青山外史。

金堡丹霞志。

蕭韻丹霞洞天志。

張裔達西湖志。

庾樓西湖志。

韓晃羅浮野乘。

梁亭表羅浮山志。

李士淳陰那山志。

方顓愷鼎湖山慶雲寺志。

顏俊彦粵遊日記。

謝泰宗南征志。

吴拭百粵紀遊。

吴湛粵東紀遊。

黄登羅浮山紀遊。以上廣東。

馬光永寧州志。

曹學佺廣西名勝志。

張本符棲霞志。

李永茂都嶠録。以上廣西。

龍文光貴州通志。

吴中蕃、潘馴貴州通志。

謝國楩銅仁府志。

姚宗虞黎平府志。

扶綱都匀府志畧。

李占春黄平州志。

譚先台安平縣志。

譚先召平壩志。

李九華安南志。

熊明遇平溪衛志。

梁于涘、扶綱鐵橋志書。以上貴州。

張慎言太原府志。

范芸茂洪乘續編。

傅淑訓澤州志。

戴英禹門寺志。

談遷西遊録。以上山西。

宋祖法歷城縣志。

王象晉新城縣志。

張爾岐濟陽縣志。

朱鼎延泰安州志。

張相漢新邑志畧。

程先貞德州志畧。

王永積武定州志。

張福臻鄆城縣志。

王桂茂費縣志稿。

金江高唐州志。

曹珖青州考。

田仰益都縣志。

李焕章樂安縣志。

紀騰蛟州志辨。

顧炎武山東考古録岱岳記。

鄭與僑濟上名園記。

劉孔懷范文正流寓長山考。

朱雲熑泰山圖記。

蕭協中泰山小史。

文震亨岱宗拾遺。

邵汝德泰山闕里遊覽記。

屈大均先聖廟林記。

朱雲熑東遊記。

查繼佐魯行紀畧。

王澐齊魯遊記畧。

黃宗昌嶗山志、嶗山名勝志畧。
張侗臥象山志。以上山東。
王鼎鎮西華縣志。
張福臻臨潁縣志。
李嵩歸德府志。
王若之涉志。
焦復亨登封縣志。
俞汝言西平縣志、嵩山志。
蕭士瑋汴遊日録。以上河南。
李介秦志摘録。
解引樾名勝志。
范文光豳風考畧、昭陵志。
東蔭商華山經。
王弘撰遊山志。以上陝西。
王應憲九邊圖說。
吴道行九邊圖說。
周生文九邊圖說。
方孔炤全邊畧記。
龔立本全遼圖說。
區龍禎遼陽全書。
方拱乾絶域紀畧、寧古塔志。
祁班孫東行風土記。
任元忠邊志。
文從簡塞北事實。
鄭與僑秦邊紀要。
梁份西陲今畧。
吴古懷邊險圖說。
朱嚴鏞荆蠻紀畧。
黃堯彩撣苗事宜。
諸匡鼎猺獞傳。

鄺露赤雅。

施男峒黎風土記。

何其偀西藏指掌圖。

許丕猷九邊四夷考。

鄭大郁四夷考。

周嬰東番記。

宋劼撫夷志。

姜曰廣輶軒紀事。

史乘古瀛海紀事。

艾儒畧職方外紀。以上四夷。

右地理類

天潢玉牒。弘光、隆武、永曆朝敕修。

劉大千古今大譜。

王志慶歷代圖考。

吳非楚漢帝月表、三梁系譜、三唐傳國圖譜、歷年紀年異同、廿一史目例異同。

陳世祥紀元備考。

李馥蒸年號録。

周廷贊歷代人表。

鄭宇明閩譜。

張弘道皇明三元考。

李濳昭歷代世系紀。

陳煌圖帝王世系。

韓昌箕王謝世家。

劉城古今名賢年譜。

潘江古年譜。

張次仲孔子年譜。

華時亨歐陽文忠公年譜。
秦鏞淮海年譜。
張夏楊文靖公年譜。
趙士喆建文年譜。
翁英方正學年譜。
阮鶚章文懿公年譜。
王時敏王文肅公年譜。
顧樞顧端文公年譜。
華允誠高忠憲公年譜初編。
高世泰、嚴瑴高忠憲公年譜。
殷獻臣周忠介公年譜。
李遜之李忠毅公年譜。
孫奇逢孫文正公年譜。
倪會鼎倪文正公年譜。
吳蕃昌貞肅公年譜。
漆嘉祉吳莊介公年譜。
申涵光申端愍公年譜。
李廷立尺蠖生年譜、離山子半譜。
葉紹袁葉天寥自撰年譜、續譜、別記。
張惟機自述年譜行畧。
張福臻浮生自道。
李若愚年譜。
劉廷諫年譜紀畧。
張鑛自誌年譜。
劉汋蕺山年譜。
侯玄瀞侯忠節公年譜。
申濟芳遵渚自譜。
錢喜起年譜紀事。
莊起儔、張天維石齋黃先生年譜。
洪思黃石齋年譜。

林增志法幢自訂年譜。
曹元方自訂年譜。
程錫類金正希年譜。
堵胤錫自編年史。
張夏堵文襄公年譜。
周夢尹磯公履歷。
趙繼鼎蓼溪年譜。
方震孺自編年譜。
吴晋錫半生自記。
姚以亨世傳年譜。
陳函輝自訂小寒山子年譜。
黄宗羲自著年譜。
陳子龍自訂年譜。
沈起查東山年譜。
張怡白雲道者自述。
俞汝言歷紀年譜。
沃起龍自訂年譜。
丘道登遯翁年譜。
劉象賢自訂年譜。
沈潛蘆槎私譜。
王欽豫一笑録。
李世熊寒支歲紀。
何蔚文年譜。
陸志澹庵年譜。
王家勤海年譜。
孔貞運天井孔氏家乘。
劉宗周水澄劉氏宗譜。
林逢春家乘。
張璀家乘引本。
陸清原陸氏世史。

洪天擢洪氏宗譜。

嚴爾珪善餘堂家乘。

彭孫貽國恩家乘録。

張履祥張氏族譜。

汪佑汪氏家譜。

汪璲家乘。

顧炎武顧氏譜系考。

施博施氏族譜。

徐晟家乘。

陸景俊陸氏世譜。

華渚句吳華氏本書。

梁廷援南梁氏譜畧。

姚士粦陸氏世譜。

徐善徐氏譜。

吳憿世求録。

徐石麒諭賜葬忠烈徐炯卿祔葬戴恭人合録。

李清古今不知姓名録、鶴齡録。

黃周星百家姓氏新箋。

查繼佐敬修堂弟子目録。

李肇亨婦女雙名記。

陳忱同姓名録。

余懷宮閨小名後録。

祁理孫藏書樓書目。

倪元瓚羣史目。

錢謙益絳雲樓書目。

顧祖禹古今方輿書目。

毛晋汲古閣書目。

惠有聲百歲堂書目。

周永年吳郡藝文志。

許元溥古吳文獻録。

王夢鼎嘗熟文獻備徵。
潘檉章嵩陵文獻。
王挺太倉文獻志。
何冷耕全堂編輯書目。
程錫類見聞傳聞録。
左士望書文合譜。
韓霖卉乘樓書目俎談。
史簡芝郡文獻録。
顧景星書目。
右譜牒類

潘猶龍史學提要。
胡震亨鹽邑藝文志前編。
沈嗣選法宋樓書目。
黄居中千頃齋藏書目録。
唐大章書系。
吴㩻古今目録。
薛鳳祚車書圖考。
鄧炅廿一史提要。

南明史卷十三

無錫錢海岳撰

志第八

藝文三

子類十二：一曰儒家類，二曰雜家類，名、法家附。三曰農家類，四曰小説家類，五曰兵書類，六曰天文類，七曰曆數類，八曰五行類，九曰藝術類，醫書附。十曰類書類，十一曰道家類，十二曰釋家類。天主、回回附。

朱華圉聖學寶鑑。　鄭二陽潛庵日省録。

李日宣傳是堂會語。　王象晋日省撮要。

劉遵憲會心録、惺心録。　黄希憲續自警編。

李若愚證學編、讀書録。

李公柱學脈正編。

柯元芳言孝、訓檢。

丁進性理纂要、講幄日編。

朱朝瑛疊庵雜述。

姚永濟學撮。

施元徵東林講義。

衛民牧勸學淺説、洗目編。

劉宗周下學注、聖學宗要、理學宗要、學言、明道統録、陽明傳信録、人譜、人譜類記、證人要旨、五子聯珠、鄉約、采蕺齋語録、劉子遺書。

楊士聰删纂宋六子書。

葉紹顒陽明要書。

葉紹顒、陳龍正陽明要評。

成勇西銘解、崑崙洞語録。

喬可聘自警編、讀書劄記。

秦鏞周子通書半解、皇極内編小衍、先儒四編講録。

吴麟瑞講學編。

張星顔子繹。

胡正言古今格言類編。

李吴滋養心言。

周一敬學言。

李實養性篇。

文祖堯歲會講義、日程講義。

黄道周榕壇問業、大滌函書、鄴山講義、明誠堂問業、石齋藏業、解齊環、解遼環。

路振飛三樹齋語録。

蔣德璟榕壇十八答。

黃景昉屏居十二課。

周應期家禮正衡。

葛寅亮栢浦講語。

邢大忠證人録。

葉廷秀朱子剳言偶言。

吴孔嘉知非録。

吴載鼇真乘黄、通書集解。

林胤昌在茲堂會語、旦氣箴、旦氣語録内外篇、三先生語録、戊己自鏡録、問問録、讀小學、經史耨義。

陳天定太極説參論。

郭正中聖學正宗景行録、困學記語録。

梁朝鍾家禮補箋。

金聲語録、友助事宜。

李維樾瑞鳳堂講録。

彭期生先正語要。

盛國政大學衍義辨訂。

倪會鼎明儒源流録。

胡時忠聖學源流録。

高承埏稽古堂日抄。

倪元瓚理學儒傳。

張溍夫性理彙纂。

何九轉砭傭録。

李允佐聞修録内外編。

章世純己未留留書別集。

諸永明克己編。

陳奎輝榕壇問業。

吴爾壎仁書。

饒元珙性理傳薪録。

朱天麟道統録、治統録、毋自欺編。

方以智古今性說合觀、一貫問答。

姜日廣語録。

曾櫻語録講義。

湯來賀鹿洞邇言、居恒語録。

楊廷樞道統源流釋疑録。

沈壽民問道録、姑山問業。

張自烈古今理學精義、聖學殊同録、理學精義録、守先録、理學辨似録、大學衍義辨。

李貞自知録。

連城璧朱陸參同辨解。

陳璽太極圖說、蒙養說。

方中通心學宗續編。

方中履理學正訓學道編。

方中德繼善録、性理指歸。

祝之至語録。

顧祖奎五倫箴。

李庚齊格言。

戈允禮知儒管見、四書正眼。

唐元楫太極圖說、西銘啟蒙辨解。

潘曾瑋虎林講義。

李司憲省弼録、省躬録。

周斌仁義說。

李明睿道統真傳。

鄭德灊儒理正宗、我見如是。

江德中卮壇對問。

柯夏卿自得軒格言。

吳鍾巒霞舟樵卷語録。

汪沐日全學讀書次第。

黃宗羲二程學案、宋元學案、明儒學案、明夷待訪録、明夷留書、破邪論。

馮京第簟溪自課、讀書燈、真至會約。

沈延禧會心話。

譚貞默見聖編。

查嗣馨明心録。

鄭尚藩太極圖説。

沈潛大學衍義參畧。

孫奇逢理學入門、理學傳心纂要、聖學録、夏峯語録、歲寒居答問、日譜附録、諸儒考。

刁包辨道録、潛室劄記。

黃淳耀語録、吾師録、自監録、谿己録、正教録、知過録、劄記。

張履祥劉子粹言、楊園備忘録、初學備忘、經正録、願學記問目、學規、訓門人語、言行近古録、聞見録答問近鑑、喪葬雜録。

沈昀四子輯畧、宋五子要言升降編、居求編。

陳確講義、蕺山先生語録、蕺山先生學譜、性解禪障、山陰語抄、補新婦譜。

施博姚江淵源録。

潘平格求仁録、著道録、契聖録。

惲日初見則堂語録、劉子節要、駁論性書、續證人社約誡。

陸世儀思辨録、論學酬答、聖學入門、先儒語録集成、明儒語録集成、考德録。

陳瑚聖學入門書、蔚村講規、社學事宜、求道録、淮雲問答。

盛敬、江士韶思辨録輯要。

芮長恤匏瓜録。

李顒潛確録、二曲語録、觀感録、悔過自新

説、聖室録感、富平答問。

白奐彩學髓。

王夫之張子正蒙注、近思録釋、思問録内篇外篇、語録、俟解、噩夢、黄書。

顧天錫易林説。

謝文洊義正編、初學先言、程門主敬録。

宋之盛髻山語録、丙午山間語録、程山問辨。

張自勳卓庵心書、卓庵日録、朱陸折衷、考亭自讞録。

張時爲六一寤言、爲學約言、讀近思録記言、語録。

朱用純毋欺録、困衡録、輟講語、治家格言。

李生光儒學辨正録、崇正黜邪彙編、正氣猶存、西山閣筆。

胡承諾繹志、讀書説。

應撝謙性理大中、幼學蒙養編、朱子集要。

高世泰紫陽通志録、高子節要。

顧樞端文要語、西疇日抄。

汪佑五子近思録發明、四子近思翼、明儒崇正録、明儒通考、明儒性理彙編、紫陽會籍、還古還計日記。

施璜性理發明、小學發明、講學彙言、太極圖繹注、西銘繹注、五子近思録發明、思誠録、誠齋問對、塾講録。

湯之錡靜坐約言。

王弘撰正學隅見述。

王建嘗太極圖集解、思誠録、復齋録、別録、日記。

劉源淥近思續録、冷語、讀書日記補編。

顧炎武日知録、日知録之餘、下學指南、當務書、經世編。

黃宗炎太極圖說辨、縮齋日記、學御録。

柴紹炳省過紀年録、明理論。

薛鳳祚聖學心傳。

俞汝言先儒語要。

毛乾乾延陵書院會語、語録。

揭暄性書。

趙御衆弗措録、困亨録、夏峯答問。

趙景皋性學易簡、原道篇、彝倫傳、關鍵論、秀實說。

霍連朱子一家言。

吴蕃昌闔職三儀祠居三儀。

吴蕃昌、張嘉玲答問。

王同廱明儒理學編。

楊瑀明儒偶評。

陸士楷中孚語録、九思注録、太極圖說、定性書、西銘敬齋箴、敬學科條。

馬負圖傳道編、皇極經世說、知非録。

雷子霖太極圖說、西銘續生篇。

惠龗嗣應用録、自新録。

唐端笏慚說、悔說。

甘京夙興語、心病說。

黃采性圖、願學録、聖學彙編。

彭任理學弗措録。

費密中正紀、弘道書、河雒古文、聖門舊章、太極圖紀、聖門學脈。

党成仰思記、學思録、日知録、朱陸異同書。

彭大壽魯岡或問。

姚際恒庸言録。

秦雲爽紫陽大旨。

錢肅潤道南正學編、聖門表微録。

吴曰慎就正齋語録。

汪知默本書、畏書、篤行録、理學歸一書。

汪恒王學類禪臆斷。

金敞山居會約。

張夏雒閩源流録。

堵景濂自知録。

王弘學孔時圖、達天説。

喻國人責己録。

萬斯大事心録。

楊無咎談經録補正。

顧有孝友約。

余紹祉訪道日録、山居瑣談。

萬應隆焦林。

韓位道統録。

馬之騆道源一旨。

申涵光性習圖、義利説、荆園小語進語。

張爾岐邵子節録日記。

鄭與僑儉戚説。

陳弘緒寒夜録。

文德翼訟過録、傭吹録。

顧景星耳提録。

張仁熙日庵野録、雨湖莊論別録、草窗祕録。

陸圻新婦譜。

毛先舒聖學真語、格物問答、家人子語、語小、稚黄子、螺峯説録、潠書鍼心慎抄。

巢鳴盛洙泗問津。

萬斯同儒林宗派、四明講義。

薛鎔先儒語録抄。

黄文炤道南一脈、兩孝經、理學經緯十書、太極圖解、仁詮、石秋子敬身録。
林琦倫史鴻文。
王鳴雷從蒙子語録、東村講學録。
楊晉性理指歸。
方湛蓋真學録。
方夏真學録。
錢泉醒心録。
鄭敷教吾猶及。
陳紹文後沙語録、宋元明心學指要。
仲沈洙性理纂要。
張儁賣藥言。
陸苞允聖學書。
何冷聖學心傳、擇執録。
王延造三經見聖編。
張膽治統定傳、道統定傳。
程昌誼性理宗要。
吴肅公明誠録。
吴士品性理正蒙集注。
董基無言録、道一編。
趙士通心要。
崔元裕理學傳宗。
衛嵩洙泗言仁録、顔子所學録、曾子得宗録。
王巖禎性理探微。
武之烈動忍齋小言。
晉賓王乾惕録。
劉丁正學粹言。
胡子祺考正太極圖説。
吴起麟格言録。
鄒用昌朱子切要輯。
謝生蘭鵝湖客話。

吳雲朱子大全注、學舫。

管鉦儒學管窺。

王尹道學迴瀾。

王業性理約言。

羅維善補養正齋蒙談。

賴良鳴明倫典則。

劉而寔性理纂要。

曾思遜皇極經世詳解。

周鼎新見聞語録。

蕭名韻理學會歸。

魏闞焦氏易林解。

韓勳撥正書。

吳長源儆書。

黄文旦夢我録。

李嘗之弘贊録。

桑日昇通書太極圖解、太極辨疑。

陸堦四書大全。

嚴武順月會約。

嚴調御聖學宗傳。

張佑民竹窗語録。

陸嘉淑學行録、集異録、書訓。

周珽廣孝録。

沈起資暇録、學園録、續集、宗門近抄。

孫鍾選聖學大成。

施靜姚江淵源語録講義。

魏允枏備忘抄。

朱心承家録。

金鏡辨惑録。

胡良臣廣四十八孝。

陶復大學衍義補。

汪珽微言指要。

陳名賓理學真僞論。

鄭國佐尊行日抄。

鄭宇明家禮儀節、聖教同文紀。

劉若支山語録。

李夢頎希顔録、自知録、名賢格言。

楊光夔待證録。

蘇國珍先正格言編、樵寄垂後録。

王曦如文正遺書。

黄端伯明夷録、明夷集。

陳龍正學言、文録内述、陽明先生要書程子評本、朱子經説語類、明儒統。

顧咸建自訟録、我非説。

楊師德節莪編。

桑拱陽清心録、家禮維風。

趙天騏理學真詮。

理安和性命圭旨解。

夏雲蛟心學直指、克己録。

唐昌全朱陸辨真。

陳嘉謨二程要語、朱陸摘要。

鄭思恭性鑑摘題。

路邁明心録。

張應奎西銘注、大衍圖、邵子圜中圖解。

孫博稚翼經類選。

俞塞理學資深録、樞堂語録。

于鑨太極圖義。

諸士儼勤齋考道録、遷改録、制行篇、一簣録。

王捷省心録、詒謀編。

劉餘芳性理大全集。

張鎮理學家傳。
秦邑岐備忘録。
裴嶰布粟録、正蒙堂條約。
唐達慎思録。
趙時和講餘私記。
王欽豫翼正篇、經德録。
闞捷先經正録。
屈軼生理學名言。
葉應甲問學録。
宋世裕尊聞録。
梅應時青牛心印。
梁斗輝理學正宗。
何士壎會心格言。
過銘簠性道筌。
張儐大全或問。
黄一鶚性理發揮。
張士楷談學録、靜學編。
陳濂嵩窗述。
張文嘉白鹿彙編、齊家寶要。
徐奇心學指歸、性理析疑、蕺山證道集、聖學宗傳集要、五倫志古編。
徐泰徵下學約言。
姚紀河圖論。
王御證我箋、先賢學記。
任羲方山語録。
靳滋昂龍沙一綫。
張士璵太極圖解。
伍一星太極圖説。
譚旭謀道録。
何一泗我思録。

萬實異端辨畧。

李大醇聖賢梯。

但宗臯太極圖說。

張同實座右格言。

朱服遠聖門言行録。

丘鍾仁近思録微旨。

祁駿佳宗門崇行録。

何甲語録。

陶珙陽明近溪語要。

孫和斗書學聖蒙。

侯玄泓格致録。

吳迪内外格言。

王之楨太極圖、論朱陸異同辨。

吳正志泉上語録。

汪璲學蔀通辨、日課問答、五子近思録、語録、漫録。

方際明治心録。

吳文企絮庵慚録。

左輔太極後圖、南庠日講。

右儒家類

朱華園焦塡子。

朱儼鑨函山偶筆、碧落山房閒筆。

朱議汴郵河遮說。

朱和⿱復土永思録。

劉遵憲歸田小紀。

靳于中庸行直義。

陳必謙柴居漫語。

袁業泗訓蒙編。

林先春説觸。

楊嗣修從心漫書。

張爾忠曹砭罪畧。

蔡官治鐸訓敷言、續衡湘問答録。

黃希憲續自警編。

王象晋念祖約言、手書遺訓。

何萬化歸田録。

寇慎山居日記。

丁明登蓮漏清音、日有篇、春氣録、陰德登科録、益編檀編、決科要語、葯商妙在轉慈然故鄉消息、雪鴻集、蘇意方、安老書、知源録、蓉灣雜著。

雷叔聞雷子一書、雷子小言。

薛寀魯嚳憶録。

施日升燕河漫録。

秦鍾震樗言。

魏公韓漁臺説書。

寇慎山居日記。

楊復亨念祖録、貫珠講。

解引樾素位篇。

唐昌世隨筆漫記。

魯論仕學全書、聞見録。

范宏嗣西原野記、師岡雜俎。

左光圖寒窗清紀。

朱朝瑛罍庵雜述。

柯元芳雙修録。

韓晏昌言。

梁斗輝經世實用。

劉宗周保民訓要。
王心一出山罪言、風塵紀錄。
成勇消閒錄。
喬可聘讀書劄記。
馬嘉植南窗雜錄。
李模獵微薈編、遂生日編、碧幢雜識。
方震孺閩中筆記、粵中筆記、在沙腐語、閩士課、禍繇錄、報恩錄。
祁彪佳祁忠敏公日記。
張秉貞石林漫語、石林答問。
傅廷獻夢翁行錄。
程良孺讀書考定。
鄭俠如休園省錄。
曹玑碎琴漫錄。
黃衷赤貞勝編。
費景烷爲可堂日鈔。
吳本泰使星堂纂。
王泰徵友林漫言。
宮偉鏐微尚錄、采山外紀。
陳煌圖從年隨筆。
錢世貴迪吉錄增注。
左光明十餘錄。
陳震生極書。
張永祺偶然遂靜夜述。
楊櫝東臯漫錄、稽古疑問。
林有麟素園漫筆。
李實溝壑寱。
黃堯彩車中憶錄、歸田紀畧。
錢喜起升堂日注、家居筆記。
朱茂曜徵夢錄。

沈戩穀懷蓀私言。

方大普歸田録。

桂天斗予垣日記。

潘煜如貞勝編。

蔣德璟慤書、中興一覽鏡。

黃景昉經史要論、屏居十二課、古文篝卜、宦夢録。

林欲楫林大宗伯日記。

熊開元示衆語别録。

吴甡柴庵寤言。

熊明遇文直行書。

曹學佺西峯字説。

葛寅亮諸子纂、仕學録。

葉廷秀摘批鶴林玉露。

錢繼登經世環應編。

趙士春昨夢録。

吴孔嘉臣鑑彙編。

吴載鼇運勺、宙書咫聞、礐石咫聞、草勺、遊勺、淮勺、東門勺、古今銓宰問答。

李清三餘瑣録。

蕭士瑋春浮園日録、蕭齋日記、南歸日録。

郭正中貫城雜記。

梁朝鍾日記録、輔法録。

萬發祥思原畧編。

金世俊寧我録。

金世儼三餘邁言。

周定礽騷酒剩言。

何偉聞見録。

倪會鼎治格會通、越水萃言。

熊人霖地緯。

陳天定慧眼山房書鈔。

韋際明鏡世編、寶善編。

王之麟達書。

顏茂猷迪吉録。

鄭奎光騪粟日鈔。

木增雲薖淡墨、空翠居録。

徐可久固庵漫録。

王龍賁頌爵編。

黃雲師巖棲志、無擇言。

朱健蒼崖子。

李兆星歸田日録。

吳有涯客編。

蔡鼎激論。

林逢春識乘。

吳玉爾玠軒日記。

陳貞慧秋園雜佩、書事七則。

侯岐曾上石逸事。

瞿式耜媿林漫録。

朱天麟治統録。

方以智嚮言、烹雪録、諸子燔痏、膝寓信筆。

晏日曙問治録、知新録。

錢邦芑卜言堂隨筆。

汪蛟辰初日記。

謝元汴爈言放言。

余堡偏行堂隨見録。

袁立俊訥齋瑣録。

陳璽蒙養説。

方中履汗青閣全書。

章有謨景船齋筆記。

錢邦韶太乙籤。

錢邦寅家課提綱。

劉晋康蟫史。

毛會建客山教子。

朱大夏諸家勝語。

滿之章經濟六書。

郭允觀辨志論、剥復否泰論。

袁啟翼隱居志恒言。

劉彪寧儉録。

朱服遠西江邇言。

李鳳鳴未瓿言。

洪垣星鑄錯録。

黄開泰蜀言。

江德中西粤對問。

楊嗣龍金華浪語。

朱學熙南越廣艾。

鄭雲錦介山雜著。

鄭維岳羣書考采録。

鄭德瀟文學指南。

王國治仕鏡。

趙司鉉淡淡篇。

鄒統魯補明逸編。

柯夏卿娛老詹言。

吳鍾巒稚山叢談。

余颺識小集。

姜埰紀事摘謬。

汪沐日友林漫語。

黄宗羲從政録、南雷黄子留書、病榻隨筆。

董守諭公車録。

來集之南山載筆、南行偶筆、倘湖近刻、博學彙書。

楊德周輿識隨筆。

陳子龍廣參。

于穎于氏日抄。

查繼佐獨指直嗤記疑。

傅巖花巢紀事。

盧若騰島居隨録、南畊堂值筆、留庵值筆、島上閒居偶寄白業。

鄒正畿紫頂草内外篇。

馮京第簟溪自課、真至會約、讀書燈。

董德偁日藉軒日記。

周嬰卮林。

姜安節仰幸録。

史奕楠苦海舌華。

李文靖道聽塗説編。

阮震亨居家規戒録。

查嗣馨師蘧。

譚貞默譚子雕蟲。

林宏珪淡窩筆語。

張元聲兵燹掇述。

王餘佑居諸編。

黃淳耀山左筆談。

陳確俗誤辨、先世逸事、辰夏雜言、瞽言、山中約。

陸世儀桴亭雜著。

陳瑚菊窗隨筆。

張怡蠡約、養生主志林蟲天避暑日抄、上律篇、甲申古言。

理安和日記。

安廣居安廓庵先生日記。

雷士俊甲申私議。

李顒司牧寶鑑。

王夫之呂覽注、淮南子注、搔首問、識小録、龍源夜話、南窗漫記、外記。

施璜讀書管見。

王弘撰山志、待庵日札、北行日札。

顧炎武亭林雜録、菰中隨筆、茀録。

朱鶴齡愚庵雜著。

柴紹炳白石軒雜稿。

張爾岐蒿庵閒話。

黃生義府。

薛鳳祚氣化遷流。

俞汝言雙湖雜録。

王徵兩理畧、百子解、士約。

馬爾楹讀書筆録。

顧夢麟中庵瑣録。

吳光讀書録抄、野翁日録。

雷子霖別世言。

張承烈日記。

曾日都有用録。

陳畫雜言。

費密朝野諍論、中旨定録、中旨辨録、中旨申惑。

姚際恒庸言録。

顧文亨經世參、經世聲音臆解、經世總圖、甲乙帳。

宋應星巵言。

王大經柳城塾課。

徐枋管見。

楊無咎示後管窺録、楊仲子三百篇。

葛芝容膝居雜録。

馮班鈍吟雜録。

吴殳他石録。

吴騏讀書偶見。

萬應隆擬大臣、擬小臣、焦材。

申涵光荆園小語、荆園進語。

李子金狂夫之言。

王猷定怪山談録。

陳弘緒荷鋤雜志、山房讀書跋。

賀貽孫激書。

魏禧日録裏言、師友行輩議、雜説。

吴道行見聞筆記。

陸圻靈蘭堂墨守、西陵新語。

胡震亨讀書雜録。

董説豐草庵雜著、林翁子野語、承雨録、研雪録、楝花磯隨筆、補船長語、掃葉録、蘭葉筆存、寶雲雜著。

張斐筆語。

黄居中千頃齋雜録。

薛鎔鐸書。

李世熊本行録、經正録、物感。

紀文疇復書。

紀許國焦書。

屈大均翁山日記。

易奇際吾豫漫筆。

王潢曉窗隨筆。

宗元預識小録。

錢泉醒心録。

錢墀日省録。

陳周力耕堂近耕。

徐石麒枕函待問編、客齋餘話、在兹録、寶倦小言、通言。
魯申讀書心得。
袁徵匡齋新語。
文枬青氈雜志。
林雲鳳自可編。
徐樹丕識小録。
沈明掄嵩窗暇録。
蔣永礜讀書要畧。
馮夢龍古今談槩、古今笑、山中一夕話。
王育斯友堂日記。
張爾温依隱子内外篇。
徐韞奇徐氏日抄。
王艮葛巾子内外集。
李宜之辨毁商例。
唐節雲巖雜著。

沈求箴言。
顧柔謙山居贅論。
陳朝棟清越樓日録。
楊臣諍龍文鞭影。
汪瑶光趨庭紀聞。
方兆曾古今四畧。
汪鼎和讀書録發明。
吴肅公明語林、讀書論世、闡義。
吴肅公、杜名齊姑山事録。
劉仲曜讀書獲。
盛于斯休庵影語。
董基古畧書、今畧書。
胡蜚英初言、中言。
王文煒于寅寸書、梓山鼠餘、天人問。
吴鍾呵湅録。

李濠苦羊志。

韓霖俎談。

耿華國蒙泉雜言。

程鳳儀中論、束蔭商臆畧。

璩自璵半盈齊囈語。

劉大千枳木丸。

羅維善醒世箴言。

呂大夔讀書隨筆。

魏晋封竹中記。

萬爾昌頤莊隨抄。

李之泌夙知録。

李見瑗三極圖說。

吴長源儆書。

黄文旦蕘慮危言。

潘遊龍詒要録。

淩哲襄陽遺話。

張燧未見編、千百年眼。

蔣又滋東山雅言、新知法語。

嚴武順福慧録、迪吉録。

王璣信書。

戴觀胤就庵獨語。

徐繼恩博物辨。

張次仲蘭堂夕話。

周珽疑夢編。

張王綱雲箋要典。

盛遠散花録。

吴統持典林。

俞昱庭說、閒寧隨筆、續筆、牖日雜抄。

錢遠猷北山寓言。

陸上瀾聞齋志林。

俞允懷東湖記聞。

陳恂餘庵雜録。

閔聲泌庵小言。

吴最日用身録。

來曾奕晴葵録。

邵泰清甲子紀言。

邵建章咫聞録、續咫聞録。

蔡巽之夢樵語。

丁翼元成人纂説。

黄昜聲苕溪冷筆。

滕祥閒雲譜。

龔宗鑑濟美録。

徐士雷小丘逸志。

陳衎篝燈碎語。

楊維熊管子詳講。

陳登元讜篇。

吴孔錡偶録。

鄭國佐尊行日抄。

鄭郊偶筆、冰書折衡。

潘晋臺待庵筆記。

袁恢先林間語。

林如源掇名誌。

鄭宇明讀書記、卜居合篇。

屈起鵬野語。

黄登記見篇、見堂百説、選訂歷代嘉言。

王隼梳山七書。

區懷年燕邸旅言。

陳士恪庸言。

張如鳳鏡心篇。

張相度示儆書、錫福書。

楊光夔待證録。

韓上桂四衍詹言。

吳應箕讀書止觀録、讀書鑑、讀書種子、續觚不觚録。

陳龍正逸事辨證、幾亭外書。

王道焜饌客約。

戴重九九書。

李文纘鹿溪新語。

李世輔杞言、玉案叢談、銅崖叢談。

單允昌寤言。

顧國縉榖似齋紀畧。

劉萬春守官漫録。

周高起讀書志。

徐禎稷恥言。

馬元調重較容齋隨筆。

唐景耀水窗叢筆。

唐培芸窗雜録。

金造士多聞擇善。

陸志濬庵筆記。

涂世名狂言。

陳濂嵩窗漫述。

鄭思恭時會纂言、客窗論世、筆鋤三刻、鄉居瑣語。

董德鏞可如。

馮元仲山林經濟籍。

于鑨蟾廬圖說。

申艇見聞隨筆。

吳世式潛書。

錢岳里雋遺評。

王捷貽謀編。

程自玉蟻語、慰頭書。

任居温談園記、省非勸懲録。

郭士標夙好録。

楊治法隱若清述。

蔡憲階聞見録。

彭摶凫鳴雜録。

鍾掄芳俯仰二則。

王南國觀民録。

樊星煒介景堂隨筆。

嚴建敦倫廣録、徵行録。

陳子英迂言録。

潘振閱世名言、鼎言佳話、雪堂麈談。

嚴有穀嗜退庵語存。

陳國正車塵雜述。

沈三復功過録。

蔡道規尚志齋日抄。

江兆興客窗問答。

劉光斗評論衡。

黄澍誓肌漫記。

鄭瑄昨非庵日纂、二集、三集。

何吾騶經筵日講拜稽録。

陳之仲黄紀。

盧世㴶春寒間記。

揭暄二懷篇。

余懷東山談苑。

唐大章守襄卮言。

陳喆嘯谷子。

單崇涓滴録。

陳藎謨礵庵槧。

姚士粦於陵子。

錢潤徵弋角抄。

俞公穀耐園寄。

朱天壁掌録。

林簡蟲書。

張士楷藝苑提宗、土室庸言。

何三鳳太和記、透意録。

蘇國珍樵寄垂後録。

張儁賣菜言。

嚴敕枕上荒言。

譚允升近求録。

裴章美答問篇、燈下靜談、約言、莫如善政紀、三教全編。

陳廷獻行録。

潘可受潘子穎篇。

張麟生勸學解。

李甞庚瑣碎録。

馬應楨倦遊録。

方遨負暄談録、逸圃外編、消閒記。

饒澄莊言、漫言。

王兆修存養編。

吴龍起一善貽謀録。

許明鉉如鏡編。

梅應時嵩窗半窺。

王椿真知録。

楊文選三才考畧。

王炘越嘯近言、病餘録。

黄中庠四警編。

白允謙學言。

吴慵停雲録、懷霜録、古今日録。

何一泗巾崖甲乙草。

徐繼發明善録。

史白竹村雜記、復堂雜説。

史簡越芝堂日記。

黄君錫蓄德録。

趙之球竹窗問業。

秦釴讀書影。

李長科廣仁品、二集。

王武徵祛塵録哀談。

王大名尤書。

李狄門時務八策。

趙韓攬言、蔗言。

方國焕定命論、時化説。

郁彬粘壁單業。

王侯王席門雜記。

右雜家類

侯玄汸月蟬筆露、學古十函。

侯玄涵燕喜樓日記。

姚嫣俞蘭房廣記。

蔣獻陛見聞記訓。

嚴津轇城寓言。

范驤日記。

梅士生郁離子注忠經。

淩馴蕉園雜志。

汪日炤讀書疑問。

吴非夢史離離録。

吴珂燕詒録。

查思滉病後狂言。

趙萬全思親録。

朱儼鑨種樹法、藝花譜。

王象晋羣芳譜。

曹玑蘭竹譜。

馮可賓芥茶箋。

蔣德璟椰經。

熊明遇遅羅芥茶記。

吴載鼇記荔枝、荔譜。

陳元綸豳風保治全書。

林龍采茶史。

沈光文草木雜記。

祝之至農事考畧。

張國維農政全書。

張肯堂寓農初議。

楊德周澹圃芋記。

陳子龍農政全書。

馮京第蘭易、蘭易十二翼、蘭史、鞠小正。

張履祥較定沈氏農書、補農書。

王夫之南窗外記。

冒襄蘭言、芥茶彙抄。

巢鳴盛老圃良言。

吕章成天遺菊語。

余懷茶史補。

王啟茂茶鐺三昧。

史以甲學圃隨筆。

徐石麒花傭月令。

顧大信茶約、茗罏隨筆。

張翀菜譜。

魯得之竹史。

諸匡鼎橘譜。

王路花史左編。

吴孔錡鹿園花品譜。

沈麟生蟄茶經。

馮元仲茗笈。

右農家類

朱素庵明世説。

黄汝良冰署筆談。

王家禎退居瑣言。

王象晋清寤齋欣賞編、翦桐隨筆。

陸文衡嗇庵隨筆。

杜文焕餐露漫筆、餐霞祕笈。

丁明登陰德登科録。

陳述知山居紀異。

汪珂玉嘉禾韻史。

金九陛抱甕集。

盛國芳老圃志。

卜彌格中國植物志。

王嗣奭管天筆記、外編。

余國禎見聞記憶録。

曾應瑞杜騑賸語。

蔣藴奇羽翁隨筆。

申紹芳祀脾雜俎、江城餘課。

楊士聰濟上遺聞、玉堂薈記。

姜紹書韻石齋筆談。

申濟芳遵渚日譜。

陸禹思釣經。

黄文焕蜂史。

耿震國山樵暇語。
曹家駒説夢。
陶珽續説郛。
陳其赤宦遊隨筆。
吴甡潭西草堂憶記。
錢繼登東皋問耕録。
徐芳諾皋廣志。
李清外史新奇。
熊德陽瑣言。
許令瑜韻史。
徐應秋雪艇塵餘、玉芝堂談薈。
高承埏鴻亭筆記、南部聞見記。
徐開禧涉園瑣記。
徐可久困庵漫録。
黄家瑞年來紀聞。
麻三衡花瑣志。
李士淳燕臺近言、素言逸言、質疑十則。
陳士京喟寓巵言。
施男筇竹杖。
祝之至山莊夜話、漁樵問答、墨戲堂雜記。
趙炳龍楸園雜識。
李延昰南吴舊話録。
樊師孔好還紀畧。
張玿寓閩録。
李鳳鳴據梧談畧。
鄭龍采癸未旅記。
柯夏卿涉古日抄。
汪沐日友林漫言。
葛世振南溪雜記。
來集之樵書。

徐爾一夢巖狂爐。

秦祖襄酬餘偶録。

楊德周石門避暑録、金華雜識。

查繼佐敬修堂説外、敬修堂説造。

張在宥雜記。

朱茂暉棘闈記。

朱茂曜徵夢録。

張怡上律編、西窗夜雨録。

顧炎武譎觚十事。

俞汝言雙湖雜録。

孫望雅臞仙筆記。

費密笭箵歸來晚暇記。

邵潛志幻録。

顧有孝吳郡叢談。

歸莊玄恭隨筆、尋花日記。

毛晉虞鄉雜記。

鄭與僑濟寧遺事、蒙難偶記、劫餘偶記、卧拈偶記。客途偶記。

傅山咳唾珠玉。

陸圻口譜、冥報録。

毛先舒匡林、諺説。

談遷棗林雜俎。

周篔析津日記。

李確呼天外史、山房日録、灌園日録、山居雜志。

錢士馨白頭閒話。

彭孫貽客舍偶聞。

董説楝花磯隨筆、拂煙録、西遊補。

張岱陶庵夢憶、説鈴、西湖夢尋、夜航船。

朱金芝竹溪小紀。

周西防秋譜。

李世熊木嘆記、錢神志。

易奇際逸紀。

余懷板橋雜記、婦人鞋襪考。

徐石麒蝸亭雜訂、壺天暇筆、續筆、肆筆、坦庵瑣録、古今青白眼、禽愧録、宮閨糚飾。

范荃竹隱居隨筆。

袁徵匡齋新語。

徐晟識小録。

張丑名山藏廣記。

金侃雷語。

馮夢龍智囊、智囊補、情史。

楊補編畫船室隨筆。

顧苓三吳舊語。

周永年吳城日記。

計安五茸雜記。

李寄天香閣隨筆。

談允謙山海經注。

李在銓蠡海猥談。

李憋池州拾遺。

孫萃玉京夢衍義。

李日滌竹裕園餘草筆語。

潘遊龍笑禪録。

張遂辰説郛。

王晫今世説。

張次仲土室寤言録。

周斑山居漫録。

徐善冷然志。

沈嗣選惜陰雜録、弋獲編、咫聞録。

胡夏客谷水談林。

陸上瀾湖邑紀聞。

陸啟浤客燕日記、北京歲華記。

陳梁韻史。

姚士粦見只編、蓮花幕記、吳少君遺事。

陳忱不出户庭録。

吳最俠編。

聞性道四明龍薈。

董道權旅牕隨筆。

陳衎槎上老舌。

高兆荔社紀事。

林如源何司徒嘉話。

屈起鵬野語。

黎景義黛史、艷史。

黎遂球桐階副墨、板橋雜記、花底拾遺。

屠象美秦槎路史。

湯傳楹閒餘筆話。

龔立本嵩窗快筆。

嚴爾珪善餘堂筆乘。

林灤武林雜志。

翟振龍負芻雜志。

史潔埕感應類抄。

吳自惺湖山隨筆。

王昌祜怘齋支言。

李發愚夢説。

陸濬源藜床瀋餘。

陳子英見聞偶記。

徐光胤山齋筆乘。

劉孔和妻王兩警録。

盧世漼春寒聞記。

伍瑞隆胭脂紀事。

姚康太白劍。

王居敬桐江隨筆。

劉廷鑾五石瓠。

吳之文憺園隨筆。

劉世鵾圃餘洽聞。

黃鼎元樵牧野談。

王翔遊覽聞見。

王允佐燭餘漫紀。

繆泳黃園雜志。

饒希燮桂香隨筆。

徐定達石鷩塵爐。

楊鏘生緑堂隨筆。

儲懋端志怪録。

吳慵三異筆餘。

周璟玉炤堂隨筆。

陳豐陛寧我堂茶話。

傅啟光西征隨筆、河西瓅言。

譚貞默韻史蒐詮。

盧爾惇頭責編。

侯玄演玉臺清炤。

曹臣舌華録。

侯玄汸昔夢記。

沈濤銅熨斗齋隨筆、交翠軒筆記。

侯玄涵玉臺金鏡録。

羅其昌湘江筆餘。

右小說家類

程啟南陰符解。

胡演陣法淵源。

張福臻籌邊末議。

張懋禧海防說。

鄭二陽師律、孫子明釋。

褚士寶槍譜。

談震采城守條議。

路振飛乘城要略、練義勇議。

周□古今將畧。

黃景昉備邊畧。

冒起宗八陣圖集注、守筌。

熊明遇劍草。

岳鍾秀守城要畧。

王志道陰符經解。

陸坦吳中鄉兵議。

錢繼登孫武子繹注。

孫宗岱射義府、楯墨。

吳載鼇陰符解。

畢懋康軍器圖說。

李清武經七書注釋。

杜文煥六韜廣義。

胡上琛武經輯要。

劉孔和兵書。

沈正宗盜鑄釀亂論、平賊記。

莊應會經世勝畧、經世要畧。

李允佐乘城輯要。

郭載騋七百二十鈐。

漆嘉祉山海末籌。

施永圖武備秘書、武備地理、武備火攻。

董振秀修備要法。

朱天麟六弢纂述。

郭之奇剿防合紀。

堵胤錫星沙城守議。

張家玉百將妙畧。

陳邦彦中興政要書。

陳象明古今兵畧。

滿之章虎口蚌梅花城法。

徐爾一恢遼局勢。

陳子龍諸子兵家言彙輯。

查繼佐兵榷。

馮京第中興十二論。

姚紀南北籌兵論。

徐定近時務權書。

王餘佑乾坤大畧圖、諸葛八陣圖。

萬勝車圖說、兵民經畧圖、十三刀法。

陸世儀八陣法門、城守要畧。

盛敬形勢要畧。

謝文洊兵法類案。

顧炎武懼謀録。

薛鳳祚中西火法。

揭暄武畧篇、兵法百篇戰書。

王徵了心丹、兵約。

喻國人成周六軍定制。

揭衷熙兵經戰書。

李盤蹶張心法、金湯借箸十二籌。

吳殳紀效達訂、手臂録、峨眉槍法。

傅占衡三國兵要抄。

魏禧兵跡、左傳兵謀兵法。

王應憲江防考、海防考。

王艮經史兵法。

王育陰符解。

李寄歷代兵鑑隨筆。

蕭懋光射訣纂要。

李向陽陰符注。

張祖房八陣圖說。

江杏戎政先知。

懷晋陰符經注。

韓霖守圉全書、礮臺圖說、神器統譜。

馬之騏陰符經解、奇門正誤。

何惺武備指南。

陸啟浤射訣。

劉世鶡兵臆論。

陳有年陰符經解。

鄭宇明神樞經解。

劉興秀策里芻言。

周宗彝修備紀畧。

丘嶲原射發微。

趙炯然大明中極八陣鈐笱支。

韓晃武備揣摩。

錢栴城守籌畧。

李獨明孫武子注。

翟振龍握奇圖。

吳固本具知録。

趙□兵畧。

宋德慎守城管見、兵法芻言。

伍一星定國鴻籌。

阮維新兵機輯要。

鄭芝龍、鄭鴻逵、鄭大郁經國雄畧。

謝三賓武備新書。

賈開宗八陣圖說。

周鑑將畧標、孫子緯、金湯借箸。

丁師虞陣法折衷。

何光顯太平金鏡、安民金鏡。

曾賜昌陰符經注。

沈宏之城守全書。

余昌祚孫子注。

梅士生孫武子注。

右兵家類

郭正中太乙奇書補。

巫三祝天文纂注。

章世純星野圖耳囊集。

潘樫章星名考。

朱天麟天文度辨。

顧天錫星紀五星灾異舉。

顏茂猷天道管窺、天皇河圖。

薛鳳祚天步真原、天學會通。

韓晃星象形勢志。

毛乾乾測天偶述。

丘道登天星垣局。

王錫闡曉庵新法五星衍度、解三辰儀晷志。

黃宗羲新推交食法。

揭暄璇璣遺述、寫天新語、禹貢星圖、性昊。

金士升天文圖說。

揭暄、方中通揭方問答。

吳灝之天文圖說。

王徵天問辭。

薄珏渾天儀圖說。
吴雲天文志雜志。
蕭韻天文玉曆補。
徐震亨二十八宿圖考說。
吴蕃昌日月歲三儀。
任元忠天文考。
喻國人千歲日至定論。
鄭宇明天官天學。
陳藎誼分宫圖說、象林、度測。
馬懋功天文占驗。
游藝天經或問前集、後集。
林瀾五星辨難。
陳胤昌天文地理圖說、星度躔次歲時占驗。
萬實日食虹霓辨。
李子金天弧象限表、律吕新法、傳聲譜。
丁甲天文書。
董說天官翼、歲差考、分野發。
雷夢蘭天變録。
嚴福孫黄道圖說。
黄鼎天文大成管窺輯要。
馬孫鳴中說星考。
劉孔炤星占。
江杏天文志。
畢方濟渾天儀說。
唐昇天官書。
艾儒略天學初函。

右天文類

黄道周疇象。

何三省曆法同異考。

何光顯崇禎辛未大曆。

張儁象曆。

方中通數度衍。

龔懋熙曆圖。

黄宗羲授時曆故、大統曆推法、授時曆法假如、西曆法假如、回曆法假如、大統曆法解、時憲書法解、新推。

萬實曆象氣節圖。

薛鳳祚曆學會通正集、考驗部、致用部。

毛乾乾推算偶述。

王錫闡大統曆西曆啟蒙圖解、丁未曆稿、推步交食測日小記、圜解、曆說、曆策、左右旋問答雜著、曆法表。

丘維屏曆書。

堵景濂曆象圖書三考。

喻國人帝王曆數真傳。

游藝曆象成書。

蕭韻律呂宗。

陳胤昌數學參同辨證。

孫蘭理氣數象辨疑糾謬、格物推事外方考證。

張瞻三統大畧。

徐善周髀密法會通。

吳鳴鳳大統曆搜。

羅明祖太初曆衍。

畢方濟崇禎曆書、長曆補注解惑。

右曆數類

王象晋火經竈經。

吴國琦易占。

郭載騋大六壬課經集。

黄道周三易洞璣、革象新書、箴命大咸。

連城璧易占三墳繇詞。

吴晋錫奇門遁甲六壬纂要。

李乾德易易。

黄宗羲六家蓍法氣運算法。

顧天錫焦氏筮法。

張爾岐風角書。

薛鳳祚甲遁真授祕集。

俞汝言京房易圖曆紀年。

鄧觀占筮法。

游藝奇門超接萬法歸宗。

陳胤昌卦變論。

傅占衡筮考。

董説易運圖畧、運氣定論。

王延造易卜要訣。

曾思遜河雒理數解。

陳三績壬乙創始。

劉政河雒理數説。

翟振龍五行類事握奇圖。

黄鼎五行總義。

張應世河雒集説。以上占筮、陰陽。

沈捷增訂心相百二十善。

徐石麒吉凶影響録如鑑。

汪繼廉携笈通書。以上星相。

宋賢地理定宗。

蔣平階地理辨直正解、水龍經休咎徵、天元五歌、地理存真、歸厚録。

巫三祝地理纂注。徐廷瑜地理纂要。

郭振清地理千金求。林占春輿志合璧。

吳文冕三才匯覽。林廷擢地理新解。以上堪輿。

右五行類

王象晉心賞編。許楚金石録緒言。

姜紹書無聲詩史。談遷棗林藝簣。

劉同升金石寶鑑録。項聖謨墨君題跋。

李中馥石鼓考。楊士聰梅記。

郭宗昌金石史。宋存標墨玅法式論注。

李肇亨清異續録。宋曹書法要言。

汪珂玉珊瑚網。胡正言書法必稽、十竹齋畫譜。

葛徵奇竹嘯軒題跋。黃雲師説文鳩異。

徐國琑書畫軒東柯偶存。劉城劉氏藏書題跋。

姚際恒好古堂書畫記。毛會建雕蟲録。

楊鍾續續書譜。

楊應桂書變。

盧若騰字學。

蘇汝賢篆法考訂。

孫和斗書學聖蒙。

沈昀淳化閣帖箋。

張怡字學迪。

費經虞臨池懿訓字學。

王弘撰十七帖述、淳化閣帖述、砥齋題跋。

孫蘭字學。

邵潛字學考誤。

馮班鈍吟書要。

萬應隆天禄閣外史。

顧景星黄公説字。

董説豐草庵書譜。

萬斯同書學彙編。

龔賢龔安節書訣。

徐石麒序書説。

張丑清河書畫舫真跡日録。

潘江字學析疑。

吴非池州書畫記。

韓霖祖絳帖考。

何吾騶石刻楷草。

蕭韻詩韻正叶。

朱雲燝畫鏡。

朱道濟大滌子題畫跋論畫。

苦瓜和尚畫語録。

惲本初畫旨。

曹學佺蜀畫苑。

楊文驄江行畫記。

陳象明塵外賞。
王廷宰畫鏡。
李山畫禪造微論。
譚貞默近代畫名家實録。
惲格題畫詩畫跋、南田畫跋。
顧夢麟譚藝録。
顧景星蘄池録。
龔賢畫訣。
江韜畫偈。
趙泂題畫録。
何士壎嘯閣清史。
方遨藏畫記。
程邃畫記。
陳煌圖印可。
胡正言印存初集、印存玄覽。

方以智印章考。
盧若騰印擬。
邵潛皇明印史。
萬壽祺印説。
李潛昭印譜。
葉崙名山堂印譜。
黄坦秋水居石譜。
吴日泉石譜。
林有麟素園石譜。
董説石楠堂石表。
諸九鼎惕庵石譜。
余懷硯林。
高兆硯石録、觀硯録、端溪硯石考。
孫善硯説。
祝洵文硯譜。

麻三衡墨志。

郭符甲墨訣。

萬壽祺墨表。

張仁熙雪堂墨品。

先著墨笥。

劉瑄筆拏。

姜紹書瓊琚譜、瑤琨譜。

陸上瀾玉鉤小史。

俞允懷玉鉤小史。

周高起陽羨茗壺系。

鄭之珖罏史。

冒襄宣爐歌注。

朱盛泳琴操譜。

朱容棟琴操諧譜。

高宇泰琴譜。

林有麟琴雅。

路澤濃琴譜。

翟翬續聲調譜。

金瓊階琴譜。

馬之駉琴編。

何星文何氏琴譜。

尹爾弢徽言祕旨。

王思任奕律。

雍熙日奕正。

王啟遠袁贅庵奕譜。

周篔投壺譜。

馮元仲奕旦評。

李鄴嗣馬弔說。

毛晉香國。

董說蘭葉筆存、非香烟法。

萬泰黃熟香考。

董耒香箋。

文震亨清齋位置長物志。

周廷贊錢譜。

林垐番錢録。

侯玄涵格致録。

熊明遇格致草原象原理。

方以智物理小識。

陸世儀格致編。

王徵遠西奇器圖說、新製諸器圖說、耳目資。

薄珏格物測地論。

宋應星天工開物。

鄭宇明西學凡、羅經圖解。

俞塞西學辨誤。

畢方濟遠鏡說。

艾儒畧西學答問。

黃周星酒社芻言、庾言。

馮元仲食憲酒克。

李子金解環譜。

朱儼鏴魚譜。

王象晉貝經。

蔣德璟藋經、珠經、鶴經。

吳載鼇真乘黃。

楊文瓚鳥史、蟲史。

黃雲師靈族小史相讀歲社賓苑。

來集之羽旆通譜。

郭爾隆蜂氏譜。

王武鶴譜。

曹重雙魚譜。

吳拭訂正秋鴻譜。

張翀禽譜。
張丹獸經。以上雜藝。
朱盛泳、朱容棟醫宗尺玉。
俞昌尚論篇、後篇、傷寒答問、醫門法律、寓意草、生民切要、温證語録。
程啟南醫學纂要。
王象晋保安堂三補簡便驗方、衛生鈐鐸。
魯論醫約。
畢懋康醫彙。
方震孺治蠱奇書。
王元標紫虛脈訣啓微。
李中梓内經知要、删補頤生微論。
吴中秀醫林統宗、傷寒備覽。
李元素本草經。
郭紹儀三續養生論。
高斗魁醫學心法吹毛編。
林逢春醫書詩韻。
黄承昊折肱漫録、萬全保命活訣、評輯薛立齋内科。
施永圖醫方本草。
劉若金本草述。
宋賢岐黄要旨。
熊兆行痘疹約言、醫頤。
黄日芳本草經驗方集要。
黄雲師藥譜明療。
李延昰藥品化儀、脈訣彙辨、痘疹全書。
盧之頤本草乘雅摩索金匱傷寒金鎞疏抄、醫難析疑、痎瘧論疏、痎瘧疏方、學古珍則。
陳瑚治病説。

顧天錫素問靈樞直解、鍼灸至道。

薛鳳祚運氣精微。

俞汝言本草摘要。

孫奏雅醫學宗傳。

鄧觀濟生易簡。

費密長沙發揮。

王大經醫學集要。

李盤胎產護生編。

李魁春痘科合璧。

傅山男科、女科、產後編。

陸圻醫林新論、距窫堂診藉傷寒捷書。

董說運氣定論。

史以甲傷寒正宗。

潘凱本草類方。

宣坦醫學心解。

王育本草辨名疏義、脈法微旨。

王延造醫家圖說、王氏疹論、金匱本草甕録。

吳文晃醫學指南、經驗良方。

徐行傷寒遥問。

李之泌庸皐醫學、寶露醫方。

何惺本草歸一鍼灸圖、保嬰摘要。

張遂辰經驗良方。

徐廷玲內經注解、針灸大全。

柯琴來蘇集。

何星文素書明解。

黎遂球運掌經。

王萬祚養老保赤須知。

蕭京軒岐正論。

齊洪超痢症辨疑。

吳有性瘟疫論。

張璐醫通、傷寒纘論緒論、張氏醫通、本草逢原診宗三昧、千金方釋義。

王壃痘疹書。

羅人文醫案。

張志聰素問集注、靈樞經集注、傷寒論注、金匱要畧注、本草注、侶山堂類辨、鍼灸祕傳。

李中馥本草目録。

劉璞醫學集要。

白羽宸醫理。

林瀾傷寒折衷、靈素合抄。

唐達素問唐參。

徐國麟軒岐學海。

朱天璧醫準脈旨舉要。

俞塞醫易、本草正誤。

徐肇彬原治編、金匱要畧。

沈頲病機合論。

何孟龍醫集。

程自玉慰頭書。

王璲傷寒醫論。

汪昂本草備要、醫方集解。

卜爾格中國脈理醫訣。以上醫術。

右藝術類

潞王常淓萬彙仙機碁譜十集。

孔貞運詞林典類。

朱華囷匯書。

王象晉詞壇匯録。

傅國羽陵類纂、羣書類要。
徐時泰事物彙如、經濟備覽。
丘道登經史淵源。
馮可賓廣百川學海十集。
張僑古今經傳子史序畧。
陳肇英韻府披寶。
鄭與僑鄭確庵遺稿八種。
蘇國瓛事言韻集。
黃道周博物典彙、羣書典彙、黃石齋先生九種。
黃景昉經史要論、經史彙對。
鄭賡唐語林。
林胤昌經史耨義。
陳天定慧眼山房書抄十七種。
謝紹芳新鐫編年全書。
倪會宣經史綱目。
黃景明比事類函。
吴太沖圖書粹。
徐應秋駢字憑霄枳記。
顔茂猷六經纂要。
王命璿古學彙存。
喻以恕古學彙存。
王禹謙廉書。
韋際明儒道釋考徵獻録。
高承埏稽古堂羣書祕簡二十二種。
黃雲師黃氏玉壁。
陳子壯昭代經濟言。
郭之奇稽古篇。
晏日曙古畧、今畧。
何三省類書大觀、古今廣徵。

劉城古事異同、今事異同。

張同敞冊府元龜纂要。

王道直澄清彙覽。

曾益大觀録畧。

方中德古事比。

方中履古今釋疑。

錢邦寅稽古稗鈔。

劉晋康古今同異考。

曹胤昌冊府元龜獨制。

陸銑揣摩編。

鄭維岳羣書考采録。

郭懋祚羣書備考、續羣書備考。

嚴通藍閣逸纂。

來集之博學彙書。

傅巖事物考。

孫和鼎經史論辨。

張怡武闈怪史匯。

秦鈦讀書類。

應撝謙教養全書。

嚴穀屬比直書。

柴紹炳經史通考、考古類編。

包秉德蟲戈編。

張爾岐冊府元龜總序。

楊彝、顧夢麟備考彙典。

彭大翼山堂肆考。

姚際恒古今僞書考。

毛晋津逮祕書十五集。

傅山春秋人名地名韻、兩漢人名韻。

文德翼傭吹録。

郭金臺五經駢語、博物彙編。

陸圻陸生口譜。
徐芳聲兵農禮樂書。
萬斯同羣書疑辨。
曾燦垣事彙選類。
孫學稼羣言彙抄備遺日録。
薛鎔楚騷越絶書合訂。
孔尚熹經史大成。
吴璜經史訂疑。
史以甲廣事類賦。
徐石麒詞府集統、談經笥。
鄭在湄羣書彙雅。
道源小碎集。
沈自南藝林彙考。
林希灝經史要畧。
張以謙紀事珠。
吴明旰典林。
潘江記事珠。
趙相如事類偶記。
吴非經史辨畧、蟲戈、蟲戈賡。
劉夢五車韻瑞補。
陳咸韶歷朝便考。
李國昌觀省全書。
陸坒經世驪珠。
張王綱類苑。
王路竹浪軒珠淵。
吴統持典林。
俞允懷閒齋志林。
姚士粦祕册彙函。
周拱辰離騷草木史。
余懷宮閨小名後録。

林如源五因閒抄。

何源匯太平廣記抄、草木子纂。

黃以陞麗典新聲、史説萱蘇。

趙貫臺古今事物連類。

林廷擢增補事類賦。

李子金隱山鄙事。

林琦倫史鴻文。

張承烈洗心齋集吟。

顧所受事苑。

韓在珊瑚林。

胡從治嘉話録。

盧珽古學彙纂。

吕毖事物初畧。

程良孺茹古畧集。

王昌紀閱古掄珠類海搜奇。

武張聯印心七録紀事。

涂大訒二書纂要、古學念典。

陳之伸事物考。

錢岳漁素閣十六種。

右類書類

錢士升莊子内篇詮。

靳於中參同易測。

陳必謙南華經悟解。

潘世標南華注評。

馬從龍道德經注解。

葉紹袁參同契注、窈聞、續窈聞。

歸起先老莊畧。

高弘圖老氏解。

王泰徵南華質。

黄文焕老子知嘗、莊子句解。

李實佛老家乘。

薛大訓歷代神仙通鑑。

林欲楫老子勺、道德經注。

曹學佺蜀中神仙記。

張鏡心陰符經注。

王志道道德經解。

唐顯悦感應篇注釋。

錢繼登南華拈笑。

吴載鼇陰符解。

韋際明淮南子注。

章世純陰符解。

曾賜昌陰符注、黄庭經注。

方以智藥地炮莊。

蒙正發漆園放言。

周金湯道德經注。

郭九有玄對。

郭運暄參同契悟真篇定義、金汞返還大丹口訣。

汪沐日道德經頌、南華質、莊通。

黄宗羲丹山圖咏。

楊德周三洞注。

馬權奇老子解。

王夫之老子衍、莊子解、莊子通、淮南子注、愚鼓詞。

顧天錫玉京括録。

張爾岐老子說畧。

王徵元真人傳。
費密周易參同契合注。
詹明章莊子同壇。
陳藎誼參同契注。
周茂蘭參同契衍義。
程智雲莊語録、守白論。
余紹祉元丘素話。
李灌老子注。
文德翼讀莊小言。
傅占衡老子私箋。
彭孫貽方士外紀。
阮旻錫談道録。
紀文疇咏莊。
儲懋時南華心得。
李向陽莊注。

汪益亨南華注。
吴文冕玄修最上乘。
石和陽黄庭陰符注。
蔡國藩太玄外傳。
馬亦昌辨莊指南。
趙文淵南華新解訂訛。
李三績樂志論。
魯得之宵練匣、莊子通義。
徐繼恩漆園博通。
徐善莊子注。
陸啟浤太玄測。
鄭郊南華子轉。
池顯方國朝仙傳玄訣。
方顓愷道德經直説。
汪□注莊子内篇。

易宏道德經注、金丹會輯。

葉國楨陰符經疏義、元會運世符。

何星文道德經贊。

沈幾原老、原莊。

陳嘉謨道德陰符注疏。

鄭宇明陰符經注、道德經注。

唐元竑南華三詮。

袁崇友老子注。

鄭思恭三部經演。

陳世治莊子注。

李中馥三子注。

郭清霞老子注。

汪心一參同契。

周拱辰南華真經影史。

熊蘭徵莊子注。

顧宗瑋參同提要發明。

右道家類

朱性休尺木禪師銅鞮語録。

張明弼兔角詮。

朱育語録。

張有譽金剛經義趣廣演。

錢士升楞嚴外解。

倪嘉慶五燈語録、青原語録、嵩霞語録。

王象晉金剛經直解。

吳本泰西溪梵隱志。

葉紹袁楞嚴集解、金剛經注。

賈必選金剛經解。

熊開元蘖庵語録。

曹學佺蜀中高僧記。

唐顯悦藏經解。

蕭士瑋起信論解。

郭正中教外別傳、先覺宗乘、五家語録。

黄周星鬱單越頌。

黄潤中金剛經注解、附火篇。

張若羲楞嚴經注。

顔茂猷四大恩論。

木懿華嚴懺法。

黄雲師金剛强説、珠林如意。

方以智借廬語。

金堡獨和尚語録。

周金湯金剛經注。

錢謙益楞嚴經蒙抄、心經畧疏抄、金剛經疏抄、懸判疏記會抄、金剛經論釋、懸判偈記會抄。

劉道開楞嚴貫攝、楞嚴説通。

傅巖護國寺元人諸天象贊。

阮震亨心經注。

張寂惺石田法壇見示。

孫肩梅溪山房禪餘雜録。

王夫之相宗絡索、三藏法師八識規榘論贊。

湯之錡靜坐約言。

黄宗炎瑜珈師餘論注、成唯釋論注。

費密二氏論。

車以遵貝葉記。

董説堯封語録、寶雲語録、靈巖首座寮語録、樵堂説畧、堯封説畧、寶雲別録、散隨録、樵堂法頂拈箆屋記。

黃敬止心經注疏。

張湯問斗室光明録。

倪秉貞高僧傳。

阮旻錫金剛經説、讀佛法金湯。

蔡懋德永覺禪師語録、金剛畧疏、弘釋録、補燈録、繼燈録。

曾起莘楞伽楞嚴金剛三疏。

函昰天然語録、楞嚴直指。

函是各刹語録、醉梵禪筆。

韓宗騋函可千山語録。

祖心冥樞會要。

張飌楞嚴綱領一門反切。

明河楞伽解、大明高僧傳。

李弘儲法語。

通潤大乘起信論續疏。

德琚五牧德慶語録、五牧頌古。

周永年吳都法乘。

通醉丈雪禪師語録、錦江傳燈録。

徹字語録。

大冶語録。

赤嵩語録。

天語語録。

戴願輝天樹語録。

徐繼恩學佛考訓、閱藏偶録、參智證傳、洞山价祖廣録、五雲頌、古洞宗洞要源流頌、華嚴頌、四教儀直指。

同覺聯珠藥師燈燄梵綱。

戒光唯識刪繁、涅槃末後句、法華懸譚、維摩饒舌、楞嚴心印、楞嚴答問、提金剛經金剛隨説別傳、金剛拈心經句義彌陀志相。

雲門語録外集。

徐善弧矢六宗疏、容圓寶珠網璇室洞詮。

池顯方禪髓。

方晟宗門崇行録。

方顓愷紀夢編年、楞嚴直指、金剛直説、漁樵問答。

陸道獨華嚴寶鏡、空隱長慶宗寶語録。

古如丹霞語録。

古梵圓音語録。

黄尚源今離即覺語録。

萬甲今無楞嚴輯、四大律藏大全。

王瀚晦山語録、觀經疏抄、枝東雜著、鍛鍊説、見果隨録。

行謐野奇禪師語録。

讀體大乘玄義、一夢漫言、毗尼主持會集黑白布薩傳戒正範、僧行規則、毗尼作持續釋。

德濟養齋語録。

濟志鶴山外録。

宗渤語録。

周鑑金剛經解、楞嚴集注轉劫輪。

孫閎奎宗門宗行録纂注、金剛經口義。

眼石別眼禪師語録。

祖嵩語録。

一足語録。

趙觀衡顓師語録。

寂光梵綱直解。

本開語録。

道盛覺浪天界覺感禪師全録、龍湖外録、原

道七論。

隆琦語録。

德林蜕峯語録。

道霈旅泊庵語録。

麥今辯四會語録、菩薩戒經注疏。

今龍語録。

妙隨語録。

右釋家類

宋傳裔語嵩禪師語録。以上釋。

馬注清真指南。以上回回。

王徵辨道説、畏天愛人極論。

畢方濟靈言蠡勺、畫答睡答。

潘國光聖體規儀。

艾儒畧天主降生言行紀畧。以上天主。

南明史卷十四

無錫錢海岳撰

志第九

藝文四

集類三：一曰別集類，二曰總集類，三曰文史類。

紹宗御製文集。以上御製。

南安王禋黎不滓軒詩草。

趙王由棪萬卷樓詩草。

永寧王和𡐓懶公詩集、芳洲詩草。

朱敬鐭自吟亭草。

朱誼泋八斗齋集、棲遯稿。

朱英燦復禮集。

朱華圉梅湖集、桃溪集。

朱蘊鉉雞肋集。

朱蘊鑑楚雲集。

朱盛瀩春歸草。

朱盛浗梁湖草。

朱容楝初吟草。

朱智壚幽居集、靜蘭齋稿。

朱壽鏉詩集、李廷立代泣鳴賡薇吟在宋前後集。

朱憲爕哀黍離詩。

朱術珣綦組堂集。

朱儼鏼句曲山人詩。

朱謀晉羔鴈集、淹留集、燕城集、巾車集。

朱統鉦行人集。

朱議霶中尉集、确齋文集、冠石詩集。

朱議洘雪嵰集。

朱耷八大山人集。

朱本圜湘谿集。

朱企鈂金九集。

王九式晚牕詩集。

朱常汯防露館稿。

朱素庵秋來草卧雲道人雁宇詩。以上宗室。

史可法史忠正公集。

高弘圖高文忠公奏疏、太古堂集。

張慎言泊水齋文鈔。

徐石麒畫溪詩集、可經堂集。

練國事中丞詩集。

程註台遊集、今有集。

何應瑞撫江奏牘。

劉宗周念臺奏疏、蕺山集、劉子文編、采蕺齋集、劉子遺書、劉子遺書遺編、劉子全書。

徐汧二株園集。

王心一粵西疏草、蘭雪堂集、歸田園詩集。

易應昌白樓奏草。

申紹芳倣雪堂集、噎鄰吟、歲餘詩史。

畢懋康按秦奏疏、孟侯疏草、西清集、管涔集。

葉有聲綠天館集。

管紹寧賜誠堂集。

張元始閱新閣疏草、寅清疏草、給事奏疏。

楊士聰靜遠堂稿。

侯峒曾納言集、仍貽堂集、侯忠節公集。

姚思孝樸庵疏草、康山草堂集、遊笥草。

沈胤培三垣疏草、秋曹存稿。

尹伸康樂草堂集、自偏堂稿、東遊集。

葛徵奇蕪園集。

張作楫樞垣三疏。

惲厥初素園集、考槃集。

葉紹顒按粵疏草。

張弘道獲我齋稿。

夏允彝私制策、夏文忠公遺稿。

李令晳東柯草堂集。

吳希哲雲起堂集。

錢增奏草。

陳獻策絳雪齋全集。

李如璨掖垣諫草。

倪嘉慶靈潭集、計樞草、銓諫草、棘遯草。

莊葵葵山文集、鏡亭詩集。

馬嘉植奏疏、浮生集。

董養河董叔會疏草、羅溪閣韻語、羅溪閣雜文、杜詩注。

成勇留臺疏稿、蝸廬樓詩、崑崙集。

李日輔西山集。

喬可聘按浙疏草、醉陶齋集。

李模碧幢全集。

汪承詔猶存草。

秦鏞參同閣集、秦弱水集。

錢敬忠兩都疏草、偶存集。

何光顯帝京篇。

丁啟睿奏草。

左懋第左侍御奏疏、梅花屋詩草、別集、蘿石山房集、左忠貞公集、左忠貞公賸稿。

衛胤文館閣試草。

梁以樟梁鷦林全書、邛否集。

蔣臣無他技堂稿、誰庵集、一个集。

袁繼咸六柳堂集、四山樓稿、未優軒集。

方震孺按遼奏疏、賚恤奏疏、西臺奏議、方孩未集。

曾化龍作求堂集。

高斗樞靈甕集。

祁彪佳西掌疏草、按吳奏稿、督撫疏稿、宜焚全稿、忠敏公揭帖、遠山堂詩始、遠山堂詩集、祁忠惠公集、按吳尺牘、莆易稟稿、林居尺牘、里中入都尺牘、都門入里尺牘、里中越言、遠山堂尺牘。

王瀠愚谷集、柏村詩集。

吳麟瑞哀鴻閒草、秋蟀集、青霞館集。

程世昌疏摘、直綫臯草。

越其杰薊門集、白門集、橫槊集、知非集、屢非集。

周燦澤畔吟。

吳克孝恤刑題稿。

梁亭表臨池館課、嵩謏山房藝古文詞、昔莪集。

何九説計部遺稿。

陳士奇巴黔署草。

張繼孟留臺奏議、效顰草。

胡恒古懽堂詩集。

劉道貞人華齋集。

李完疏稿。

李含乙秦郵草。

劉文炤攬蕙堂偶存。

杜文焕太霞洞集、餐霞祕笈、太霞集選、弢武全集。

劉孔和日損堂集、練要堂集。

高操不視草。

顏渾司銓疏草、養慵堂集。

王寖大擲丕閣文集。

武備蜂花集。

王夢鼎槐川堂留稿。

程良筠南遊草、芥園集。

賈必選徙南集。

陳文顯率意齋詩文集。

包壯行石圃老人全集。

顏俊彦盟水齋存牘、蘧園集、好歌齋片墨二刻、開眉詩文集。

汪挺曾城遺稿。

鄭俠如休園詩餘。

申繼揆比部詩集。

申縝芳玄聞閣詩草。

申繹芳古嵩軒稿、靜成齋集、閩遊詩。

葛遇朝卓觀堂集。

趙明遠世德堂集。

許承欽漱雪集。

任弘震青鳳軒集。

秦檲靜遠堂集、東皋唱和集。

曹玑蘭皋集、嘯歌集、碎琴集、漫園集。

王際泰冰抱老人集、壽研堂續稿。

倪元善小嫏嬛集。

朱芾煌文嘻堂詩集。

吴國琦水香閣集、懷兹堂集。

徐天麟西郊草堂集、廣蔭軒雜咏。

賀燕徵玉筐集。

張大賡睡心集。

姚孫棐亦園全集。

卜象乾介石軒集。

王倣通秋香園集。

鄭洪猷蘧津彙藻。

潘湛畫山樓詩集。

費景烷皜庵居士集。

賈應寵澹圃詩草。

吴本泰海粟堂集、吴吏部集、綺語障、秋舫箋、北遊草、西征草、東瞻草、南還草、嶽遊草。

賀儒修蜀紘放吟、醉後有詩集。

王泰徵閬山詩集、樗庵集。

吴洪昌有懷堂詩文集。

周之璵讀史感憤詩。

周吉侍草吟。

方名榮武陵遊草。

孫聖蘭兼山草堂集、曉傳堂集。

周僄丹垠文集。

黃文煥赭留集、館閣詩文稿、日及堂文集、日及樓尺牘、觳庵草、淡淡草、昌谷集注。

吴國華四香居士集。

趙頫響木叶集、筆札集、即事集。

宫偉鏐入燕集、小西湖集、春雨草堂集、采山外紀。

陳煌圖鴻文詩集、記年詩、擬遊草。

宋存標遥和集。

馬瑞大林遺稿。

葉重華舊存稿、近存稿。

高夢箕許山集。

劉之鵬窮愁集。

丘道登素軒小草。

范鳳翼勳卿文集。

惲本初汝陰詩、香山詩鈔。

沈時升溪月吟草。

宋曹會秋堂文集。

耿震國恒春軒集。

王永年雪壺集。

唐允甲祖命詩稿、耕隖山人集。

許儀款月堂集、鶴槎詩歌。

許正蒙西陽近稿。

吴日昶世儀堂集、昇元閣集。

李長世南音集。

汪謡光五臺遊草、香林草。

李幹木天祕函、韶山集。

葛素東亭遺草。

沈之琰退庵遺稿。

陸獻明太僕疏稿。

陳濟生太僕集、廣連珠。

林沖霄兩垣奏議、樹玉齋稿。

葉國華繭園詩文稿。

倪仁禎疏稿、問夜草。

胡周鼒恒素堂集、葵錦堂集、詩刻二集。

蔣鳴玉怡曝堂集。

周壽明敦味堂集。

郭紹儀青蒲草。

陳素隨鶴吟、行邸閒箋、塞園小草。

李右讜西臺奏疏。

畢十臣之燕草。

郝錦九公山人集。

楊一儁小式草。

曹代之夏垣奏草。

朱鼎延奏疏、知年初集、蘧未庵集。

蘧伯崑石湖集。

王大捷野航遺詩。

錢光繡從慕堂詩文内外集、歸來閣集。

郭載騋課經集。

胡演鉢池集、東軒集、維園稿。

錢千秋青崖集、塞上草。

張永祺偶然述、靜夜述、多祝集。

左懋賞冷草集。

咸默舟車集。

施鳳儀鄰竹山房稿。

秦士奇冷雲居稿。

孫元凱詩積集、筆斷集。

韓詩學古堂詩文集、國門集。

姚康休那遺稿。

王翔經世集。

王之楨青巖文集、楚詞纂注。

董允茂豸章文集。
于重慶研雨齋前後稿。
李長康浮香草。
李芳蘊知還堂集。
殷宜中靜悅居集。
孟觀仲練詩集。
王遵坦墨甲堂集、願學齋集。
王弘基何陋居草。
況鍔二酉齋集。
陳紹英五石居詩集。
吳光龍金斗吟。
林逢春蘭陵集、鄞江集。
尹啟殷素齋存稿。
劉三達希陶集。
陸起元拗花園集。
蕭琯遯庵集、西湖草。
潘文儁滴翠集。
沈壽旭天籟集、搜餘集。
濮陽長亦悅居草、二可堂集。
詹應鵬巢雲閣集。
譚元方錦秋集。
紀騰蛟北斗遺詩。
李于堅吳楚遊集、西河集、水花長句。
郭士豪花軒詩、五先稿。
何平學圃亭集。
沈在宥巢霑集。
劉嘉禎詩草。
馬藩錫澹齋集。
倪文純獨秀山房集。
韓騰芳荷戟吟。

周一敬文録内述。

宋劼如園集。

張駿業北遊集、且園集、鹿革囊四靈考。

闞鍵送老詩鈔、詞鈔。

程于古水簾集。

李實鳳麓草堂稿、杜詩注。

文祖堯離憂集、明陽山房詩稿。

彭長宜瞿瞿齋詩稿。

王辰謹山集。

任文石藕花墅集、相山集。

孫鍾皋天逸集。

葉幹七十二峯詩集。

樊維師雪莽吟草。

孫永祚雪屋集、二集。

黄應蛟白雲山居集。

潘紹顯餘清園集。

成明義雜著。

黄珙北征集。

李嗣京冷香齋集。

陳丹衷蔗渣稿。

黄堯彩長安詩、南歸草、黔行集、廣陵集。

陶珽閬園草。

錢喜起南曹疏稿。

金肇元陽春館集。

張拱璣磚硤集。

陳肇英南樞奏議、嗇治堂集。

陸奮飛雲液草。

何陛濠上吟、志草。

顧燕詒恤刑題稿、容庵集、仙畬集。

黎慶永西山草堂集、吾廬集。

梁招孟息阿山房文集。

黃承昊闇齋吟稿。

王佐灼艾集。

黃中色管窺集。

尹珩懷仙閣稿。

石啟明介園集。

馬鳴霆唾餘集。

葉應震梧叟詩文集、焚餘稿。

趙嗣芳百遲齋集。

陳堯言留省焚餘草。

王行儉質行集。

陳其赤野樓集。

沈雲祚侶郊居存稿、華陽集。

顧繩詒素馨草。

鄭元勳影園詩稿、文稿、媚幽閣文娛。

劉復生塞上吟。

丘石嘗青雲堂詩、楚村集。

張涵碧煙小草。

江行芳梅花百咏。

張思濬冷善閣集。

項起漢鞍馬集。

張應錫六友堂詩集。

徐觀光適興吟詩稿。

馬偲養晦齋集。

汪懷廉竹西草堂集。

黃扉佶海岳集。

丁耀亢野鶴詩鈔、陸舫詩草、表忠記傳奇。

萬濯意園集、二十二君子贊。

趙士錦壹是堂集。

章世純章柳州集。

眭明永世經堂集。

李待問玉裕堂存稿。

章簡坤能詩草。

程良孺茹古樓畧、韻楊詩集。

吴爾壎滋蘭堂集、聶許堂遺草。

梅之熉萍廬偶集、芥舟續集。

吕潛半隱集、懷歸草堂集、守閒堂集、課耕樓集。

馮斐秋吟集。

向于宸向薇夫集。

談兆行蓮城詩抄。

謝良琦醉白堂文集、續集。

官撫辰桃笈跡、雲鴻洞稿、續稿、官石人文集。

韓四維叢桂堂集。

朱茂暉晦在先生集。

耿章光璽卿集。

蔣思宸翀姿遺集。

吴脈鬯昱青堂文集。

王士譽含星堂集。

涂斯皇潛確齋文集、宜振文集、花舫雜咏。

張明弼霧吐集、螢芝集、榕城二集。

時敏期思集。

錢位坤大鶴山人宫詞。

張怡白雲詩文集、蒼蒼亭集、濯足庵文集、古鏡庵詩内外集、詩餘、雲乳銷夏集、周流天壤集、歷試文抄、續抄。

楊彝子嘗全稿、穀園文集。

冒襄樸巢詩文集、詩文選、小三吾詩文集、水繪園詩文集、影梅庵憶語。

王時敏西廬遺稿、西田集、王煙客集。

周永年懷響堂集。

周永言晚香庵詩録。

歸昌世假庵詩草、假庵集。

王挺不盲集、減庵文集。

鄭與僑確庵稿、丹炤集、爭光集、儉戚説。

謝生蘭怡雲詩集。

顧景星童子集、願學集、南渡集、來耕集、白茅堂集、阮籍咏懷詩注、李賀詩注。

龍吟瞻雲館稿。

胡震亨赤城山人集。

余⿱木品借鑑樓集、悲哉卷、增益軒詩草。

歐主遇西遊集、北遊集、醉吟草、自耕軒集。

何剛瑞竹居文集、斷畫居稿。

羅伏龍自訂文稿、來生小草。

李自明謫仙居稿。

黄端伯瑶光閣詩集、文集、新集。

文震亨金門集、一葉稿、文生小草。

戚勳留丹集。

儲邦輔北遊南歸紀程詩、國山集。

汪國安離騷訂注。

朱漢徵蕉雨軒集、初郢集。

葛麟葛中翰遺集。

王日如吟父感遇詩集。

盧象觀幼哲先生遺草。

吳洪化分霞居士集、惜雲詞。

王若之箋啟、遊草、續詩選卷、涉志、痦咏、讌賦、疏稿、慧業軒集、王湘客文集。

華允誠疏稿、節愍集。

劉永錫洹水遺詩。

丁燿求芻一得。

沈士柱土音集。

王養正四逸園彙記、曼吟集、逸園草。

李蛟禎層城集。

陳龍正祕垣疏草、幾亭全書、外集、外詩。

陸培旃鳳堂文稿、行人集。

王道焜王節愍公遺集。

屠象美使曹奏草。

張龍德玉樹堂集。

錢棅新儒園詩文、部園詩。

錢默仲子初集、吹簫草。

過俊民白鹿遊文集。

戴重河村文集、苕霅間集、韓文編年。

馬錫遺民詩。

阮大鋮阮圓海奏疏、詠懷堂集、石巢傳奇四種。

蔡奕琛掌銓疏草、京兆疏草、韞仙奏議。

水佳胤容臺奏議、沙上吟、醒美堂集。

袁弘勳竹江詩後集、祇歸來草。

虞廷陛奏疏、雲岫山人集。

陶崇道陶路叔疏草、拜環堂文集。

唐世濟西臺奏草、瓊靡集。

朱之臣梅龍集。

鄭瑜焚餘稿。

周正儒笑吟、即山軒稿。

丁胤元丁給諫疏稿、滋德堂集、志壑堂文集。

戴英諫垣疏稿、陶隱庵詩集。

姚孫棨石嶺集。

吕陽薪齋集。

趙進美清止閣集。

陳鑑癖草、天南酒樓詩集。

黎玉田醒心草、文集。

盧世㴶尊水園集畧。

劉澤清劉東平奏疏、學劍集、大將軍詩集。

賈開宗遡園文集。

徐振芳雪鴻稿、楚評稿、淮海稿、太拙詩稿、喝月草。

殷埕甌遊草。

李士標蒼雪齋詩存。以上弘光朝臣。

黃道周續離騷、謇騷、黃忠端公全集。

路振飛按吳疏草、保障東南稿、路文貞公集、白玉齋集。

蔣德璟視草奏疏、花塼小草、使淮詩、使益詩、使還詩、小賦集、海北省視詩、黃芽園詩、石桃丙舍稿、敬日堂集。

黃景昉甌安館制草、屏居十二課、東崖詩稿、楚水吟、吳楚遊吟、鹿鳴咏、甌安館詩續集、湘陰堂集。

林欲楫友清堂文集、水雲居詩鈔。

何楷入垣疏草。

陳洪謐陳默庵詩集。

林增志玉署初編。

李光春奏議。

熊開元魚山疏稿、賸稿、華山紀勝集、擊筑餘音、熊魚山、先生文集。

吳甡嘉遯堂集、兩河文告選、柴庵疏集、詩集、文集、公移副墨、柱下藎言。

鄭三俊焚餘疏草、巢雲集。

傅冠寶綸堂集。

謝德溥雲庵集、謝文貞公集。

顧錫疇典禮奏疏、握日草。

楊廷麟兼山詩集、楊忠節公遺集。

郭維經求忠堂奏疏。

曹學佺浮山堂集、春别篇、金陵集、曹大理集、石倉詩文集、石倉詩稿、文稿、曹能始小品。

黄錦筆畊堂集。

熊明遇芟堂草、青玉集、華日集、攝華集、南樞集、英石集、延喜集、緑雪樓集、采薇集、中樞集、馴雉堂集、文直行書。

李長倩奏疏存、慚齋集。

周應期二東小稿、理屯疏稿、容臺疏稿。

葛寅亮葛司農遺集。

余珹西臺諫草。

張鏡心雲隱堂文集、詩集。

賀世壽淨香池稿、詩文稿。

熊化御史奏議、靜儉堂集。

王志道奏疏、黄如集、如江集。

羅萬傑瞻六堂集、此觀堂集。

林銘鼎瓌園詩草、春明詩草。

王觀光紫雲草。

曹勳東千釣叟詩集、文集、存笥集、行篋集、未有居集、居東十集、曹宗伯集。

林必達廬山集。

孫晋冬垣奏草、黄山草、楚遊草。

宋賢西臺奏疏、怡晚堂彙録。

唐顯悦泊庵集。

葉廷秀奏稿、素園遺書、評刊范文正公尺牘、評刊羅一峯詩集。

曹履泰浪跡曹方城疏草、浪吟集。

鄭賡唐空齋遺集。

王命璿序記文稿、靜觀窩詩集。

周瑞豹香霧閣集。

錢繼登壑專堂集。

陳燕翼西掖封草。

周廷鑨兩都篇、三餘篇、三山草、去來草、頤園草、樸園詩曆。

趙士春保閒堂集、續集。

吳孔嘉玉堂眎草、後樂堂集。

徐復儀節愍稿。

吳載鼇草勺、遊勺、詩十三勺、真乘黃、君臣問答十咏、東門勺、代言勺。

賴垓對咫草、投諸吟。

陳亨蓮石山房文集。

徐芳懸榻編、藏山閣外編。

艾逢節艾際泰詩集。

許譽卿三垣疏稿。

李清三垣奏疏、公餘録、澹寧齋集、雜著。

余日新西臺疏稿。

蕭士瑋春浮園集。

林胤昌銓曹奏議、繭草、百夢草、筍堤集、雁山集。

羅萬象淨悅遊草、陋軒近草。

陳天定清風集、慧山詩文集。

楊仁愿太僕集。

郭正中隱居詩集、黎眉先生集。

林銘球西臺疏草、宣雲楚按奏疏、按楚文告、鐵崖集、怡雲堂集。

霍子衡太僕集。

梁朝鍾喻園集、節愍集。

王瑞枏巡襄案牘、太僕集。

陸青源按閩疏畧、北臺焚草。

詹爾選西臺疏草。

鄭友玄澹山文集。

游有倫西臺奏議。

艾南英天傭子集。

楊文瓚奏稿、詩稿、圓石集、梅花百咏。

林銘几奏議、南隖遺稿。

將平階大鴻集。

張若化磊庵存草。

胡接輝畏天存畧、江防行草。

黃周星驚天泣鬼怡人集、夏爲堂集、芻狗齋集、九煙先生遺集。

許令瑜容庵疏稿、存稿。

謝泰宗轂音集、燕囊集、花歸百咏、載弩餘、菊醉吟、天愚山人詩文集。

胡夢泰弱焚園集。

萬發祥烈愍遺文。

李魯燹餘集。

吳易長興伯遺集。

黃毓祺古杏堂集、大愚老人遺集、圜中草、小遊仙詩。

金聲太史集、燕貽閣集、金忠節公集。

劉同升錦鱗詩集。

萬元吉墨山草堂集。

曾應遴曾兵科疏草、樞垣言事、篆草焚餘、石林詩草。

詹兆恒北征初集。

王廷垣潛服奏議、觀生草、留園集。

陳泰來漕科奏議、陳節愍公奏議、六竹詩稿。

鄒魁明退藏集。

楊文驄洵美堂集。

姜應甲頑石庵稿、名山四藏。

李維樾督漕行草、諫垣奏議。

楊文薦硯嚀詩文集、苕溪詩文集、聽湘詩文集。

尹民興庵園集。

周定礽騷酒剩言。

閻爾梅白耷山人詩集、文集、汧置草堂集、閻古古集。

錢嘉徵侍御奏疏、嵩龕存稿。

彭期生弱水山人詩集、玄覽齋雜稿。

黃潤中杜律注解、附火篇。

周二南樂府。

胡上琛飛玉齋詩集。

何偉劍歌堂集。

黃斌卿駢儷疏鈔、勤王疏鈔、來威堂稿、閩浙雜詠。

黃元籌秋霞草。

吳士琇直寄堂集、中弁山人稿。

陸自嶽潄篋集。

倪會鼎無功集。

洪京榜丘園集。

趙士完璞庵集。

趙士元竹石居詩。

梁愈榮一貫齋集。

姚奇胤草玄堂詩集。

簡知遇頑庵稿。

吳太沖罷庵奏議、息心窩詩集。

熊人霖星言草、進乘存稿、華川集。

董羽宸擇焉小草。

熊兆行靜適軒集、復吟草。

李瑞和莫猶居集、墻東集、學夫詩。

張聖聽瞿仙小草。

鄧廷彬閱畊堂集。

林潤蓁林教諭詩文集。

魏應桂焚餘集。

韓范雲頌堂詩集。

陸懷玉也園唱和詩。

胡時忠懷古堂文集、冷香齋集。

張璀蕘對草。

林鳳儀瀧水集。

吳應恂來曉齋詩。

韋際明駢語前後集、鳳池集、燕遊詩集、粵吟、方孩未集選。

徐柏齡勗光樓集、亦奇齋詩集。

王之麟斗寤齋集。

徐永周素心堂集。

劉自燁香山草堂。

黃起有慵山詩集。

李維垣青門集、感懷詩。

吳時亮泌可堂集。

唐洞惓香潭稿。

曹元芳淳村文集、淳風草堂集、東山草堂集。

毛元策五先齋集。

李開芳天風堂集。

陳殿桂與袁堂詩集、文集。

張若羲昊東集。

張若濠濮間集。

喻以恕歸硯畬草、槿園集。

陳國正豎語焚餘。
黃道爵麗矚亭集。
曾賜昌可風堂草。
盧日就斗孺遺稿。
劉大嘗求野集。
陳玄藻頤吟詩集。
程言湛園文集。
林日光浪帆草、蜕草。
唐士鳳宸翰樓集。
高承埏稽古堂集。
萬堯一蓮峯詩集。
黃晉良和敬堂全集。
李燦箕尋樂集、西玉山房稿。
區大緯歸紀漫草、續漫草。
李光倬采菱前後集。
倪元瓚子園文集、杜集注。
徐開禧古炤堂文集。
何九雲荷墅存稿、衆山皆響圖說。
張潛夫評點東坡集。
葉聯飛天民集。
李世奇悔晚齋集、澹寧居詩集。
李光龍閬山集。
趙潛冷鷗堂詩集。
蔣棻南陔詩集、南陔集。
徐英濺花吟、寒香亭集。
李長世南音集、名山藏詩文集。
石鏡污草。
陸彥龍徵君集、爕餘稿。
袁繼衮自怡草。
方元會澹園集。

胡世及爨餘草、岳觀堂集、詩草、清航居詩稿。

林琦水雲集。

蔡慶旺簡齋詩集。

黄守誼荔枝集。

林宗載觀海堂集。

劉光震翼雲堂遺集。

袁樞南征吟、伯應詩集。

張國經南都草、嶺表吟。

曾植二懷遺書。

李敬問嚼蠟篇。

吴應徵蘭臺集。

夏時傅翦江閣遺草、光禄稿。

淩世韶汭沙草。

王鼎鎮南巡封事、傲病草、半隱草堂遺稿。

黄日芳蓼蟲吟。

木增嘯月函詩集、芝山集、光碧樓選草、山中逸趣集。

徐可久息民足國疏、樹滋堂雜編、吾兼堂詩草。

孫穀梨床集。

黄起雒宓庵集。

謝長文乙巳詩稿、雪航稿、秋水稿、伯子遊草。

羅萬藻此觀堂集。

陳一球嵩石亭集。

宋玉爾吴票中全集。

趙庾雅南堂詩稿。

張若仲梅花草堂稿。

何家駒蓬山居士稿。

張映室丹崖集、紉蘭集。

江思令固庵集。

張星石龕詩草。

吴道新潛德居詩文集。

劉含輝知畏堂集。

楊時化蘋閣文集。

王龍賁威香集。

沈宗墉定山奏議。

曾世衮耐庵集。

沈自炳丹棘堂集。

吴宗漢歲寒集、南村遺稿、心逸道人吟稿。

黄家瑞督揚疏草、茹薺齋詩稿、清嚼居藏稿。

江天一江止庵遺集。

麻三衡孟璿集、古遺詩載存。

趙瑋芝園文集、塔影亭詩草。

陳斌蘆籟集。

黄雲師壬癸疏草、剩餘草、采榮堂集。

劉日杲出子文集、問花齋集。

漆嘉祉楚詞補注、樞曹奏草、李長吉評注。

王瓚芝蘭齋詩。

周岐執宜集、燼餘稿。

朱名世偶然草。

孫臨楚水吟、肆雅堂集、詩選、我悝集、大畧齋稿。

陳策愛竹齋詩。

張允掄櫟里子集、希范堂集。

丁元瑛寓鴻草。

余昌稜且園集。

苗蕃九江簾吟、天香吟。

張拱端孤雲集。

戴震雷鏡樓詩草。

黎倣淳舫齋詩集。

黎體淳清餘閣集。

沈中柱懷木庵詩草。

張聖域解言居集、風塵浪語、物情鳴、客里吟、求居集、出處合編、歸裁編、碧山草。

陸起龍行遠集。

孫承榮雪扉齋稿。

毛之儁慶餘集。

戴士憲禪意庵集。

姜玉菓臥遊草。

余昌祚飛鳶草。

沈光裕雁字詩。

楊佐明觀瀾文集。

范燮齊古宋草、西湖草。

彭文咸括庵集。

黃一鶚崆峒詩集。

王至彪玄對草。

劉用懌懷歸集。

陳以運澄觀堂存稿。

蔡文琳北遊集、南遊集、樵遊集、家居集、山居集。

方大普指南稿。

朱耀先雞肋集。

李明嶅樂志堂詩集。

魏奇詩賦辨體。

吳堂通隱集、八山堂集。

沈兆昌清雪堂詩文集。

胡學鴻龍山集。

張天麒嵩臺山房集。

金廷韶恥廬剩草。

胡甲桂存遠齋詩草。

畢貞士本仁堂集、大觀軒集。

蔡鼎萬遠堂稿。

羅賓王散木堂集、獄中草。

王龍震視鹺疏草。

黃錫袞野草集。

吳有涯客編、奏議、燕遊草。

王範槐園集。

理邕和寒石先生文集。

夏雨金夢莊詩草、秋水堂文集。

汪桂卧雪居士稿。

朱益采到處堂文集。

鄒式金香眉亭詩稿、雜劇新編。

傅振鐸築善堂文集。

王鼎彥正始堂集。

陳軾道山堂前後集。

朱潮遠恍然亭集。

杜肇勳閒古齋詩集。

孫紘世竹窗詩草。

金漸皋貽安堂詩集、外集、虹暎堂集。

夏完淳玉樊堂集、內史集、南冠草、土室餘編、夏節愍公集。

李承祚疏揭全抄。

蘇國瓓滄螺集、事言韻集。

麥而炫太康集、康山集。

吳廷猷奏疏。

彭士望恥躬堂文集、詩集、詩文合抄、樹廬文抄、晦農草。

費經虞荷衣集。

顧炎武亭林文集、詩集、餘集、佚詩。

曾燦止山集、西崦草堂詩集、六嵩堂文集、曾青藜詩文集。

揭衷熙仰萊集。

金是瀛蓬山集。

徐世溥榆溪詩抄、逸詩、逸稿、選文、選詩、榆墩集。

陳弘緒石莊集、鴻桷編、寒崖集、悟齋集、恒山存稿、敦宿堂集、陳士業先生文集、詩集、神聽集、西山二隱詩。

陳上善適餘堂集。

文德翼雅似堂文集、求是堂集、燈巖詩集。

傅占衡湘帆堂集。

湯開先潭庵集。

劉命清虎溪逸叟集。

陳三績篸山詩集。

陳洪綬寶綸堂集。

陳肇曾濯纓堂集。

陳奎輝寤寐齋集。

翁白梅莊遺草。

李世熊寒支初集、二集。

阮旻錫夕陽寮存稿、幔亭遊草、輪山詩稿、夢庵長短句。

池顯方晃巖集、南參集、玉屏集、澹遠詩集。

紀文疇青山集、湄龍詩文集。

王鳴雷王中祕文集、空雪樓詩集、大雁堂集。

張穆鐵橋山人稿。

陶天球世烈堂集。

沈鼎科蕉露豫遊草。

温璜貞白堂文集、寶忠先生遺稿。

歐陽鉉野獲園集。
吴應箕樓山堂集、庚辛壬癸集、感事集。
王士和喬木居集。
林質語稼堂集。
史夏隆譙巖文集。
梁于涣谷庵集、牢騷之言、梁節愍公遺集。
胡從治醉愚吟稿。
萬文英濳園文集。
李翔挽舟集。
唐周慈䅳純遺草。
黎遂球蓮鬚閣詩文集。
馬懋功介石齋稿。
孔大德秀野堂集。
張能恭天地大文、李忠定公奏議選。
周昌晋葭露閣集。
王璲青城山人集。
鄒之麟臣虎集、曝閣選。
黄鳴俊靜觀軒集。
黄天翼式愚堂集。
吴春枝入臺疏草、廣肅堂集。
曾道唯介石齋詩稿。
李覺斯端明堂疏草、文集、晚翠居詩集。
伍瑞隆懷仙亭草、金門草、白榆園草、遊梁草、石龍草、鐵篴草、雲樂林草、鳩艾山近賦、少城别業近草、臨雲集、辟塵集。
鄭瑄撫吴疏草、昨非齋集。
袁奂鹿門草、二陟堂集。
張兆星夢餘詩草。
唐有章哦秋篇。
李允佐堅淡居詩集。

萬荆集杜詩。

簡寋竹間集。

張翼軫勞人草。

陳仲達三避齋詩集。以上隆武朝臣。

瞿式耜掖垣疏草、雲濤集、嵩丸集、蠟丸書、虞山集、瞿忠宣公集。

李永茂邢襄題稿、樞垣初刻、西掖焚餘、撫虔議草、伾上吟、南北詠、哀餘草。

李若星紫垣奏議、撫鄖疏稿、總河奏議、總督川貴奏議。

吳炳雅俗稽言、絕命詩、粲花齋樂府五種。

朱天麟七觀齋文集、雉城詩集、一弦草。

王化澄登水奏畧。

王錫袞王文毅公詩文集。

方以智博依集、方子流寓草、稽古堂文集、浮山全集。

周堪賡治河奏議、五峯文集。

郭都賢撫江疏稿、衡岳集、止庵集、秋聲吟、西山片石集、破草鞵集、補山堂集、些庵遺集、雜著。

陳子壯南宮集、禮部堂稿、練要堂集、雲淙集、陳文忠公遺集。

姜曰廣皇華集、石井山房文集。

曾櫻奏疏、侍郎集、二雲遺書。

郭之奇攝臯陳事、詩十九集、宛在堂集。

何騰蛟何忠誠公奏疏、何忠誠公遺書。

堵胤錫奏疏、堵文忠公集。

章曠章文毅公詩集。

周鼎瀚石園集。

晏日曙論題考畧、東湖乘草。

揭重熙鶴玉齋集畧、揭蒿庵先生集。
傅鼎銓寓憤集、正命篇。
王應熊涵園集、春石集、清暉、樓尺牘。
吕大器撫甘督楚奏稿、塞小草、東川文集。
劉鱗長鞠躬堂集。
文安之畧庵集、鐵庵集。
湯來賀粤政存草、奏議存草、内省齋文集。
何三省夢齋詩集、樽餘集選。
李陳玉離騷箋注、臺中疏稿、進思堂集、退思堂焚香日録。
黄公輔北燕巖集。
魯可藻曆頭吟、流離草、司馬集。
錢邦芑卜言堂詩文集、梅花詩百首、秋柳詩四十首、大錯和尚遺集。
郭貞一斯庵集。
李士淳詩藝、三柏軒文集。
梁士濟按蜀巡畿疏草、橋臺集、城臺集。
唐紹堯愚園詩集。
辜朝薦疏草。
余鵾翔副使遺詩。
賀王盛亦政堂詩文集。
胡璇二峯侍郎詩文集。
雷躍龍葵谷草、逸餘集、石庵尚書詩文集。
曹燁星軺集、客影集、北江集、南江集、曹司馬集。
龔彝葵日堂集。
鄭逢玄谷口集。
汪郊心遠堂集、客滇集、辰初文集。
米助國順齋奏議、文集、壺雲秋草。
潘應斗永孚堂集。

文燠梅花居集。

諸葛倬十年詩集。

嚴瑋滄琅集、蕹山集。

沈光文文開文集、詩集、臺灣賦。

鄒鎏可園詩文集。

屈士煣容臺疏抄、顯晦草、食薇草、白園詩集。

楊廷樞蒼天吟、古柏軒詩集、復庵遺稿。

沈壽民剩庵詩稿、姑山遺集。

劉城嶧桐集。

張自烈芑山文集、詩集、兩孤存集評定淵明集、評定蘇明允論策。

何運亮咏史詩、癸甲草、草間集。

周夢尹樞曹奏議、蘇遼集。

吳其靁清聞詩集。

李貞教忠堂疏草、乙丙遊草、寄遠樓集。

謝元汴霜厓集、雪山堂集、放言詩集。

朱士鯤息獨齋稿。

蒙正發漆園放言、蘆草、龍壁吟、款乃聲。

金堡粵中疏草、行在疏草、一曰嶺海焚餘。臨清來去集、丹霞初集、二集、夢蝶詩、梧州詩集、偏行堂集、續集、今釋四書文、尺牘、雜劇。

陳起相平水集、紫雲休暇集。

張家玉詞林館課、燕山吟、西征吟、鐵園文稿、芷園詩、軍中遺稿、文烈遺詩、名山集、張文烈公集。

陳邦彦南上草、雪聲堂集、東巖野先生全集。

朱治憪子暇集。

陳象明塵外賞。

連城璧蹇愚集。
張同敞純忠堂集、別山遺稿、詩鈔、遺詩、張忠烈公遺集。
陳瑾竹嘯山房集。
譚貞亮狷石居遺稿。
王忠孝忠孝公全集。
沈佺期沈復齋詩文集。
陳士京來復詩、喟寓巵言、東書後集、海年集、海內集、海外集。
徐孚遠釣璜堂存稿、交行詩集、海外集。
劉士禎秉丹堂奏議、三秉堂集、結霄樓稿、澄觀樓稿、藜光園稿。
涂伯昌涂子一杯水。
王熻王大司馬遺詩。
方孔炤撫楚疏稿、中丞集、嵞山集、環中堂文集、詩集。
金光辰御史集、金雙巖中丞集。
左光先左侍御奏議。
滿之章龍隱軒詩集。
王道直按吳疏稿、嚴關盾墨、中臺奏議。
劉季鑛皆園集。
吳德操西臺封事、北征草、過江集。
吳晉錫增補玉棹銀河集。
米壽圖米忠毅公集。
劉泌劉子長庵文集、旅嘯集。
劉菃愛蓮軒集、烏私泣集。
熊興麟素園遺稿。
張耀碩寬堂集。
陶汝鼐廣西涯樂府、嚏古集、寄雲樓集、褐玉堂集、嘉樹堂集、榮木堂集、續集、陶密庵詩文集。

王懌墨莊詩集。

曾益坻場集、飛卿集箋注。

王來儀晴陲集。

李乾德易易集、雨然集。

范文光仲闇居邠集、峨眉集、石鼓山房集。

陳璽上元詩集。

張一甲止園集、古柏齋文鈔。

周金湯穀城詩集。

錢謙益杜詩注初學集、有學集、投筆集。

田元秀碧草堂集。

鄭成功、鄭經延平二王集。

陳斌越遊集、臺南集、涓水集。

林銓虞山草。

楊藝雪湖詩集。

張載述怒成草。

吳晉硯齋近詩、退庵稿。

周官石竹山房集。

方中德遂上居集。

方中通陪集續陪、迎江集。

方以義次公詩集、時術堂遺詩。

郭良史玉沙詩刻。

陳子升大江吟稿、中州草堂遺集。

朱實蓮積雪軒集、冬春草。

黎元寬進賢堂集、谷鹿草堂集。

曾植曾二懷遺書。

陸漾波回風草堂集。

陳衍虞園公文集、詩集。

周侯乳庵文集。

江見龍太僕集。

簡文灝柏園詩集。

李先登大觀堂文集。

郭九有嶽遊草、從軍草、瀟湘吟。

蔡溶如歸田詩。

楊錫億卓觀堂集。

施男施氏一家言。

楊鶚奏疏。

楊山嵩皋庵詩集。

羅其鼎月江集、前著草、行藏稿、仙掌草、焚餘集。

施逢覲山水鄉詩集。

吴灝之時務策、吴大身先生遺集。

羅應秋柏立軒詩文集。

湯永誠雲鶴亭集、貽譏集。

祝之至囈語集、墨戲堂文集。

陳祥士玉螺山房詩集。

劉禹甸安城詩草。

杜如蘭静業稿。

金光昊盡性齋文集。

王貴德青箱集。

倪秉元檻植軒集。

錢邦寅若華堂詩鈔、楚遊草。

錢點昜庵集、百可堂集。

曹椿鵑血集。

馮晋卿天符笈草。

胡欽華沅江集、茗柯堂集。

甘明鶴天逸齋稿。

唐訪晦堂集、寂堂集。

巫三祝蘧園集。

陳是集中祕稿、南溟詩集。

趙炳龍居易軒詩文集。

沈巨儒越雞集。

李楩函祕齋詩文集。

陳璠才子驚夢集。

闕家炳巢棲集。

李麟祥谿仙詩集、文集。

臧煦如塞下吟。

吳中蕃斷硯草、敝帚集。

李際明風操堂集、樵懷集。

劉晉康嘯餘草、牓山堂稿、劚花齋襞集。

熊汝學月崖詩鈔。

張魯傳青萍詩集。

張應斗藕劍齋集、帘槐閣稿、燕粵吟。

毛會建百一詩集、客山詩畧。

陳詩知鴻堂集。

李寅視彼亭詩存、魚喁草。

萬日吉戒心集、東有堂集。

閔仲侗鶴鳴篇。

唐元楫初築堂集。

龔懋熙竹居集草。

葉明福逃禪集。

王華玉太史集。

張鳳翼粵遊草、草間遊集。

闞士琦蟛蜞館文集、秦月樓詩、蝌蚪詩集、餘仙草、闞山草、即事草。

劉明遇雲勸齋集、石倉詩。

陳謨僦雲集、梅花間詠、落花三十首。

黃遂月壁集。

黃元祥碧山草堂文集。

李延是放鷴亭集。

高應雷澹生詩文抄。

劉坊燕遊集、瑶玉館稿。

黄守誼荔枝集。

鄧務忠勳卿遺稿。

米肇頤東遊草。

潘紱天布齋稿、鐸音、盎中鳴集、古詩十九首疏意。

郭運暄疑始道人集。

潘應星儔影堂集。

謝良瑾阮遊集、未刻書、三試草。

何藻西塘彙刻。

盧兆龍桐封集、遊五岳集。

劉瑄憨園集、掌園存稿。

許吉璟齠齡集、尋奇草、石佛洞榷倀小品。

陸世廉西臺記。

余士琮二吹堂集、怡雲軒集。

樊師孔聽命堂集、冷況集。

官撫邦條放居詩集、霜陴草、雪鴻草、帶草、天聲閣集。

高耀太僕集。

陳學益窺斑集。

盧君嘗詩集。

蔡錚虎詩集。

陳翀海霞詩集。

陳孝威壺山集、孝威論。

陳孝逸癡山集、孝逸論。

陸樞南中詩草。

李果奇醒醉詩草。

周裕珽在山草。

陳良能紀年草。

曹恢行人集。

鄭之珖櫝庵文集、篠蘆詩集、湄潭詩。

鍾丁先義士集。

淩民鑰宦溪詩草。

黄鶴僊東園草堂稿。

羅鴻壺天集。

計安邦奮北草。

吴驥浮園集。

孫昌祖蘭雪軒草。

何準道棕山詩集、玄英閣稿。

謝宗鍹觀古堂集、遯齋集。

彭佺澹庵文集。

鄔昌琦鄔侍御小草。

張家珍寒木居詩抄。

湯廷璉釣臺集、蟄庵集、巖居集。

張玠蒼蒼亭集。

林洊明夷草。

朱學熙花阡題詠集、朱叔子集。

朱四輔擁萬堂集、鐵輪集。

程士鯤雲樵文集。

曹從龍雲霖詩集。

朱大夏桂林軒稿。

曹胤昌蔬堂詩文集。

丁之鴻漸齋遺書。

王應斗湛輝閣草、淩滄草、怡雲草、天喉詩文集。

劉奇遇慎餘堂詩文集。

王垣京井園詩集。

孫承榮雪扉齋稿。

何天衢灌川諫草。

張問士存耕堂稿。

宋鳳來研北居詩集。

李昌裘遠庵草。

陸銑懷園小集。

楊濬英海門文集。

范炳元永中瓿餘詩集。

張同居澂海集。

張裔達敦行堂集。

宋應昇方玉堂集。

嚴爾悰璞庵集。

羅儀則無美近刻。

張聖型紅梅長嘯集、百粵吟。

范圍中師善堂稿。

林翰沖志言集。

伍堣半峯文集。

林崇孚可問堂稿、響山樓稿。

范體仁種書閣集。

黃中澹文遠堂文集。

衛淇自携稿。

鄧天錫雪濤園集、逸遊草、石浪集、山居秋感集。

徐以暹煙波小草。

華白滋石袍吟、白葉齋詩稿。

魯鑑滇遊草。

廖文英石林堂前後集。

許啟洪偶吟十種、杜門草。

盧弼紉蘭集。

陳五鼎兩餘堂文集。

張士亨竹香集。

胡甲魁雪山詩集。

程生雲求志軒集。
趙日亨瘖歌樓集。
古心怙廬集。
林明儁澮遠堂集、巴子園集、梧桐居集。
劉之益墨戲堂文集。
王珣穀城集、璧泉詩集。
郭奎光煙波草堂集。
闞士琳鐵鹿草。
朱服遠北學稿、南旋草。
吴正心滇中詩集。
徐宏泰觀瀾集。
李鳳鳴燕遊二集、未瓿言。
何龍禎騰虛集。
陳彌高西山樵史集。
趙珣江花稿、偶然草、聖水山房集。

朱茂時咸春堂稿。
李瑞鶴燹餘詩集。
張明輔金沙集、古山子集。
龔三級尚志齋集。
談亮賣閒愁集。
郭孝懿桃源文集。
鄭龍采高密堂集。
丁裕慶白石山房文集。
龍吟瞻雲館稿。
王廷宰葦蕭齋集。
謝國安羅池集。
黃嵦煙霞集。
淩夫惇歸田集、古詩十九首注釋。
袁應福漁磯集。
張啟賢蓼懷文集。

閔朝宗山石集。

姚以亨遵渚萃草。

何負圖伴山集。

宋世裕吟我詩集。

趙以相雲心澮墨詩草。

胡世英壽世集。

郭君聘居士集。

魏應星弁山集。

陶珙遯園集。

楊應桂自知樓點易集、玉壺冰稿、玉鵲庵稿、橛居草、心如堂集。

蔣勸善秦遊草、峨石齋集。

冷時中雪椀集。

樊曙楚澤吟。

李洪雯鍾溪集。

劉道開各夢草、自怡軒詩文集。

萬任艾西文集、靜園僅存稿。

洪垣星芹園詩集。

韓國植葛坡草堂集。

潘驤澮遠堂文集、詩集。

汪觀光潁上草堂詩集。

潘馴瘦竹亭文集、詩集、回文詩、出岫草。

李司憲擬陶集。

周斌仁義說、會討闖賊檄、勤王詩。

蘇汝賢醉翰齋集。

梁台玉擊木詩集。

曹光寓洞山瑶草。

鄺日晋楚遊稿、磊園集。

梁中英都督詩草。

羅定材夢鳥集。

王萬化嵩林集。

陳計長鳴鶴堂集。

李時芳養恬集。

李明睿大椿堂集、閬園四部稿、文抄、今詩部、白鹿洞稿、蕭江集。

吴侯汾遊草、惟暉堂集。

舒忠讜褐寒軒集。

田霈霖鏡池閣集。

田既霖止止亭集。

田甘霖敬簡堂集。

王萬化嵩林集。

陳寶鑰鐵園草堂集、楚遊記詩抄、吴越遊記詩抄、鷺夢記詩抄、秣陵遊記詩抄、草草記詩抄、悠悠記詩抄、蜀遊記詩抄、吴行記詩抄。

黄開泰澹寧居詩文集。

葉后詔鶉草。

陳俞侯陳子新編、滇蜀草、東行草、北行草、金陵雜詩、欒社詩草。

黄元驥省齋詩集。

鄭德瀟蘧庥近吟選。

路太平宜軒詩草、□□堂雜著。

畦本務庵集。

陳洛稷梅花草堂詩。

林雋胄時山集、西溪草堂詩集。

王夫之薑齋詩文集、詩賸稿、買薇稿、瀟濤園初集、五十自定稿、六十自定稿、七十自定稿、柳岸吟、落花詩、遺興詩、和梅花百詠、洞庭秋、雁字詩、愚鼓詞、仿體、嶽餘集、船山鼓棹初二集、蕭湘怨詞、詩鐸、憶得、龍舟會雜劇、船山經義。

錢秉鐙田間詩集、文集、尺牘、藏山閣稿。

費密鹿峯集、燕峯文抄、詩抄、詩餘、集外雜存、雜著。

吴龍楨勿庵詩抄、冷香閣集。

姚子壯六康集。

戴弘宗雨珠饒舌集。

楊益俞半山齋遺草。

歐陽斌元文集。

蔣之棻江聲初集、二集、四如小草。

朱之宣砍柴行者遺集。

向文煥孤雲亭文集。

郭金臺石村文集、詩集。

車以遵高霞堂詩集、續集。

王嗣翰六聲亭草、延喜堂集、石崖稿、硯莊稿。

王嗣乾黄雪園集、可存齋詩、歸籍草。

鄧祥麟鵜峯山房詩集。

朱金芝湘帆集、登樓集、汝南懷古集、玉笙篇、彈鋏篇、許可篇、素心草、瀫溪留别草、八音草、慟餘吟、聞變詩、哭泣詩、擣衣詩、落葉詩、聞砧詩。

屈大均道援堂集、翁山文抄、文外、詩畧詩外、翁山詞、九歌草堂翁山詩集、寅卯軍中集。

陳恭尹獨漉山人集。

王邦畿大樗堂集、耳鳴集、丹霞雪詩。

方國驊學守堂集。

陶璜慨獨齋遺稿、握山堂集。

區懷年楚鄉亭稿、石洞遊稿、一嘯集、擊筑

吟、燕邸旅言、元超堂稿。
嚴士龍雲跡草。
李夢願小寒山集。
陳嘉謨念初堂稿、續集。
鄺露海雪集。
許士驥德生文集。
鄭雲錦横州集。
陳佐才寧瘦居草、叫天集、是何庵集、石棺集。
黎延祖瓜圃小草。
陳大生絶命詩。
郭賢操甓餘吟、憤言、苟全集。
聞大成攝山集、南嶽集、會聖堂集。
戴希嘉冰心堂集。
丘式耔日沛園文集。

黄孔昭石衣翁南歸草。
闞捷先錦亭集、青原集。
何吾騶經筵日講拜稽録、寶綸閣集、元氣堂詩集、文集、中麓閣集、雲笈軒稿。
袁彭年省垣奏議、掌憲奏議、土風堂遺稿。
戴國士初士文集。
毛壽登廓園集。
鄒枚荻翁文集。
鄭纘祖遠齋集、泥雪文鈔、雪泥集、編詩、燕山紀遊集、三春紀事集、海外文章、滙香編。
鄭纘緒樂賢堂集、石倉集、鼻墨集、菊言集、致齋集、鯉湖草。
傅爲霖緑綺堂詩集、文集、別集、後集。
黄而輝訥園集。

鄺日晉楚遊稿、磊園詩集。

万日瓊西遊草、渠園集。

李應庚龍臺山人文集。

戴謨三笑集。

何一泗北岡遺稿、巾崖甲乙草。以上永曆朝臣。

張國維張忠敏公集。

方逢年雪滌齋集。

陳盟雪齋集。

陳函輝寒玉集、寒光集、寒香集、寒嵩集、寒耘集、小寒山集、孤忠遺稿、陳寒山子文。

柯夏卿忍冬軒集。

劉中藻洞山文集、葛衣集。

馬思理掖垣封事、玉尺山房詩選。

錢肅樂正氣堂集、越中集、南征集、偶吟、錢忠介公集。

沈宸荃彤庵遺詩。

劉沂春出雲巖集、瓏珂集。

李之椿指樹園集、霞起樓集。

張肯堂莞爾集。

章正宸章格庵遺集、格庵遺書。

李長祥天問閣集。

張煌言冰槎集、奇零草、采薇吟、張蒼水集。

余煌余忠節遺文。

王思任王季重先生文集。

張文郁度子亭集、文雅約。

吳鍾巒霞舟攜卷、一曰鳴劍集。鳴稺山集、少保文稿、十願齋集。

余颺蘆中全集。

姜埰餺飥集、敬亭集。

邵之詹豔雪堂集。

孫栞初茅軒文集、亦園集、雜刊、被纓集、藏堂詩集。

包爾庚直木居集。

周齊曾霜聲集、囊雲集。

陳子龍兵垣奏議、白雲草、湘真閣稿、岳起堂集、采山堂稿、屬玉堂集、平露堂集、焚餘草、江蘺檻詞、安雅堂文集、陳忠裕公全集、評點陸宣公文。

于穎拂黛齋稿。

徐金芝梟園集、欹枕草、爾爾草。

何弘仁御史集。

張采知畏堂集。

查繼佐敬修堂集、詩稿、釣業、雜著、粤遊雜咏、詩可、先甲後甲集。

嚴通兵垣疏草、白海集。

黄宗羲南雷文案、文定、文約。

林時對朋鶴草堂集。

徐殿臣香眉閣集。

張利民野衲詩畧。

徐之垣在澗樓集。

葛世振寒鐵道人集。

董守諭匪風集、擘蘭集。

莊元辰因園集、山樵編、信水亭吟。

李山釣鼇文集、雙清堂文稿、頑石畫中詩。

來集之倘湖遺稿。

秦祖襄介石山人手録、二嶽遊草、三湘雜著、斷山吟。

楊德周銅馬編、湍庵集、六官堂集、六鶴齋集、光浮集、玉田吟、杜詩解。

傅巖乘檻草、花巢詩稿、十願齋稿。

林蘭友迷迷草。

盧若騰留庵詩文集、外集、細齋咏業、錯叟文抄、島噫詩集。

林垐哀山東集、居易堂集、恥齋集、海外遺稿。

張寂惺石田詩集。

周之夔棄草文集、棄草二集。

郭符甲虎聽草、大小題筆要八法。

林嵋蟛蜞集。

林逢經苦竹吟。

林尊賓雁園集。

鄢正畿澄庵集、墨莊草、紫頂草、萌芑草。

王翊王侍郎遺著。

馮京第三山吟、簟溪集、馮侍郎遺書。

雷起劍瑞芝堂集。

葉珍潛夫集。

陶履卓安雅堂集。

王亹匪石齋集、妙遠堂集。

王自超柳潭遺集。

沈光融慕劬集。

吳晉胤蓬蒿園詩集。

翁明英秋懷咏、驥咏。

陳時暘東曦詩集。

杜學仲滋德堂集。

陳許廷蘇庵集、李義山詩箋。

崔莼西莊集、瑤光集。

陳昌胤吟秋集。

葉謙城北破廬集。

陳達虛窗文稿。

陳希友枝南餘草、蓼巖集、粵中吟草。

陳希文深谷山房集。

崔相侍讀集。

錢肅圖東村集、編年集、東農草堂文集。

錢肅臨聳逸樓稿。

袁州佐植香齋集、詞集。

葉進晟楚明光詞。

葉進燁枝南詩集。

姚翼明南行草、昮庵集。

李長祚容炤草堂集。

董德偁宜人軒集。

董德偕風騷、青瑣集。

陳修未焚草。

全美樟嵩窗集。

葉振名給諫集。

王應屺粟顆集。

張文烶彥彪近藝、怡怡堂集。

楊玄錫碧湖詩草。

楊鵬翼圃亭詩集。

葛士禎息園澹香吟。

徐家麟頤閣集。

張德行嘯雲館文集。

徐國珩靈椿堂詩草。

徐振奇通介集。

余增遠若水集。

徐遠遙集編。

李國標梅岑集、嘉禾集。

田嘉年嵩月軒詩稿。

陳士繡歃雲集。

張以邁南沙集、沈水草、匡盧集。

方陞龍威上人集。

周宗璧隨緣集。

傅奇遇工部稿。

陳鳴石竹溪集、抱冰集。

陳兆藩夜光堂集。

薛敬孟擊鐵集。

姜泫篔簹集、伫石山人稿、流覽堂殘稿。

姜圻貞文先生集、厓西詩稿。

沈延嘉四疏稿。

牟賢拙庵存草。

盧之賾遺香齋七録。

周昌時韞公集。

沈士穎漑鬻集。

陳昱陶庵集。

駱國挺寒崖草堂遺集。

李文靖探水集。

阮震亨青瑣奏議、草草吟、使齊吟、焚餘草、平石草。

劉勷南沚奏牘。

顧朱石磷主人詩草。

紀五昌侍御集。

鍾鳴雷息齋詩文集。

彭彥昭苕月軒稿。

譚貞默其間詩集、埽庵詩存。

載杏芳唯儛草。

全大程蒲薄社吟。

李文爟夏司集。

陳麗明采菽堂詩集。

沈泓東山遺草、懷謝軒詩文集。

沈龍妙香齋集、遂初堂稿。

姜昌周敲竹詩集。

林祚隆淡窩集。

林宏珪函石吟。

王蘗師更生詩。

沈泰藩符司奏草、清署閒吟。

王玉書瑶光閣集。

徐定達燕遊詩草。

陳朝輔四香居集、葦庵集。

李安世吹萬齋集。

董守諭春秋簡秀集。

陸寶霜鏡集、辟塵集、悟香集。

丘子章萍槎吟、過客吟。

孫肩甲乙雜著、詩紀畧。

張暘杲和熊堂集。

吴之經夢與齋集。

陳一球嵩石亭集。

陸符環堵稿。

吴之器得山堂文稿、詩稿、元陽樓稿、明月齋稿。

李挺秀惕介山槃賸稿。

俞綸蘿月庵集。

許宸章翦韭齋集。

徐鳳垣負薪集、霜懷集、葵向編。

梅之熚惠連古詩文。

周夢鸞蘭悰篇。

馮家禎退庵宧稿。

張賁海雲集。

錢爾登存笥草。

左國柱醒園詩草。

黃翼聖蓮蕊居士詩選。

甘元鼎深柳堂文集、詩集、擬古樂府。

查嗣馨崇善堂文集。

徐懋曙且樸齋詩稿。

黄以陞蟫窩集。

胡澄一詩年。

史起明閩遊政稿。

鄭尚藩靜樂堂詩稿。

張紹識六知堂集。

徐日隆崇勗齋擬古詩、山遊詠。

龔策玉陽近著、俟庵詠史。

林懋勉儀存堂集、詩集。

林之蕃藏山堂集、林涵濟集。

林説寸草堂集。

鄭溱書帶草堂詩選、文選、文集、詩稿、廣思集。

曹威鳳嵋雪齋詩草。

陳肇域餘清堂集。

吕願良季臣詩集。

倪長玗信古堂集。

馬萬方訥庵集。

裘永明玉湖樓詩集。

張立中停雲集、即園集。

葉進達黎雲集、燃餘集、花月連珠詩。

徐爾穀畫水草堂詩稿。

侯岐曾文節先生文集。

高宇泰雪交亭集、一曰正氣録。肘柳集、三稿類存。

祁理孫藏書樓詩稿、寓山詩。

祁班孫自怡堂集、紫芝軒稿。

楊文琦楚石集。

楊文琮天璧集。

楊文球天琅集。

沈自鋋南莊雜詠、釣閑集。

沈浩然雪峯詩稿。

陳士繡奚囊集。

任光復冰崖集、嘯月樓集。

馮愷愈涉江集、西江詠、榕堂詩鈔。

惲日初則堂古文集、不遠堂稿、惲遜庵先生遺稿。

朱之瑜舜水文集。

金敞闇齋文集、夢餘存稿。

朱一是爲可堂集、梅里詞、評杜樊川集。

巢鳴盛永思草堂集。

吕茂良蔭芳園集。

張岱快園道古、徯囊十集、一卷冰雪文、嫏嬛文集、張子文粃、詩粃、昌谷解。

劉應期瑞當遺詩。

吕章成浴日集、吕氏千文。

萬泰續騷堂集、粤遊草、寒嵩齋集。

紀許國吾浩堂詩集、文集、南行草、拂麈集、名山集、同岑草、石青遺稿。

顧咸正棄庵集。

劉曙節必居遺稿。

錢栴白門集。

楊定國帶血吟。

李桐侗庵集、先德集。

周元初自怡集。

陸宇熻戇庵集、霜聲集。

全美閑百尺西樓集。

毛聚奎呑月子集。

華夏操縵安弦譜、泗水鼎樂府。

林時躍留補堂集。

王家勤靜遠閣集。

李文纘殖閣草、跪石吟、賜隱樓集、礐樵集、三嵕聽雪石臼閒課。

倪元楷白蓮集。

李文純耕石詩集、瓢貯集。

周章泰今日居集。

林鍾哲龍津草堂集。

傅攀龍尺木集。

魏憲枕江樓集。

蘇莊容與齋文集、迎旭詩草。

謝三賓一笑堂集。以上監國魯王朝臣。

李標李文節公集。

孔貞運皇明詔制、敬事草、行餘集。

錢龍錫惕餘存稿。

錢士升綸扉奏草、賜餘堂集、白石山居士奏議、詩詞。

張四知韶亭詩集。

孟紹虞演綸稿、紺雪堂集、尊足軒詩集。

杜士全春星堂集。

曹珖大樹堂集。

李日宣西臺奏草、中州奏疏、祀戎奏疏、按豫勿喜録、銓曹奏畧、河東文告、滄浪詩、敬修堂全集。

涂國鼎性餘堂集。

傅淑訓督餉疏草、白雲山房詩文集。

黃汝良歷朝奏疏、河干文集、詩集、寓林集。

王祚遠王尚書集、香雪居詩集。

郭尚友漕撫疏稿、答問草。

劉遵憲揮麈亭集、雲西稿、壽世餘詠、來鶴樓集、恕醉齋集、友聲亭集。
馮元飆太保集。
馮元颺奏疏、韻律、小漁山集、癡□和陶詩、和和陶詩。
吴履中疏稿。
程啟南日新堂稿、也是園集。
嘗自裕樞垣奏議。
毛士龍疏稿。
劉廷諫司銓奏草、白雲牘、雪庵集、都下草、退谷囈言。
張三謨日葵奏議草、高比齋集。
徐憲卿留垣奏議。
陸獻明太僕疏稿。
馬從龍掖垣疏草。
袁業泗兩朝奏議、燕遊草、秀橋歸來集。
林先春林閱甫集。
曾熙丙貽穀堂奏議。
黄宗昌黄侍御疏稿、恒山遊草、於斯堂詩集、澹心齋稿。
張福臻奏疏、杞憂集、迫鳴草、雜著。
王家禎少司馬奏議、總理奏議。
洪瞻祖清遠山人漫稿。
余大成四夢稿。
張爾忠按秦疏畧、撫秦疏畧、去秦疏畧、知漳罪略、閣試策論、焚餘摘。
鄭二陽皖江奏議、生生集、鄭中丞益樓集。
杜三策杜公奏稿、杜中丞集。
黄希憲蘭臺奏稿、蠲荒奏議、撫吴疏草、閩中初稿、效顰眉初稿、入楚蜀稿、孟城蓬萊稿。

陳睿謨傳是堂文集。

羅元賓西臺疏稿、天樂吟。

王象晋董漕副墨、賜閑堂集、清寤齋心賞編。

潘士遴奏疏。

張鑛内臺奏疏、涉園詩文集。

何萬化北征草、南還草、辛壬草、秣陵吟。

石文器翠筠亭集。

周鑣奏疏、十四哀詩。

孫自修與然堂全集。

錢肅石語草堂集。

陳述知湘東文集。

馮之圖易老堂集。

張令聞潩水吟。

張鵬翔璧山文集。

黃正色棣花軒詩集、畏合堂稿。

沈宜卧紫山房集、蠹餘草。

雷叔聞雷山子小言集、緑蘋園詩集。

戴義陶炤軒集。

劉在朝蘭心堂集、喚礎齋集、竹溪詩文集、采隱樓集。

潘世標初炤亭集、蜀遊草、僅存集。

危思謙棲堂草堂集。

黃學謙紫巖集、炤亭遺草。

黃學和梅隴賸稿。

胡澥餤餘草。

龍人儼索遊草。

薛寀夢星集、堆山先生文集。

吴正己開美堂文集。

毛之儁慶餘集。

王行可見行先生遺稿。

李嵩按晉疏草、秦晉諫章、醒園文集、白雪堂詩稿。

傅維橒植齋文集。

姜天樞曉堂集。

張惟機清署小草。

曹宗璠崑禾堂集。

施日升隨囈、蠹餘草。

俞之泰海樹堂集。

賈毓祥西臺封事。

張士第感鳴草。

單恂白燕庵集、枯樹齋集。

蔡萊東井居詩草。

史垂譽燃藜佚稿。

史乘古江州集、有獲堂詩稿、難後草、僑翁詩鈔。

鍾必顯大海迴瀾集。

徐日升卷石草堂文集。

王岫生怪石集。

王宮臻文豹一斑、海遊草。

邢其諫斯馨館集。

康湛萬紫園集。

康溥厭陽稿。

程泰嘯歌。

程先貞燕山遊稿、海右陳人集、二仲詩。

孔聞詩奏議。

宋造崇人鏡集。

李悅心染柳軒集。

楊御莊蜨庵詩稿。

徐鴻起西曹奏議。

汪珂玉霞上緒言。

陳士梅歗雲集。

秦鍾震槜吟。

陳如嵩蓮山堂文集。

米嘉穗澹庵詩集。

張能恭李忠定奏議選。

陰維標白雲草。

李嗣宗冷香齋集、國山吟。

黃珙北征集。

冒起宗拙存堂詩概、文賸、逸稿、得全堂集。

岳鍾秀白雲樓詩集。

蔡鼎鎮率筆集。

陳系詩文二帙。

黃宗庠冰心齋集、饒巖樓集。

傅國雲黃集、海岱草、昌國艅艎。

王萬象奏疏。

謝繼遷全歸集。

趙僎洗月山房雜箸。

周燝玉暉堂集。

左其人青丘集。

王維誠艮山堂集。

張爾庚公餘詩稿。

武應元窮理集。

劉偉施蛩吟稿。

李芳溎卧雲齋集。

王駿聲冷然詩集。

梁挺金臺集。

黃公儀易軒集。

盧上銘幻遊草、西征草。

尹志伊詵詵齋詩集。

淩雲集陶、集杜、樂此吟。

朱紱翠雲堂集。

趙明遠世德堂集。

杜鉉癡談集。

余正元雪崖集。

楊之璋靜業集。

劉令譽按豫集、止園集。

湯道衡世經堂文集。

王公弼□慶堂文詩選、兵樞樂府。

廖大亨世綵堂集。

周鼎總河疏稿。

晉承宷牧部初政集。

朱一馮僉都自訂詩文集。

王心純兵部奏議。

王嗣奭密娛齋集、夷困文編。

許鳴遠歸雲集。

李以雅雲憨堂集。

徐時泰怡山堂文集。

曹國禎灼艾別集、丹霞遺響。

朱朝瑛正誼堂詩集、文集、金陵遊草、疊庵雜述。

余國禎田研齋集、劬庵類稿。

金肇元陽春館集。

盧光諏讀易齋詩稿。

周於德野處集。

周大忠素園集。

王于陛漫公集。

沈戩穀偶涉草。

左佩玹左侍御西臺奏議。

趙裿水雲詩集。

張相漢應詔條議、燕遊草、淮遊草、秦遊草、晉遊草、塞上吟、悲秋吟、不擇音、觳音文集、再甦吟、續貂、廢驢吟。

高翼耀瑯嬛集。

韓在九嵕山人稿。

翟事心抱甕集。

解引樾華遊草、澹園稿。

衛禎固紫嵐奏疏、真定奏議。

葉紹袁天寥集、[illegible]塵集、遷聊集。

張紀槩庵詩稿。

趙洪範西臺疏稿、澹叟詩集。

徐時勉蘧庵文鈔、詩鈔、東歸稿。

陸坦庚除詩稿。

王永積心遠堂集。

魯論釣叟詩文集。

曾應瑞華榕外集、燕游濡草。

吳玉吳侍御奏疏。

范宏嗣罋鬱草。

張璞金臺逸詩。

傅作楫銘心集。

左光圖知非集、嵩遊草、隴上吟、學步吟。

蔣燦津門奏疏、羼提齋集、半關文稿。

馮如京秋水集。

孫宗岱汲古堂草。

董守正百花百鳥集。

黃培奏草、含章館詩集。

單崇覺覺文集。

周鍾怡思堂偶刻。

周銓未焚集。

項煜水心集。

史可程浮叟詩集。

郭忠亡也園詩稿。

宋祖法睡隱堂集。

鍾師薦治平十議、遊吴草、蜨園詩草。

陳于泰繡胸齋稿。

李吴滋鳳棲閣詩集、鶴棲集、樹德堂集。

李楷蓉山集。

楊櫝金蘭集。

蕭協中醞檀集。

趙士亮龍溪集。

顧天叙五雲洞集。

楊世禄寂寥居士近稿、仙掌樓新藝、倒峽集、一枝鳴。

沈正宗巡梁稿。

饒墱莊言集、漫言集、白笑集。

胡維霖長嘯山房集、黄蘗山房類稿。

熊士逵持園餘草。

金世儼樂天賡陶集。

余祚徵文齋文集。

李大醇黎陽草。

劉斯崍僉都奏議。

劉斯埼老學庵稿。

孫穀藜床吟。

莊以裕出山集、還山集。

林弘祖味其草。

張正聲囚草、紀事詩、惠風詩選。

許國佐百洲堂集、蜀紘集、舊庵拙稿、班齋數句話。

周世臣穎侯集。

周嬰遠遊編。

顧天錫默玄集、茅軒集、石室集、謳騷、詩文雜著。

李盤廣仁齋集、李小有詩紀。

馮夢龍七録齋集、墨憨齋傳奇。

李向陽騷注。

趙士喆觀物齋詩文集、東山詩史、遼宮詞。

崔干城兔床文稿。

張廷賓妙峯集、瀑雪集。

周立本庾樓文集。

黄居中千頃齋初二三集、二酉齋詩集、洗心文集、詩集。

黎邦瑊洞石稿。

楊晉何慕臺遺稿、鴛賦樓集。

區懷瑞趨庭稿、遊滁稿、二岳遊稿、燕晉遊稿正續集、玉陽稿、琅玕巢稿、廓然堂稿、證往堂稿、雙源洞稿、碧山草堂稿。

韓上桂蘧廬稿、竹香樓詩草、雞肋編、雜稿、城坳集、韓孟郁稿、四衍詹言、節愍遺稿、淩雲記填詞、朶雲山房稿。

趙爾圻十賚堂詩文草。

王與胤隴首集、侍御詩集。

沈迅龍阜殘稿、因樹廬集。

來儀一斗詩山房小録稿、幽憤集。

趙世英揖石齋文集、詩集、山居集陶、陶激庵行吟詩集。

龔立本浪泊甲乙集。

徐禎稷明善堂稿。

龔用圓南有堂遺稿。

陳六韐二漳詩文集。

黎崇宣怡情集、貽清堂集。

盧兆熊玉樹堂文集。

梁希皐意誠軒草。

韓晃拙修堂詩文集、竹素園詩文集、夢遊唱和集。

鍾必顯大海迴瀾集

劉興秀西臺奏畧、然藜草。

卓爾康農山文集、修餘堂集。

李奇玉雪園遺稿。

李公柱澹齋集。

葉樹聲南床疏稿草。

陳琯巢庵集。

項嘉謨讀選堂詞賦集。

沈獅調象居士集。

周元懋歷使草。

路邁夢餘詩草、天香閣遺集。

馮元仲天益山房選集。

周之夫青袍壺隱草。

孫穀藜床吟。

王徵山居詠。

黃槐開律陶集、在齊草、天寶山人集。

祝以豳詒美堂集。以上崇禎朝遺臣。

黃淳耀陶庵詩文集、書劄、評點李長吉集。

陸世儀桴亭稿、桴亭文鈔、詩鈔。

陳朝典眉川詩集。

陳瑚確庵文抄、詩抄、離憂集。

芮長恤滄浪吟。

朱用純愧訥集、柏廬外集。

汪佑星溪文集。

施璜絨齋文集。

湯之錡偶然云集。

嚴穀生軒存稿。

朱鶴齡愚庵詩文集、小集、杜詩箋注、義山詩集補注。

黃生一木堂集、詩稿。

王錫闡困亨齋集。

黃淵耀谷簾學吟、谷簾先生集。

楊瑀雪臣集。

楊珅砥齋集。

惲格甌香館集。

顧夢麟織簾居文集、詩集、進履齋詹草。

吴光五願齋文集、耕娛集、遂初集、弄丸吟。

錢肅潤十峯草堂集、十峯詩選。

華時亨仲通詩文集。

華允誼後庵文集。

吴日慎敬庵存稿。

陳啟源存耕堂稿。

顧文亨星江雜著。

侯鼎暘天浮子集。

侯艮暘貞壽遺稿。

侯玄演孝烈集。

侯玄潔孝毅集。

侯玄瀞孝隱遺集。

侯玄泓掌亭集畧。

侯玄汸潛確先生集。

王霖如南塘青青草。

吴炎吴赤溟先生集、今樂府。

潘檉章韭溪集、力田遺稿、觀物草廬焚餘稿。

張儁西廬詩章、文鈔。

葉繼武南山草堂集。

吴南杓知希草、在澗草、豫章草、遠遊草。

周撫辰聖雨齋詩文集、問魚篇。
沈泌雙羊集。
鍾嶔立信志堂稿。
曹玘蕪園詩草。
淩馴翦蕉初集。
周耀始紫巖樵唱。
潘爾彪虞性草。
施之美明壽堂詩集。
王鍍長鳴詩存。
王如潛天涯集。
喬邁歲寒堂集。
錢二若青溪集。
陸世鑰夢餘詩草。
徐礦臨溪雜詠。
吴宗潛東籬野人詩草。
吴宗泌西山集。
吴銘宸垂竿集。
眭思永鬱麓齋詩文集。
賀王醇桑霞軒集。
方中發白鹿山房文集。
方中履汗青閣註集。
閔遵古閔子遺稿。
王榮圖寒裀餘墨文集、絳雪堂詩稿。
石可璽二子詩初刻。
胡溶時蓼村詩草。
周煊秋懷詩角居集。
沈宏之青溪草堂集。
陸嘉穎硯隱集。
陳貞慧雪岑集。
左國材越巢詩文草。

左國棅粵遊集。

章有謨三湘遊草。

曹度帶存堂詩文集。

宋龍菊齋詩文稿。

王武徵蒙齋文集、詩集。

王澐輞川詩抄、文梅草、瓠園集。

張宮檀齋集。

朱滉粵西遺稿。

孫和鼎少微亭稿。

紀映鍾真冷堂集、補石倉集、檗堂詩抄。

顧與治茂綠軒集、夢遊遺稿、偶存稿。

靳應昇渡江集。

王大經獨善堂集。

王巖白田草堂集、異香集。

吳嘉紀陋軒集。

邵潛邵山人詩集。

徐枋居易堂集。

金俊明春草閒房詩文集、退量集。

周茂蘭蕓齋集。

楊無咎小宛集。

顧有孝紀事詩鈔、閑情集、雪灘釣叟集。

孫淳蘅草、梅縮居遺草。

歸莊恒軒集、懸弓集、玄恭集、高士集、玄恭文鈔、肆閒堂詩草、山居詩、看花雜詠、玄恭雜著、萬古愁。

葛芝容膝居集、臥龍山人集。

馮班鈍吟全集、馮氏小集、定遠集。

毛晉野外詩卷、野外詩題跋、和古今人詩、禪月集補遺、夢窗稿補遺、僧宏秀集、隱秀集。

朱明鎬小山雜著。
吴殳撫膺詩、舒拂集。
吴騏顑頷集。
王光承鎌山草堂集。
朱二采藏密齋文集。
顧祖禹宛溪詩文遺稿。
任元祥鶴鳴堂詩文集。
冷士嵋江泠閣詩文集、續集。
方文嵞山集、續集、西江遊草。
萬壽祺隰西草堂集、内景集、隰西詞。
許楚青巖文集、南村草堂集。
余紹祉晚聞堂集、詩草、賦草。
劉振章甫集。
萬應隆三峯文集。
紀青樺冠子集。
王潢南陔集、南陔堂詩選。
王亦臨虎鼠庵稿。
張可仕紫淀老人編年稿、紫淀詩集、問天集、
擊磬集、落葉哀蟬集。
張可度鴻雪草、墨莊劂道人詩集。
朱尚雲羽南集。
張飌雙鏡亭集、上藥亭詩餘。
宗元預雜文。
趙起元大問堂集。
王槩山飛泉立草堂集。
王蓍瞰淅樓集。
李詩節令韻賞、嵩濤集。
汪泌轉蓬詩草。
王萬禩香醉山房存稿。
崔璨秋潭集、潭上文稿、詩先後集。

張琪翠微庵詩存。

張揔南村集、蘼蕪庵集。

方沂天隨堂集、且漁集。

胡其毅靜拙齋稿。

胡玉昆栗園稿。

錢府鶴山家詠詩。

周斯山中集、悲歌集。

陳周力耕堂集。

邢昉石臼集、宛遊草。

夏衷愷强裁草。

龔賢香草堂集。

閻修齡眷西草堂詩文、影閣集、蒲廬詩、秋舫詩、冬涉詩、紅鷗亭詞。

張養重古調堂集。

沃起龍燕遊草。

李挺秀惕介山槃賸稿。

吴璜且釣詩集。

吴珊嵩三遺稿。

王光魯碧漸堂詩草。

張大倫清勝亭雜詠。

李潛昭泡庵樂府。

徐石麒嵩芝集、倦飛集、三憶草、白石篇、甕吟、瓢聲旦謠、忝香集、雜劇、彩鸞集、文字戲、指水遺編、唾餘集、癖佳集、坦庵詞曲六種。

王醇雲籟集。

范荃詩文集、梅花詩、論語詩、詩餘。

張元珙瑶房江都詩。

魏衛西陴詩稿。

張弓抑高詩集。

高廷獻古葉樓集。

張琟木侍樓集、嘉庵集。

魯申白馬詩草。

陶季湖邊草堂集、舟車集。

高懋賢椒馨草堂集。

朱克宣運甓集。

李澹曠園集。

鄭在湄葭園雜吟。

喬寅碧瀾堂集。

孫兆祥五似堂集。

李沛平庵詩集。

李沂鸞嘯堂集。

李瀚嚴庵稿。

陸廷掄酩酊堂詩文集。

袁繼鳳東海草堂詩集、臥遊詩。

王貴一檀園集、西齋集。

顧大信夢萱堂稿。

顧符真龍津草堂集。

戴勝徵石桴詩鈔、河干草堂集。

黃雲樵青集、桐引樓集、悠然堂稿。

沈聃開汲古堂詩存。

王衷丹朝尋集。

王劍逃禪集。

王言綸棘人草、陟屺草。

吴協姞采隱書屋集。

黃一鑑塹溪遺稿。

夏官問氣堂集。

張圮授茗柯集。

淩潞庚鄭圃草。

顧國琬天友齋集。

顧道含婀娜山人集。

淩录冰雪攜竹灰愁課集。

吴谷王聽雨軒集。

李玉柱待庵老人集。

陳宏裔蒼雨軒集。

蔣易石閭集。

徐柯一老庵文鈔、遺稿。

許元溥文集。

姚宗典雯庵集、是庵文稿、詩稿。

姚宗昌莖齋文稿、詩稿、鳴蛩草。

范公柱朋舊尺牘。

鄭敷教桐庵文稿、遺稿、雲遊詩文集。

袁徵蘧莊遺稿。

顧湄水鄉集。

文從簡枕煙詩存。

文枏溉庵詩選、詩存。

文點南雲山樵文集、詩集。

韓洽寄庵詩集。

周埏鶡園集、虎丘雜詠。

杜雲鳳自可編、詩談、得硯齋草、寄庵近草。

徐樹丕埋憂集。

徐晟存友札小語、陶園删定詩集、文集、詞。

葉襄紅葉堂詩紀、紅藥堂集、聖野吟稿。

沈明掄鼓歌集、鼓缶集。

蔣永譽遠風樓文集。

夏錫祚雪鴻堂詩草。

張屈醒公詩稿。

徐汝璞寒齋集、懷友集。

施武楚遊草、西覽編。

陳宗之瓠園賦草、鷗吟、雪籟草、持編十集。

許元功隱畛詩集。

鄭元亨一有吟。

周采蕙纕集、明宮詞。

邵彌頤堂集、瓜疇詩選。

施酲荔村合稿。

葉崙雲持草。

葉有馨咸悅堂集。

葉英秋吟草。

張爾温冰雪攜詩集、鷟翁遺稿。

葛晙課餘焚草。

徐增黄牡丹詩。

湯祖武吹吷閣稿。

湯濩香草堂遺稿。

湯祖祐五峯草堂集。

葉闇樹滋堂集。

李玉傳奇三十二種。

陸槤楓江遺稿。

顧韡開林詩集。

徐波諡簫堂集、染香庵集、浪齋新舊詩。

楊補懷古堂詩文集。

顧苓塔影園集。

周廖歲交詩、洞庭遊、枯木吟。

黄傳祖越東遊草。

朱隗遂多草、演連珠、咫聞齋稿。

周茂藻蛩吟草。

欽蘭素園詩草。

華渚平莊文集。

沈磐宛陵集、吴門集。

王武忘庵詩草。

丘民瞻楓存、賁園遺詩、遺文、賁園初刻。

徐白思逝集、竹嘯庵詩鈔。
俞南史鹿床集。
周安梅里集、湖山吟稿、草閣詩集、文集。
徐嵩臞庵集、縼林集。
包捷西山集。
包振研石山房詩草。
張拱乾獨倚樓集。
俞粲芥庵集、林屋洞詩稿。
鈕棨獨醒篇、貞白樓集。
朱銘德天地間集。
戴笠芸野集。
史玄弱翁詩文集。
費晳寒崗稿。
趙渙春草堂詩稿。
卜舜年緑曉齋集。

吴翶升恒堂集。
吴翻陸石子詩集、荻水遺詩。
潘爾夔涉江草。
潘陸穆溪集。
趙瀚和雪堂遺稿。
沈自友綺雲齋稿。
沈自然來思集、閒雲集。
沈自東小齋雜著。
沈自繼平坵集。
王載湖浦草堂集、湖樵文稿。
毛瑩晚宜樓詩文集。
李培尋樂齋稿。
翁遜仲謙詩抄、詩集。
胡梅清壑道人詩集、玉臺後詠。
吴與湛荆園集、懷友詩、萬峯雜詠。

王定寒嵩堂詩集。

吴如晦今樂府。

沈自晋鞠通樂府、越溪新詠。

沈永馨暉樓詩稿。

吴振鯤聊復言詩稿。

戚勳町廬集。

沈應瑞介軒遺稿。

徐韞奇適志集。

章夢易楚詞改注、昌谷集注、勉齋全集。

仲時鉉漱石齋稿。

王孫謀蜀道集。

沈世懋聽劉齋集。

沈承休眺樓新詠。

宋國顯東莊農隱集。

顧偉格軒遺書。

徐開任愚谷詩稿。

梁逸紅葉村集。

鍾曉淳厓集。

奚濤傷快閣集、肆閒堂詩草。

周同谷霜猿集。

王艮鴻逸堂稿。

呼谷葵園文稿詩稿。

陳蘭徵木仙集、同谷集。

陸友白剩庵詩集。

李子柴樹下草。

葉樹廉樸學齋集。

馮舒默庵遺稿、空居閣集、北征集、浮海集、炳燭齋文集、懷舊集。

陸元泓水墨廬詩。

張璘童初集。

薛熙依歸集。
何述稷晴簑草堂集。
趙汝揆石年集。
顧德基海雲樓集。
嚴衍溪亭集。
嚴鉦一硯齋稿、綴雪齋草。
李宜之猗氏詩集、寓園文集。
蘇融惕庵稿。
唐節瓢中後草。
朱子素封禺集、銀陽集。
蕭雲從離騷全圖、梅花堂遺稿。
江韜川上草、湖上草、岑山詩、宛陵詩。
黃鴻儒鶴皋遺響。
張鴻磐枕中近體、南州草、夷門草、北征謡、湘遊篇、西山合譜、西山詩稿。
許旭秋水集。
錢墀夜遊集。
王育斯友堂詩文鈔。
陶鴻祚愚古集。
毛雲漢芥軒集。
周西臣深柳堂詩草。
顧元真玄覽閣集、思玄堂文集。
吕於韶閩遊草。
紺雪老人竹題集。
徐懋勳耕餘草堂集、蒲溪草。
陳王陛懷古堂集。
張彥之浴日樓稿、攬秀閣稿。
趙洞盟鷗稿、醒園稿。
夏冶虛白齋集、柘湖草堂集。
蔣石笛矣集。

李之駒四耕齋文集。
莫秉清采隱草、傍秋庵文集。
馬是麟蒹葭草堂集。
計安負燈草、江楓集。
唐醇馬跡堂集。
錢德震青鶴堂集。
董黄白谷山人集。
柏古雪耘詩集。
蕭詩釋柯集、南村稿。
林子襄存遺稿。
范彤弧繡江集。
何安世畹蘭堂文集。
沈求箴言集、梅花集句。
沈白樗亭稿。
王大綬寫心集。
陳曼詠歸堂集。
陸起鳳映玉堂集。
顧用還素堂集。
朱錚二仲居詩草。
瞿穀澹遠齋文集。
邵梅芬鳳輝堂稿、青門集。
施世則酡顏閣集。
林企俊龍江集。
張三秀醉墨堂集。
陳冶貞白堂稿。
張以謙冰雪吟。
陸苞允蘼蕪詩稿。
何冷江思集。
徐騰暐紺璣堂文集。
葉如璧午夢全書。

顧柔謙耕石草。
顧宸辟疆園集、杜詩注。
張光緯青巖集、息廬稿。
黄家舒焉文堂集、南忠紀詠。
嚴仁錫閩遊草。
嚴紹宗鳩緣集。
華慶遠物外閒吟。
馬壬玉澹寧居山香集。
蕭光緒楓庵詩草。
王昭吉天倪齋集。
華遠臣春草軒小稿。
安夏九龍山樵稿。
王棨潔庵詩文稿。
謝遴天放居詩集、是亦樓存稿。
許肇箎釣筒集。

吴湛匣吟草。
邵贇赳民遺集。
蔣偉韋人詩集。
蕭鄂緑蔭軒集。
任繩寵翠微山房集。
李寄天香閣文集、外集、停車集、髠春集、谷口集、附遊集、偕隱集、晴川集、鳴蟬集、聽雨集、孤笻集、息影集、搔首集、一笑集、藝圃存稿。
徐遵湯仲昭詩集。
許觀善養集。
梅正平離騷注。
陳明時息庵詩文集。
孔興綱求野齋詩文。
高自卑獅山詩史。

任光袛衆香堂集。
朱祜雙柑草堂詩集。
談允謙樹蘐草堂集、李賀詩注。
何絜湑湑閣詩集、晴江閣詩集、文集。
程世英曉山詩集。
於震亦川詩鈔。
楊志達連山集。
宋之統鴻雪堂稿。
姜鶴儕江上詩草、宛委草堂稿。
姜大澄吐月樓集。
姜大申南野詩集。
賀裳檗齋集、少賤齋集。
王鑽病餘存草。
潘高南村集。
于梅茶山集。
殷南棫霞村集。
方授漸遊四集、三奔浙江草、秦川草。
潘江木厓詩集。
方思一枝山房集。
方若洙閩津江瑟草。
吳道約大指齋集。
吳應珙求存堂詩稿。
趙相如載園詩文集。
姚亮絳雪堂詩集。
朱延祚果園稿。
李在銓映月軒集。
侯珣回文詩。
顧從喬種秫集。
蔣瑶芝夜光集。
韓長世竹堂詩集。

王廷造兼山堂集。

陳廷孤竹詩集。

周期應酣齋歌。

王翰友石山人集。

楊逢泰居此居集。

張光裕野望詩。

孫昌裔嘯巖集。

林若濬花甲詩集。

吴爾康蔓溪詩選。

韋尚賓秋子集。

聞可宗古澹山房集。

唐亮芥子堂詩鈔。

王龍文芥堂詩鈔。

賈善價外野集。

周廷棟飛泉山房集。

許作楫春問亭集。

羅斗翁山集。

汪益亨鳶飛魚躍集。

程基居篁集。

王玄度軒轅閣詩集。

洪瀛善愁堂集。

鄭旼拜經齋集、致道堂集、近己居集、杜詩箋注。

洪舫苦竹軒詩、離騷辨。

程守省靜堂集。

閔麟嗣廬山集、悟雪草堂集、卧雪詩草。

方世鳴空谷居士集。

程邃山水會心吟、梅花百詠、蕭然吟、穆倩詩。

汪瑶光五臺遊草、冠青樓集。

方兆曾詠史詩、省齋詩稿。
胡春生赤岸詩稿。
羅煜霞門詩集、詩餘。
汪中柱光霽軒集。
程家摯稼堂遺稿。
潘彦登三審齋文集。
程培坤池上居詩、三十二蓮峯詩草。
汪荀霜崖集、自怡篇、鴻雪居詩餘。
吴兆金陵草、廣陵草、姑蘇草、豫章草。
汪學聖思誠集。
孫默留嵩閣詩。
汪端闇非非集。
余藩卿天經堂文集、頑石居詩集。
程昌誼霞思草、末成堂集。
王斌衡排青閣詩集。
程岫江村詩草。
潘顯道愛日堂存稿。
汪應鶴鳴秋草。
張鑏石渠稿。
陳昭祥天遊稿、潁西社集。
陳元祥花月樓稿、陽春亭稿、長嘯臺稿。
余國聖壺天稿。
吴肅公街南詩文集、潔身堂稿。
吴坰夢華子集、正子論、季野文集、遺集。
吴鋑浮筠軒集。
蔡蓁春來諗居集、潛水雜著。
孫于王萍庵集。
陳祜蘧人詩集。
沈埏稼亭詩鈔。
盛於斯休庵前集、後集。

秦鳳儀毅庵集。

萬麟陶古謠、續集、嵩虬集。

左士望龍門集。

朱苞半庵草、黃山紀遊草。

翟尚忠叢桂山房文集。

翟尚孝水月樓詩集。

葉令樹桓城五帙、梅雪園雜著。

洪載水雲詩集。

鄭過樗齋詩集。

胡簡文水村文集、水村孤嘯。

杜名齊東固草堂文集。

湯燕生商歌集。

李憼野查集。

楊培鹿莊集、遊草、自鳴草。

何煜青浦集、雙柑園集。

吴鐘方亭文存。

戚嘉縉竹樾集。

奚自柳村集。

徐之程柳溪草堂詩集。

雲穎莊子大蘇章。

王汝謙春星堂集、不繫園集、隨喜庵集、夢草齋集、湖山韻事、綺語前後集、夢遊草、聽雪軒集、閩遊紀事、皆溪集。

許重熙旅寄軒稿。

許嘉祐語耳集。

周維祚石爛吟。

王繼日芙蓉樓詩集。

孫源文笨庵稿。

湯傳楹賓病秋箋、湘中草。

趙炯然極思集、息壤集、經濟編。

宋祥遠聽月山房集。

沈可衍樂餘集。

顧所受金鐸集、白駒漫採、唐函存隱。

金德開詒翼堂詩鈔。

顧杲悟秋集、曉冷集。

沈懷祖森玉樓稿。

華葆素吠變集。

唐預侍息齋草。

葉樹人春暉堂詩文集。

張龍文旗亭宴。

王臣良碧雲堂詩文集。

王瀚罷庵詩、匡廬集、瀝血草、鷲峯集。

吳其沆同初文集。

黄通理春陽堂詩稿。

朱集璜觀復堂集。

吕雲孚古林集。

陶琰仁節遺稿。

盧象晋處士遺書。

徐開宏凝煙閣詩。

許樹偉櫟轅詩集。

孫道民吞氈集。

蕭鄰之井泥稿。

龔用廣清客齋遺稿。

陳三島雪圃遺稿。

馬元調簡堂文集、湖山草、重刊白氏長慶集。

趙大中有自集。

夏雲蛟西遊草。

夏烺杉亭集。

唐景耀夢遊雜詠、一枝居草。

沈士尊願庵集。

王贊育蘆籟詩草。

戴本孝守硯稿文稿、餘生詩稿。

戴移孝碧落後人詩集。

方都韓菡閣集、唐詩集句。

吳栻武夷集。

謝璣問心詩稿。

徐開吕起渭詩草。

方時俊五噫草。

羅孚尹籜壁稿。

朱胤昌洗影樓集、霜葉軒集。

王錫襟亦可堂集。

陳所學鷗沙詩集。

崔植篤槃子篤槃集、娱老吟。

田治畊餘堂詩草。

孫宏孝小山堂遺稿。

湯勵行自娱集。

吳拱宸觚齋集。

鄧汶文水集。

潘紹顯餘清園集。

潘廷瑜西園集。

儲福疇劃峯樓集、秋色亭詞。

翟振龍握奇園詩集、清娱集。

萬謙河渚集。

吳喬森占佳齋集、長吉詩心注。

任大烈見山樓集。

鄧秉貞禹關齋詩、安隱集。

吳固本狎鷗磯詩詞。

許以忠伊蒿集、愛日齋集。

許之溥賦閒樓集。

秦德涯隱求集。

辛陞寒香館遺稿。
樂莘耕雲集。
陶一夔藕耕集。
沙萬里竹窗漫稿。
湯仲曜浪遊集。
侯溥麟瑞堂集。
韓馨紺雪堂稿。
朱秉貞遊燕草。
吴時德吴不官遺集、晞髮集、蘆中草。
蔡開柏隱齋稿。
金汝瑚稼軒集、讓獺雜詠。
張我成廣雅集。
陳匡國鏡鏡居詩稿、詞稿。
徐元弗告草。
陸鉞記年詩文集。
葛鼒古文正集、續集。
葛鼺復庵小稿。
陸世鎏永觀堂集。
周鐸學圃軒詩集。
方南龍竹居詩稿。
周楫學圃軒詩集。
諸士儼勁齋詩稿。
黄光昇閒谷集、破甕集。
鄒潔蘧庵詩集。
施文起倚雲樓集。
華乾龍安山詩草、戒香文集。
陸羲賓晚香亭集。
郭士髦如邨居集。
吕崧桴庵詩稿。
吴自惺遂齋詩鈔。

盛萬紀友梅軒稿。
蘇震東涯詩稿。
沈卜琦景白遺稿。
蘇滉靜節居遺稿。
范光斗三餘堂詩稿。
朱履升樵隱稿、蘧廬稿。
吴懋謙華萍初集、苧庵二集、豫章虔州稿。
潘懋穀醉筆居詩草。
袁龢雪皋草堂集。
周楨問難俚言稿。
周規醉餘草。
郭開泰味諫軒稿。
陸景俊辨亡論駁、石塘議。
馬靖嵩菊堂詩鈔。
陸慶臻椒頌薺庵詩稿。
瞿時行止園集。
姜生齊姜雪蒼既上人詩集。
謝良瑜畦園集。
鄭燾攬茝軒集。
吴世式竹莊集、甓湖集。
石函玉愚溪詩稿。
劉奮翀同引堂集。
王捷執玉集。
李淦礪園文集。
方遠嘉龍詩集。
弱翀竹鴟集。
李東生退修庵集。
潘世美詩集。
陸品放言集。
錢若愚野墅吟。

余晟白雲集。

汪溥沈史越吟。

閔鼎論語頌、壁帖、香杖軒草、清話堂詩稿。

吴周豐溪集。

姚潛後陶集。

查潛曙園集。

王環石高雪堂集、詩嶽初集。

王楫江棲閣集。

汪洪度息廬詩集。

周士遲墨莊集。

戈琮見山樓詩集。

江斌滌露集。

徐逸度楚歸吟村居漫興前後梅花詩。

王人鑑知非齋集。

嚴熊楓江集。

朱智北樵集。

鄭萬合東皋草堂集。

方氏子大隱稿。

汪之順梅湖詩刪。

范又蠡釣吟集。

王繼統羹湖集。

夏承春晞髮集。

高映斗梅溪逸叟集。

曹希冕懷淨土詩。

江允鶚有我集。

錢衡範雲屋和尚集、衡山詩稿。

鮑光義文集。

汪弘滏涉江草、伴愁吟、嬾餘集、山居集、雜興集。

吴雯炯杳草詞。

朱瀓碕庵稿。

黄大澳靜學齋集。

喬出塵疑庵詩集。

張璵若南遊草。

劉範萍寄偶吟、醉餘草。

劉彬鐵園囈語集。

俞塞吾體詩集。

張思洽雙溪集。

葉世倌靈護集。

葉敷夏南陽草廬詩稿。以上南京。

林古度林古度詩選、挂劍集、茂之賦。

余懷研山草堂集、味外軒稿、五湖遊稿、甲申集、曼翁立秋雪詞、玉琴齋詞。

趙潛泠鷗堂集。

徐英鳴劍集。

涂伯案虞卿詩文集。

張士楷濮鉛山人集。

林簡房江集、子山遺集。

楊履圜萊子集。

曾燦垣即庵詩文集。

孫學稼蘭雪軒集。

鄭允成文集。

薛鎔南窗草存、文存、存存草、草胦、筠陽學詩集。

劉堯章劉陶九詩文集。

林浤文集。

謝宮錦琴山遺稿。

雷羽上文集。

丘嘉彩兼山丘園、悲秋集。

洪思石秋子録。

詹明章寓盱集。
曾祖訓樗散子浪吟。
林寵聊樂齋小草。
陳衎大江集、元水集。
方潤文集。
陳克遇清權堂集、楞嚴集。
林潭二恥齋詩集。
邵標春檐景齋集。
徐延壽尺木堂集。
徐鍾震雪樵集。
林涵春塔江樓文集、二集、河橋舒嘯編。
王侯聘握粟集。
盧灼臞石堂集。
周鴻漸遊草。
王繼褒代曆漫草。
陳鴻秋室篇、隱鵠集。
藍璉采飲集。
陳發曾文集。
謝天駒山了詩集。
黄士尊文集。
高兆啟禎宫詞、遺安草堂集。
林偉湖上焚草。
許友米友堂集、醫夢草。
林蕙讓竹亭集。
齊莊雅作堂集。
張留西傭詩草。
王鼎九見山樓集。
胡深玉壺詩集。
陳星羲甚麽堆詩。
梁春暉雲龕遺稿。

梁珪江田草、楚遊草、江西遊草、雪園詩。

夏紹芳史吟。

施朗先粵遊草。

郭鼎京綿亭詩集。

黃士舉軸園詩文集。

陳志遴白鶴詩草。

陳元登漁村詩文集。

吳孔錡寄餘草。

鄭國佐分痕樓集、甕天集、謾語集。

周鳴鐸一小亭集。

高國定雪濤集。

林喬材秋霞子集。

林丙春欠山詩集、峴山集。

葉甲師石堂稿。

鄭郊南泉詩文集、摘草。

鄭郟寓騷、廣騷、詩史、和陶、皆山詩文集。

戴揚烈嘯碧樓集。

戴貞會山居內外篇。

柯甡辰巳草。

黃綺道山居士集。

陳衷銑退齋詩集。

顧招處庵集。

潘晉臺和陶集。

賴裴成文集。

李如龍假我軒集、自耕堂集。

潘遠雪僧詩稿。

江賦退谷集。

陳有祚石壁園文稿。

余思復吳遊集、山居集、中村逸稿。

吳一瀚勺園詩集。

王鏡客詩。

上官世安娛情集。

雷駿鳴賡颺詩集。

雷焻幽尋集、幼韞文集。

伍行文集。

裴汝申薛月軒文集。

巫任忠八石居士詩文集。

温夢良大愚詩稿。

李作朋贅言集。

王璞文集。

任元忠文集。

陳甡合璧樓集。

袁恢先樂飢稿、塵外集、伊蒿存稿。

李向奎七台遊草、山居次均、一巒草、粲花園集。

寧教青門詩草。

陳贇陳子行吟、大壺山藏稿、竹溪集、古柏集、還綏集。

謝之遷楓溪集。

王賡秦川四咏詩。

陳有年陳孫穀文集、詩集。

蘇文昌蘇教諭詩文集。

林如源山居雜咏、五因間鈔。

郭之禥旅吟。

張慶樂文集。

陳暉詩草。

諸葛昺詩文集。

林霍滄湄詩文集、鷗亭集。

梁歧超定遠詩文集。

張贇宗澹若齋前後編、井桃集、餘狂集、詠古集、蜩音集。
梁興玉璞溪詩集。
洪承畯紫農山人詩文集。
傅景星寶研齋近吟。
張士椰文集。
劉若瘦嵩集、詩賦雜著。
王夢弼梧吟集。
紀保國文集。
李茂春文集。
黃以陞七州詩集、蟫窠集。
楊喬岳太室集。
董仲英文集。
王鑾文集。
王仍縉吾廬詩草。
許智文集。
程之正文集。
黃驤陛文集。
戴作材得二齋詩稿。
陳彝器謔庵詩稿。
江日采蘭臺遺集。
徐明彬晉武詩集。
賴嵩賴義士集。
劉坊天潮閣詩文集。
鄭心開清權堂詩集。
黃正中方壺山房稿。
嚴尚英塔影齋集。
何其偉濤園集、轂音集。
陳璉草亭集。
何師亮無庵集。
何源匯敬止集。

劉祖謙粤遊集。

施中望歲莊集、田間施先生集。

徐謙澹遠堂詩集。

蔡懋德禪餘内外集。

莫大依吹堂集。

蕭士駿春園集。

雷民望瓢草、藕孔詩。

江兆興詩史。

江兆京草間人集。

熊超文集。

沈士鑑清夢齋詩集。

伍福綏户山集。

丘夢彩文集。

李葉詩集。

翁吉熼齠齓尋奇草。

賴道寄甲乙稿。

陳有祜續騷。

林元霖雪笠集。

唐朗恒冰雪集。

方進鳳山集。

吴公布江蒨居詩集。

蕭應鳳快哉存稿。

楊秉機浩然小草。

余光耐庵詩集。

郭文寬迴腸集。

鄢正衡澄庵集、墨莊草。

林迪秋詠詩。

童士輝荀全集、則鳴集、删羽集。

陳喆十笈樓集。

李贊元遯園草、怡老編、出門吟、悔齋詩集、素園文集抄。
蕭京忠孝集。
林灝滄海集、自娱集。
周鼎新瑶草。以上福京。
唐泰橛庵草、紹基堂集、翛園集、擔當遺詩。
唐華頂蓮集。
方世瑜文集。
朱昂借庵詩草。
王琦文集。
郭之建文集。
張國正隴畝集。
辛恪伍山集畧。
段敏政在人詩集。
李恪文集。
包璿文集。
段珮文集。
遲光啟藿場老人詩鈔。
李思揆閒雲軒詩文集。
鄒應龍涣瀘逸叟詩集。
李元捷文集。
藍和野庵集。
葉舟順齋集。
劉璥易亭集。
淩廣翥雪軒稿。
張琮立德堂詩草。
何其俠墨雨樓集。
王尚聖槐亭集。
孫衮梅山集。
張傑石陽集。
陳世冶四始元音、世外俚言詩。

陳璧光森玉集。

陸天麟煙坪詩鈔。

馬明陽異野文集。

王佑命菜根齋集。

陳王廷菊花詩。

陳士恪鴻雪草。

劉聯聲脈望齋詩草。

姜維蕃浪棲草。

薩天璟燕携草。

張如鳳愉老强學集、枕流野韻。

施心極文集。

孫德曙文集。

余日新文集。

高桂枝畸庵草。

何蔚文浪楂稿、緬瓦十四片傳奇。

劉宏文緑影草、藜館全集。

孫桐説石山房集、碧磊集、驢背集。

張啟賢蓼懷文集。

趙鼇雲遊草。

趙龍一衲吟、辛和國文集。

鄧洪如蒼山集、若海慈航集。

葉奕雪山集。

陳甲才文集。

馬信謙齋集。

徐頌岳適軒集。

文俊德餘生咏、醉禪草。以上滇京。

孫奇逢歲寒居文集、夏峯集。

刁包用六集。

王餘佑湧幢草、五公山人集。

杜越紫峯集。

孫立雅得閒人集。

趙御衆山曉堂集。

李尌遯世哀集。

王體健讀騷齋集。

馬爾楹蠹魚草。

高鐈淵穎詩集。

耿極存誠集。

毛三光毛詩吟。

喬己百世譜前集、正集、後集。

梁以枏澹軒遺詩。

王炘西圩草、茨庵前集、後集、歸來稿。

馬之馴東航詩集、文集。

張蓋張子詩選、覆輿遺稿、柿葉廬詩選。

申涵光聰山文集、詩選、雜著。

韓田卧琴先生稿。

韓畕天樵子集。

辛民辛子詩集。

李可楨伐檀室集、德堂集。

樊夢斗屯田八議、駐槎亭詩集。

湯賢釣魚集。

苗君稷智齋集。

李孔昭秋壑吟。

楊允長衡香草。

張秉曜老圃詩草。

孫之藻慕芝居詩集。

紀坤花王閣賸稿。

史以慎粥若山房詩文集。

杜依中雨花集。

杜其旋雪牕集。

馬之駼墨隱詩草。

沈嘉客西溪集。

劉夢昨非今妄集。

張來鳳蒼巖集。

趙湛玉暉堂稿。

劉逢源漫興稿、讀書巖詩、學迂軒稿、詩選。

成象玨永言集、還岫草。

孫博雅日約齋集。

杜驥南遊草。

傅維橒燕川漁唱詩、植齋文集。

李濳葉聞齋稿。

陸舟蘆中集、依雪集、浮家集内編外編。

韓廣業隱文堂詩集。以上北京。

張履祥楊園詩文集。

沈昀愛日堂文集、繭窩雜詠。

陳確乾初道人詩集、文集、别集、陳乾初先生文集。

施博文集。

應撝謙潛齋先生詩文集。

黄宗炎存疑集、二晦集、山棲集。

柴紹炳省齋文鈔、詩鈔、白石軒雜稿、翼雲山人文鈔、青鳳軒文稿。

俞汝言漸川集、大滌山房集。

萬斯選白雲集。

吴蕃昌困勉齋文集、思居堂集、祇欠庵集。

吴謙牧繭窩集。

張嘉玲安孝先生遺稿。

黄宗會縮齋文集。

萬斯大丁穴甲陽草。

范風仁梅隱集。

沈祖孝湖干集、硯傭集、當泣集、陶年集、吟安集、下簾集、雪樵詩集。

黃子錫麗農山人遺稿。

倪會稔滿聽軒集。

倪會宣恒園集。

潘問奇拜鵑堂詩集。

張亨梧鶴鳴集。

李爲芝祕霞集。

范驤愛日堂文集、默庵集、得閒草。

孫爽甲申以前詩、秋懷集、容庵詩集、辛卯集。

韓繹祖詠性堂遺稿。

王懋忠樊圃詩集。

史孝咸文集。

王朝式文集。

邵曾可文集。

屠安世文集。

鄭宏文集。

葉敦艮文集。

陸圻威鳳堂偶録、雒神賦辨注、從同集、孤忠遺翰。

汪渢文集。

陳廷會瞻雲樓集。

毛先舒潠書、思古堂集、東苑文抄、詩抄、小匡文抄、平遠樓外集。

沈謙東江草堂集、狼籍在文稿、東江集鈔。

施相贊伯遺詩。

談遷棗林集、北遊録。

周篔采山堂集。

王翃春槐堂集、秋槐堂集、二槐草存、唐音二槐詩、槐堂詞。

李天植龍湫山人遺稿、蜃園集、九山遊草、梅花百詠、月令詩。

錢士馨賡笳集。

彭孫貽茗齋集、詩餘四韻合編、孝介雜著。

董說豐草庵前集、文集、別集、詩集、甲乙詩歌、乙酉雜文、丙戌悲憤詩、寶雲詩集、雜著、禪樂府、補船長語、寶雲詩甲編、乙存、散隨續稿、樵堂題跋、西荒詩、拂煙集、西荒別存、別編、小品、癸亥雜文、秋雪堂稿、藥籬雜文、乙丑雜文、若雨逸稿。

戴易鈞臺詩集。

張宗觀朗屋集。

邵以貫迷塗集。

張斐莽蒼園集。

周容春酒堂文集、詩集。

李鄴嗣笑讀齋集、杲堂文鈔、詩鈔、文續鈔、內稿、昭武集、集世說詩。

萬斯同石園詩文集、明史新樂府。

周西勁草亭編、痛定集。

章有成上客軒集、片玉齋集。

陸堦白鳳堂集、大成録。

陸坒丹鳳堂集。

嚴武順餘人集。

陸敏樹湑山前後集。

張遂辰白下編、湖上編、蓬宅編、衰晚編、張卿子集。

江浩蝶庵詩集。

吴模寶田堂集。

胡介旅堂詩文集、詩選、河渚詞。

張佑民東皋文集、詩集。

李式玉魚川集、南肅堂申酉集。

朱里詩集、簡存園亭暫作。

王宋兩朝甲子歌。

曹谿谷音花嘯集、綸隱集、吟曆。

吴名溢藥園盍簪集。

徐士俊雁樓集、尺牘新語、雁樓詞。

王晫霞舉堂集、遂生集。

戴觀胤一峯雙詠。

汪用成狂吟集。

馮軾澮草。

梁次辰玉威堂文集。

虞宗瑶依隱居集。

顧圤今年草。

高克臨小窗筆屑。

張丹秦亭山人集、從野堂集。

張振孫兩峯樓集。

諸匡鼎今文大篇、橘苑詩鈔。

諸匡男說詩堂全集。

諸九鼎鐵庵集。

張賁白雲集。

徐之瑞横秋堂稿、横秋堂詞。

孫治鑒庵集、宇臺集。

徐介貞白齋詩集、集陶杜詩。

徐繼恩山谷嗚個庵集、十笏齋詩鈔、雲溪近稿、雲門外集、涉江草、同凡集。

錢士璋赤霞山莊集。

祝人月蕊淵集、蟾臺集、千字文、瘖歌詞。

張次中一經堂集、待軒遺集。

查詩繼深寧齋集、學圃集。

葛定辰詠年堂集。
葛嵩且閑亭三編。
陸嘉淑辛齋詩鈔、問豫堂文鈔、射山詩鈔、須雲閣詞。
查遺澄清堂集。
朱慶徵何必多詩。
周文爚則百樓稿、香夢樓詞。
潘廷章渚山樓集。
查旦始讀軒集。
周珽疑夢編。
王甲息影廬集。
陸維垣柞溪村莊集。
許箕捫膝軒詩。
朱萬式懶翁集。
沈應元樂志集。
范路靈蘭館集、貞簡集。
李麟友布衣存稿、醒齋吟草。
屠廷枚鹿干草堂集。
徐善藟谷遺稿。
盛遠南池詩集、瓣香庵集、瓣香閣詩集。
項奎洞庭詩稿、十笏庵詩集。
李肇亨寫山樓近稿、琴言閣新詠、率圃吟、夢餘集、醉鷗長短句。
潘廷璋褚山漫稿。
朱廷樞魚隱集。
駱雲程素券堂集、廣禽言。
王之梁讀史廬稿。
屠爌大經堂集、勗齋集。
顧玘徵讀書臺集。
顧猷桃花里集。

孫鍾瑞可人集。
金嗣孫鐵巖詩集、明宮詞。
姚佺李昌谷集箋注。
俞昱恥聲集。
蔣之翹甲申集、甲申後集、翥鶴稿、天啟宮詞、楚詞集注、韓昌黎集注、柳河東集注。
支如增硯亭小品、濡削叢笈。
殳丹生貫齋遺集。
徐震亨聲最齋集。
顧艾勸影齋集、自淺齋集。
王屋草賢堂詞、學可齋詩集。
曹鑑徵紅藥園集、白石樓集。
曹爚鈍留齋集。
沈湛閩遊草、響雪堂古文。

繆詩伋學圃吟稿。
褚廷琯文集。
褚連時青還集。
吳統持凡齋稿、明月樓集、危齋逸稿。
沈起慎思堂集、學園集、續編、詩存。
繆永謀荇溪集。
沈進藍村集、袁溪文稿。
張劭木威道人集。
曹重墨林譙集、濯錦詞。
曹垵聽鶯軒稿、無聊吟。
朱之佐和陶、硤遊集。
馮延年翥鶴樓稿、秋月庵稿。
卜年言志集。
王起隆咏史詩。
沈嗣選儉娛堂集。

魏允枏東齋詩文集、維風集。
夏緇西泠集、維摩集、孤望集。
李標東山遺稿。
呂瞿良後死集。
曹度帶存堂詩文集。
錢遠猷六如齋集、澹安自娱集、霞蔚軒詩稿。
沈機鷃笑軒稿、梅涇草堂集、海鷗詩集。
胡夏客谷水集。
錢潤徵啄紅集、代獲草。
彭宗因瘖歌室稿。
劉兑粃廬集。
胡山葑汀稿、寓廬稿、東武稿。
宋咸金陵遊草。
倪醇海濱野老集。
倪端效蛩集。
陸錫禮自怡集。
陸上瀾詩文集。
陸啟浤賁趾山房集。
陸競烈停雲檳影集。
柯宏祚九山草堂集。
馮秉恭亦謬集、蒿齋集。
俞允懷詩文集。
趙沺資真集。
沈信借園詩草。
戈思齊垂裕堂集。
朱學章讀書堂集。
馬嘉嵩花鏡雋聲、北遊瑣言、東湖雜著。
陳恂餘庵雜鈔。
陳恪瞿庵詩草、詩存。
陳梁浣筆池藏稿、莧園集、潁水遺編、个亭

集、俞者菑。
姚士粦見只堂集、蒙吉齋詩集。
錢德震金粟集。
夏古丹葫蘆藏稿。
吳磐藏山詩文集。
温良學大愚詩稿。
閔聲無衣吟、雪簑詩稿、泌庵集。
陳忱雁宕集。
韓昌箕用九道人集。
韓曾駒悟雪齋詩集。
唐鍾英元賢齋詩集。
韓純玉蘧庵詩集。
徐行德舒堂集、尊聞堂集。
朱心吟秋草。
吳景旭南山草堂自訂詩。
金鏡水一方詩存、文存。
朱斯年鳩柴文集、覓笑集。
唐靖前溪集。
趙廣生文集。
董瑒學村園稿。
陶淯文漪堂集。
趙甸文集。
沈靜比蘇集。
徐廷玲鹿溪集、溪西集。
徐緘歲星堂集。
黃逵詩稿。
劉世鵾軍徵集。
諸朗越騷、梅吟集。
沈之法龍澍山房詩稿。
魏方炳問霞閣集、任懷集。

曾益昌谷集注。
朱士稚朗詣集、道南集、貞毅先生集。
任俠漸亦言集。
陶復農師山房詩集。
姜梗曹山草堂稿、青山草堂詩。
蔣嶟斯友堂集。
陳介立詹詹集。
蔡仲光謙齋文集、詩集。
蔡宜之文集。
張杉寶麟山房集。
來蕃恒廬集、北沙集。
丁克振迂庵改存草。
王仝高武齋遺稿。
翁逸後葦碧軒集。
邵泰清雪樵吟。
譚宗曼方初集。
諸來聘精思樓集。
徐有聲儒山堂集。
萬斯備深省堂集。
陸觀佛莊小草。
宗誼愚囊稿。
董劍鍔墨陽内編、外編、閏編、曉山遊草。
陸山輝紫氤集。
聞性道環流堂集、文恒、詩漸。
聞性善心伯樓詩文稿。
張嘉昺陶庵集。
陳獻球瞿湖山房集。
錢豹詩集。
陳鳳圖嫣生集。
邵瀚元州吟稿。

毛雷龍翠筠集。
朱維鏞湖南草。
周嗣昇鵜音集。
錢弼肩奚囊集。
錢若宸栝蒼集。
全大鏞綠滿窗詩草、杜詩綱目。
陳鵬起留餘堂集。
朱易元雲間集。
朱金鑑玉炤堂集。
陸介祉西亭集、嵩柏一曲亭集。
朱廷試章谿集。
朱志洽夢鷟集。
陸崑覲日堂吟。
朱鈦柳堂詩存。
戴笓翁嚙攬集、寒香集、竿木集。

董道權缶堂學詩、學文、炳燭集。
韓協用幽草初二集。
葉振熙蘿月吟、金沙集。
董友嘉抱膝齋詩選。
葉曉唾餘吟。
周塏堂卿詩文稿。
周長世冬青齋集。
周志寧詩瓢五集、文瓢。
鄔逢泰帶絃集。
馬謙北窗閒詠。
何衡憶焚草、客遊集、鰲江雜著。
王一流越雪吟。
潘最寄園文集。
姜雲程逸民小草。
張鍾參淩雲閣集。

張日蘐越騷集。

徐日新美人百詠。

林漢卿卷石山樵稿。

林茂逸園文集。

劉士焜正韻堂集、劉孝廉集。

林占春合山詩集、花間集、雪庵詩餘。

黃宗揚坦園詩集。

邵建章維寶堂集。

鄭可貞而爽齋集。

卓發之漉離堂集。

夏大輝閒閒詩草。

丁翼元鴻巖祕草。

黃昜聲韻江草。

周光世闇齋近集。

吴鯤樂泌軒詩草。

趙淳岸舫草。

曹辰咏菊六六吟。

江伯容青蘿館集。

趙忠屏拙齋集、劍合齋集。

盧懋殿一草亭稿。

盧洪瀾雲臺樓笥存稿。

李振聲石艇子詩集。

盧光晋琴言齋稿。

李爲森古今宫意百詠。

趙瓚雪溪閒詠。

劉元震環山草堂稿。

龔宗鑑自娛集。

馮光謙三餘詩草。

王同庚惜分齋吟。

徐士雷蜩吟。

徐國珩北行草。

翁祚西園集。

徐洪煋蟄庵集。

蔣泰賓溪山堂詩文。

徐應芳寓園詩文集。

蔣國光介園集。

汪漢率性草。

鄭禹疇仁致草廬文集。

姜夔鼎高山集。

顧鳳正榮樹堂集。

唐元竑琪園集、薪槜集、篋中集、蓮峯集、天香閣文集、杜詩攟。

祝淵月隱先生遺稿、祝子遺書。

項聖謨朗雲堂集。

錢應金古處堂集、北牕詞箋。

錢熙思存集。

錢棻蕭林初集、滌山集。

郜鼎竹中一删集。

潘國瓚招隱述内編、外編、餘編、戴山外集。

嚴啟隆巔軨子澹軒集。

潘居貞泠香稿、涔園稿。

傅日炯草堂集、來來軒詩稿。

葉永堪聽嵩樓集、著娛堂集。

林珽淚海編。

陸宇燝觀日堂集。

魏耕道南集、息賢堂集。

錢纘曾詩集。

錢价人河渭間集。

嚴書開嚴逸山先生文集。

葛定遠逃禪吟。

郭襄圖柘上遺詩、更生集。
錢昭繡讓水集。
高斗權寒碧亭集。
高斗魁桐齋集、冬青閣集、語溪集。
彭孫繩問業居集。
錢繼振蕭齋集。
錢繼章雪堂自刪詩、菊農詞。
許奫鐵函子集。
沈中琛抱一軒吟稿。
吳爾箎歸雲樓集。
李明巒歗歌集。
胡從中藉湖堂詩集。
高宇厚自牧齋集。
高奕宣東海集。
高奕學岸庵稿。
顏鼎受嵥山堂集。
董德仕南軒集。
范兆芝復旦堂集。
王居敬桐廬集。
全吾騏聽濤樓集。
陳祚明稽留山人集、敝帚集、牀頭集、擬李長吉詩前集。
陳晉明采菽子季子詩留。
林岳隆西明集。
林奕隆放言集。
朱茂曙春草堂遺稿。
朱茂曜惟木散人稿。
朱茂皖顣頷集。
朱茂晭鏡雲亭集。
傅齡發撰巖詩草。

傅齡文花巢軼稿。

聞啟祥自娛集。

何瑞圖山農集。

馬廣軨讀四書書文集、端敏先生集。

許丕祚拙庵遺稿。

陳時藥隖集句。

金始垣匡復集。

洪冷漁一園集。

董樵蔗園詩集雜文。

董牧是齋存稿。

董耒稼軒詩存、詞存、雜文、南雅、靈源詩存。

董舫洗硯删存、墨渡齋詩草。

陸繁弨善卷堂集。

陸寅冠周詩鈔。

周志嘉蝸廬集。

仲恒雪亭編年録。

李潁續南華詩文稿。

陸之瀚鶴山草堂集。

祝翼莘漱六吟。

祝洵文影山樓詩集。

徐肇森焚餘草。

高澈嵩繞廬集。

孫纘祖隆畧堂詩集。

朱之鑑緇衣北窗存稿。

程法孔揣玉堂稿。

唐世瀚檮園集。

馮允秀梅花逸叟詩稿。

徐穎元洲集。

嚴建北遊草。

馮洪業日耘廬彙箋、百六雜詠。

姚世靖翠樾軒稿。

過銘簠蠹餘稿。

王端雲外集。

陸深源覆硯齋集。

陳子英念齋詩草、天山堂集。

潘振敝帚詩。

吴夢暘秋草詩。

嚴有穀嗜退庵語存。

嵇友孫偶存、村居集。

潘古琳退庵草。

唐達永言子集、琴齋詩。

何能仁枕石詩草。

何國仁匏園集。

何治仁鑄閣草。

裘全隆溪隱集。

俞大綬瀾影詩文集。

余德龍野居詩集。

朱用調固亭遺稿。

陳介囮訛集。

趙履光下里吟。

徐承清鐵冶集、毫素集。

徐中樞爨餘一選。

張機閒吟草。

楊遴天中山古文集。

沈潛蘆槎文集、詩稿。

葉國楨反騷、叢騷、詩集。

葉重熙嶺南集。

張鴻道淡香亭稿。

顔邁皆舫焚牘。

薛士珩白榆集。

朱之任自娛集。

朱之儀栖溪集、覺庵集。

徐光綬燼餘草。

陳佳胤赭溪雜詠。

應期致寒蟾稿。

陳明瑄愼旃堂集。

馮喆醒園集。

王國章翼運山房稿。

陳昌言述先草、山中集、斗築居稿。

汪爾敬瑞蓮堂集。

姜廷梧芳樹齋集、待删初集。

潘昌万城草、真南草。以上浙江。

謝文洊程山集、謝程山遺書。

宋之盛髻山文鈔。

張時爲界軒詩文集。

黃采文集。

黃扉文集。

李蕚林李深齋遺稿。

高識文集。

甘京軸園稿、不焚草。

鄧觀寒號集。

孔鼎楷園詩文集。

李騰蛟半庵文稿。

丘維屏丘邦士文集、嵩下集。

彭任草亭文集。

温應搏展緒樓文集。

熊日蘭越吟草。

萬宏祐一園集。

吴一聖文集。

龔林文集。

彭搏寄愁居詩文集。

劉吉二愚草。

蔡憲階尚友堂集。

鄧履中仰止堂集。

徐應芬聾山子全集。

鄭大璟縞衣堂集。

饒陞雪草集。

鄒徵項山文集。

唐堂蒲庵集。

李朝朗羣玉山人集。

王猷定四炤堂集。

陳允衡澄懷閣集、愛琴館集、勤補堂願學集。

楊益介古今詩文集。

歐陽斌元文集。

賀貽孫水田居士文集、詩集。

魏禧叔子文集、詩集。

熊特蒙難集。

劉大猷文集。

劉丁悝嵐逸草。

余正垣者耶園集、寒芳閣文稿。

高夢龍猿聞草。

唐以煒蛟臺十景詩。

熊洪足庵詩稿。

熊斯男王餘草。

胡學浹大雅堂集。

李時應邁吟、嘯巖集。

舒一邃茁園集。

熊廷幹性華草。

熊偉文谷丈人集。

劉九嶷髮聲詩選、義林。

舒宏緒文集。
劉忠放言草。
黎祖功不已集。
周易象蟄園集。
周之元小樓集。
袁懋芹東園集。
程四達怡虛集。
陳曾隨庵文集。
曹棃野潤齋稿。
璩自璵焚餘集。
張雲鶚腕草、晚香集。
吳起麟淇園集。
鄭炅頻伽園文集、藏山詩稿、南音集。
嚴思綬嘯野詩集。
崔緝木齋存稿。
梁份懷葛堂集。
余光令漁郎集。
鄧裴藥房集。
涂西空青集、隅軒近稿。
楊思本榴館初函集。
璩紀南遊詩草。
劉大千意園集。
劉大嘗求野集。
何三近素庵草。
李自登蛾吟集。
李日滌餘草、亦白筆語。
胡先覺楚莊稿。
吳景南南窗存稿。
孔貞文友石居詩集。
陳蜚英玉峯集。

蔡國藩悲歌集。

熊司平二京賦。

姜光琦煮雪堂集。

胡觀續文園集。

鄒用昌諟堂集。

吴雲闕里集、三堂集。

周岐喈北山文集。

王尹覺齋詩編。

蕭正發麟陽遺集。

王業冠九文集。

馬猶龍雒如館集。

蕭子建介園集。

賀吴生湖隱堂集、靜觀堂集。

賀鳳生至庵三集。

劉元珍可留集。

劉映洙文集。

易嗣重澹園文集。

陳宏策惟頑草。

魏禮季子詩文集。

楊文彩恥齋文集。

魏書石床詩文集。

易學實犀崖文集、雲華堂集、雲華閣文畧、坡亭詞鈔。

吴人先清權韻餘。

文在茲然疑集。

蔡希舜雲溪集。

熊日馮卧雲堂集。

劉穗九皋詩集。

鄧思銘呻吟集。

趙幼襄無悶堂詩文草。

盛彌俊逸園草。

陳舜同明悅山房集。

鄧一舉繡春堂集。

黃立方瘖吟集。

曾文饒浣花小品。

史大壯鐵翁存稿。

魯訓自怡堂集。

舒春陽步雲閣詩集。

劉斯埜半舫齋集、猗亭集、汛閣遺稿。

鄧應宿涉園詩草。

羅守鑑醉吟樓集。

揭恂繭瓶園集。

史白漢水文集、文畧、荒遯齋詩集。

趙時奚囊集。以上江西。

胡承諾石莊先生集、青玉軒詩集、菊佳軒詩集、檄遊草、頤志堂詩。

彭大壽魯岡藏稿。

劉敷仁桐柏軒集、濟甫文集、添學草、悟山草。

杜濬變雅堂文集、茶村詩鈔。

張仁熙藕灣詩集、二集、文集、近詩文。

孫雙轂槃譜集、黎床集。

喻國人春山集。

劉培泰琴心堂集。

酆之馨崇山集。

李國相逸齋費詞。

寧朝杜六擎小草。

吳道行嶁山集。

夏汝弼文集。

趙金節文集。

蔡其煐文集。

魏廷模遺稿。

秦文璞棠圃詩草。

沈韻蓑庵居士詩。

吕大夔焚餘集。

王道大杏花天詩草。

周蓼衈遺民集。

尹煜語石齋集。

李以篤菜根堂集。

蕭名韻山居十集。

朱國俊昨非堂稿、昨非園詩集。

魏閥清風處士集。

杜岕些山集。

萬爾昌頤莊詩文集。

萬爾昇秋水岑集。

易爲鼎香雪亭草。

李之泌悦泉詩集、嵩鱗集、人華集。

王一翥智林村稿、長跡園稿、青蓮花樓集、尋子集、西征集。

程雲嵩壺集。

胡問仁無悶園詩文集。

林之平鎖夢堂草。

汪國濼樂志齋稿。

胡珙人瑞堂集、石屋集。

鄭先慶肖巖集、書帶草堂集。

劉鍾蓉何處溪集。

沈升白練堂稿。

李見璧宏圃文集。

朱正振亦山詩草。

余振遠安溪詩集。

陳夢弼圉山文集。

吴亮思石巖子詩文集。

李具慶芸香草、荷汀集。

董洪勳清漁詩集。

陳文濤微古堂類稿、徵古堂集。

劉子杜浣華溪詩。

李賓起斗屏詩草。

饒嘉繩山中稿。

寇學海二餘齋稿。

何惺考槃居集。

沈道隆雪山六嘯集、芒屩集。

譚渾鷹山集、月塘集。

張良生忘憂草、假我集。

王啟遠治懷草、素榮、雜著。

郭鋏漫堂雅集、指鴻軒律古。

方麟時葉香亭集。

郭占春鶴夫寓詩集。

許明登懶道人集。

費思居集唐、桃花巖集。

江鶴紅沫園集。

龔璜龍潭文集。

馬學衣壺豆窩集。

胡維宗書鏡堂集、九峯遊草。

黄于麻巖草、鑱草。

謝中恪柳村譙草。

鄢韻鳧泛草、一吹草、來歸草、怍庵輟草。

寇宗哲蕉鹿草。

黄文旦老峯集。

李其先錞庵集。

劉南召友牧堂集。

唐烈天馬山房集、滇南集。
劉亨雲林堂集。
王文南居俟堂文集、小雅堂詩集。
曹國璞守約吟。
曹國棨止園詩草。
王啟茂拙修堂集、玉色齋樂府、渚宮集。
王啟京鶴崖漫草。
鄭如岐茶園詩集、清爽齋文集。
劉在京餉耕集。
潘遊龍吴遊草。
王席民詩集。
姚自章漁古軒文集。
楊鄉樹愛菊堂詩集。
鍾岳靈環山樓集。
郭嘉屏嗣斯集。
張延齡濠上下集。
吴道升管窺草。
吴愉春雪堂集、參邶樓詩集。
吴愀擬古樂府、存園應草、素履草。
黃象坤學琴吟草。
廖元度雪蕉堂集、覆巢餘草。
廖元儀覆巢吟草。
徐摇舉藏騷一帙。
楊翔鳳自牧園集。
程本柿葉園集。
嚴首升瀨園文集。
李嘗之布帆集、夢緣集、天岳山集、破草鞵集、廬陵草、寥遊草、幕府存稿、五視居士集、楊臺集、匏園集、鴻桷集。
瞿龍躍桐餘集、海粟集。

陳逸石函集。

楊勳寂堂集、六新堂詩畧。

闕聞舌隱堂集。

曹宗先通源集。

王鱗次雲樹山房集。

唐九官澹遠軒草。

唐之正陶庵集。

劉赤省齋集。

陳長瑞石竹園初刻。

彭之壽怡園集。

劉象賢儉德堂集。

龍宏戴旃檀集。

易貞言愛日堂集。

陳五篋文集。

譚紹琬涉園詩文集。

羅衆有心廬集。

郭履躚涉園草。

周士儀周藿園集、邁吟、杭遊雜詠、秋感篇、南行句紀、茶陵涉園文集。

劉大鉉秋雲集。

田山雲緑綺軒集、自怡草。

易三接咏古詩。

彭文燭薑園集。

蔣又滋白石幼筆、七思、拙餘文集、詩集。

謝蕃元石欄詩。

黃昌國慕園集。

曾光祚潛庵逸草。

車鼎黃還雅堂文集。

陳王箴蓬轉集。

劉春萊芝侶詩草。

吳文旆虛舟集。

林春開雲山詩草。

張百程樸園文集。

謝璜此園詩燹餘集、益初集。

米肇灝踞嵩吟。

米元倜羅浮詩文集。

米元侗滿竹園集、羅峯集。

吳兆崙靈山遺草。

楊簡梅亭稿。

饒來中晚炤堂集。

饒定中烏瀾詩文集。

咼重望致遠齋集、遠青閣集。

陳弘範東祝堂詩草。

易仁壽懷芳潛稿。

左應昂登萊集。

楊兆昇擬陶集。

陳文政雪龕集。

周思兼兩漢家言。

戴願輝訪逋集。

羅英得我詩稿。

何鳴鳳默齋詩稿。

洪勳清漁詩集。

張以恒蒿庵集、白溪漁者集。

趙繼抃香雪園集、不須刪草。

陳瑞楚風吟、清隱齋詩集。

徐開先拙翁詩集、蘿衡顓愚自述長詩、紫竹林集。

龍孔蒸類吟、自刪存草。

洪業嘉懶吟隨草、山響集。以上湖廣。

古典萍嘯集。

先著嚴許集、蘗裏集、之溪老生集、勸影堂詞。

荀廷詔香璧齋詩稿。

黄霖山雞集。

王淑怡雲閣詩。

李昌知非集。

楊鏘生緑軒集。

樊星煒介景堂集。

楊鴻基萬山集、葛山集。

萬谷暘浪遊集、歸與集、囈語集。

吴應琦夢遊草。

余仕璋聽猿亭詩集。

傅光昭夢草。

李師程文集。

羅冕詩集。

熊蘭徵文集。

楊維新文集。

李開先文集。

傅元修文集。

尹迪簡文集。

蹇甲雙桂草。

羅漁父梅花十詠。以上四川。

吴廷相東山別集。

梁觀虛齋集。

何鞏道越巢詩稿。

何栻獨寫堂集、南塘詩鈔。

葉挺英夢餘集、雲水殘言。

馮毓舜逸言。

林際亨林丹九遺集。

屈騶耕雲堂集。

庾樓敦行堂集。

張琚旋溪集。

盧有觀閨怨詩稿。

廖衷赤五園集。

李雲龍雁水堂集、嘯樓前後集、遺稿、別稿。

曾起莘瞎堂詩集、禪醉焚草。

曾起霖古鏡遺稿。

潘楫清借峯詩稿。

易奇際拂劍草、大易堂集、僑梧集。

薛始亨蒯緱館十一草、文集、南枝堂集。

何絳不去庵詩集、不去廬稿。

高儼獨善堂集。

韓宗騋千山詩集、剩人詩、遼左雜詠。

黄登見堂詩草。

陳虬起詩集。

黎淳先鞟言集。

李佺研山集。

馮珧夢兆詩集。

王隼大樗堂集、外集、蒲衣詩集、無題百詠、琵琶楔子、梳山贈言。

彭孟陽惻惻吟。

彭釪夢草堂文集。

李成憲零丁山人詩集。

趙焞夫草亭稿。

羅謙蔗餘稿。

方顓愷咸陟詩文集、續集、鹿湖近草。

郝瑗淇園詩草。

徐瑨扶胥集。

李芬二守堂稿。

王卿畫雨樓稿、野樗堂稿。

謝楸螺室詩集、箕山草堂稿。
岑徵選選樓集。
賴鏡素庵詩鈔。
胡仲康詩集。
曾琮文集。
麥侗鐵機集。
崔甲巢雲遺稿。
崔甲小山詩稿。
羅甲閩中吟草。
許甲夢餘草。
曾古昱遺詩。
尹今球懷淨土詩。
黃燦嵩溪詩稿。
楊大進石鑑集、直林堂全集。
伍佳郎浴蘭亭草、釣槎近草、寶蓮草。
易訓東樵遺草。
易宏雲華子詩集、坡亭詩餘。
林皋應沚文集、漫遊草、懿文堂古近體詩。
吳馴野鳴集。
何衡詩集。
梁璉詩集。
梁祐逵綺園集、焦桐集、代耕編。
薛起蛟木末山房稿。
陳其秩嵩菊集。
羅寧默偶然齋集。
梁文灦狂仙遺草。
李文燦天山草堂集。
蔡薩杜若居稿。
黎景義二凡居集。
嚴鶴年峽遊草。

胡天嘉柳盟園詩集。
張在瑗緑樹山房集。
羅殿式西窗遺稿。
吴而達破夢草、康侯集、古詩。
楊守清五癡集、遊仙草。
陶瑄洞園存稿。
莫以寅哂雲閣草。
廖明士此君千詠、環齋小集。
黄居石自知集。
楊從堯夢花窗集。
馮光璧雪澗集。
萬甲光宣臺集、尺牘。
陳廷策暘山詩文集。
薛虞畿聽雨蓬稿。
姚喜臣溪雲廬詩集。
陳國英青嵩居草、問禪篇、秋聲三集。
李以貞石塘集。
黄淵黄處士遥峯閣集。
謝宗鍹觀古堂集、遯齋集。
陳守鑌藹窩集。
蔡文蘭亂後草、海東旅人集。
趙夢獬補室集、讀史集、試軾草、援軾草、掃礫草。
黎民鐸汶塘詩集。
林嵩蓮鶴山居偶集。
黎彭祖醇曜堂集、芙航集。
羅大賓永懷堂詩集、咏懷集。
謝重華雲窩集。
伍如璧涉趣園詩稿。以上廣東。
龎人統文集。

雷鳴春詩集。

蔣山響遠堂南遊草、爨桐集、蕉鹿集。

林閶修文集。

吴懷文集。以上廣西。

徐必昇五溪山樵詩集。

朱文湄雲集。

李敦慈幼庵集。

楊光夔虞卿集。

彭維琨玉房集。

胡奉旌羽飛集。

黄都文集。

趙士禋文集。

黄金鼎梅花詠。

何三鳳正氣歌詩。

汪克昌雙溪漁隱集。

李合麟蔚堂草。

傅爾玄居易堂集。

劉繼慶霜柏集。以上貴州。

李生光西山閣筆。

党成冰壑文集。

范芸茂垂棘編、栩栩齋集。

傅山霜紅龕集、冷雲齋冰燈詩。

傅眉附我詩集。

趙瑾吴越雨山集。

杜可杜海艖吟。

白允彩居實詩集。

張修己太古居集。

韓霖閒園集。

文養蒙天地家山詩集。

胡庭畸人集。

白孕昌容安齋文集。

李培秀孤山問業集。

韓仰斗澹庵集。

桑拱陽桑嵩風集。

趙天騏北原山房稿。

王之相梨花隖詩、琅玕集、縹笥焚餘集。

李中馥從好集、銀杏園文集。

衛蒿文集。

朱位坤文集。

杜亦衍情來草。

張天斗斗酒篇、紫幘集。以上山西。

張爾岐蒿庵集。

左懋潤旭閣集。

楊彭齡晚聞堂集。

姜安節白雲集、千秋樓詩文集。

徐夜東癡詩集。

張四箴濯足軒集。

張光啟自娛草。

張仲集杜。

張實居蕭亭詩選。

王我聘翠雨齋燃鬚吟。

王琢璞雲來館集。

譚其志醉仙詩草、尚之遺詩。

蕭協中醞檀集。

王與玟籠鵝館集。

朱鉦糊庵詩草、巖公詩集、一劍草、南遊紀事小草。

時綦昌棲霞山房詩稿。

邵逸北岳文集、泉石山人詩鈔。

岳大武清河集。

張宗旭古歡堂彙疏。
劉舜典次五山人詩文集。
朱衣芳林園集、塊阜山集。
趙濤放鶴園草、近詩搜存。
趙瀚蘧庵草、東海集。
宿鳳翀嵩石館集。
宿鳳翀桃溪山房詩稿。
姜開竹煙齋詩鈔。
孫圖南倒草亭集、餘閒草。
趙琳峒齋偶存、二集。
任唐臣河上草堂詩。
任虞臣白石山房草。
周旭黄鶴遊集、舟中遊集、寒蟬吟。
范錸金緑箇軒集。
宋繼澄萬柳堂詩文集、丙戌集、海濱己丑集。
董樵西山詩存、耦耕集、高士集。
劉公言斗數九辨、投老吟。
張衍漸山閣草。
張侗放鶴村文集、其樓詩集。
李煥章遯山集、織齋文集、老樹軒遺集、龍灣稿。
李含章盧龍雜吟、遯山堂遺詩。
劉芳遠薇山詩草。
丁昜佳鳴鶴集。
厲芳撮囊集。
孫國顯蚓嘯集。
王曦如文貞遺書。
劉爲霖遠攬集。
王啟叡水統樓集、西湖三體詩、日觀三枝樹、□聲集。

秦伯鉞詩集。

徐處闇衣巾謡。

安嘉會衲雲齋集。

張震南退步吟。

王丕襄楝花館集。

曲諧藝餘詩草。

趙遂掄柏園集、徵士集。

何一鳳丹臺鶴韻。

毛如瑜太廋生稿。

安致遠杞城文集、安靜子集。

王衮四雖軒詩稿。以上山東。

李子金蛩吟録稿、閒居五操。

喬騰鳳樂堂集、岈山詩文集。

侯邦寧汝固集。

李發愚廉哲子集。

余正華亦政堂集。

張星文適園稿。

鍾國士存心齋詩文。

蕭騰鳳文集。

理貞和閒雲詩。

張鋻青雲閣集。

曹鳳禎霞園詩集。

張昉瓠客巽言擬存。

李恒行毅宗宫詞。

徐鄰唐我庵詩畧。

王當世大雲草堂詩。

馬之駉瓻廬存稿。

梁廷援四嵩堂集。

平志奇煙水詩鈔。

劉叔子窮愁集。

雲骨子大全子集、大全孫集。

李元禮杞憂齋集。

蘇育石藾別業稿。

焦復亨詩畫缶音、雒陽秋。

周家定江上草、飽山樓稿。

許念芳蕉園集。

方遴後谷詩草。

方邀啜禮館遊草、雲野庵寓稿。

李青柳煙集、看花今、百柳詩。

周東華雪山集。以上河南。

李顒二曲集。

雷士俊伯籲集、艾陵詩鈔、文鈔。

白奐彩僅存集。

蔡啟胤洞庭集、蒙解集、溪巖遺詩。

王弘撰砥齋集、詩集。

王建嘗復齋餘稿。

雷子霖柏林集、四言烏哺。

李柏檞葉集。

王弘學九章、石渠閣文集。

王弘嘉斗蓉閣集。

孫枝蔚溉堂全集、文集、詩餘。

李灌乳羅山人集。

李穆鈍翁率意稿。

呂鈞璜野人集。

温自知穫音、海印樓文集。

郝光斗屏山堂詩集。

王四服臥園集。

關中俊巢居野人集。

晉賓王龍盤集。

孔傑儒石城集。

和鼎劍吼齋集。

張俊蹟悲憤集。

白日可敦本堂全稿。

苗焦冥知白齋集。

秦一藩問心吟。

吕得璜文集。

寧浤文集。

束蔭商文集。

管大音文集。

王化太文集。

張承烈文集。

賈漢英文集。以上陝西。

道源寄巢詩集、文集、李義山詩注。

通潤二楞庵詩卷。

一念一念草、萍禿集。

玄珠詩集。

隆琦靈濤集。

古風倚杖吟。

顯鵬蘋洲詩集。

圓通詩集、徹一庵集。

大冶方外集。

宗泐詩卷、埋庵和尚集。

明炤櫟堂詩集。

元祚鶴舟詩草。

琛大半山詩畧、詩集。

大成攝山集、南岳集、會聖堂集。

尚友詩集。

破門石浪破門詩集。

圓觀谷聲集。

通復冬關詩鈔。

圓信雪嶠語風稿。

華師影月集。

圓玨鑪山詩集。

一機塗鴉集。

赤嵩詩集。

大健花笑軒集。

劍庵天外遊草。

智旭繩餘編。

德玄來鶴庵詩。

大僼東谷集。

炤影鏡齋集。

祖嵩詩集。

一足詩集。

髮頭陀秋興詩。

智纘文集。

本晳嘯堂集。

道盛植聖草。

超宏瘦嵩集。

九一圓通山三十二景詩。

傳裔語嵩禪師詩集。

今龍詩稿。

古檜夢餘草。以上方外。

曹靜炤宮詞。

徐淑秀一葉落詞。

倪仁吉凝香閣詩集。

吳令儀棣倩集。

沈紉蘭效顰集。

沈宜修鸝吹集。

商景蘭錦囊詩餘。

祁德茝寄雲草。

方維儀清芬閣集。
王微遠遊篇、期山草。
龔靜炤永愁人集。
畢著韜文詩稿、織楚集。
章有渭淑清草、燕喜樓草。
姚嫣俞再生餘事。
夏淑吉龍隱遺集。
盛蘊貞寄笠零稿。
毛重泰妻史洮坏詩詞遺集。
方以智妻潘宜閣詩文集。
方中通妻陳文閣詩集。
柳是戊寅草、蘼蕪集。
鄒淑芳三生石草。
劉淑英個山集。
姚淑海棠居稿。

王玉映吟紅集。
查繼佐妾蔣宜蕊閣閒吟。
吴黄荻雪集。
趙昭侣雲居稿。
楊無咎妻張學典花樵集。
陳道蘊寫經軒詩。
蘇文昌妻潘燕卿玉蘭館詩草。
周玉簫懸鵑集。
吴之葵凝香閣稿。
項珮藕花樓集。
吴朏忘憂草、采石篇、風蘭獨嘯。
翁桓少君秋水堂遺稿。
查遺妻鍾韞眉長繡樓詩集、梅花樓詩存。
殳丹生妻陸觀蓮寓園集。
黄媛介如石閣漫草、黄皆令詩、湖上草。

李因竹笑軒吟草。

鄔氏文集、清郎畊雲集。以上閨秀。

右別集類

朱誼㳿等青門七子集。

葉紹袁午夢堂集。

朱華圉宋元詩選。

區懷瑞嶠雅。

曹珖古文品彙。

張正聲藝文選刻。

王象晉扶輿閒氣、秦張詩餘選合璧。

李嗣京滕王閣續集。

黃正色黃氏文統。

申用嘉兩漢文苑。

雷叔聞郢里陽春集。

高世泰五朝三楚文獻録。

程先貞安德詩搜、文搜。

黃居中明文徵。

傅國四大家文選。

胡震亨續文選、唐詩統籤、唐音癸籤。

許鳴遠天台詩選。

馮夢龍太霞新奏。

徐時泰明詩類選。

周鍾後場名山業、後場紀年。

范宏嗣晉國垂棘、續垂棘編、二集、三集、四集。

周鍾、楊廷樞國表小品。

劉宗周歷代文選。

葛徵奇南園五先生集。

惲厥初天均閣薈編。

夏允彝、李待問陳李唱和詩集。

李令晳、李夏器同岑初集。

方震孺閩士課。

王夢鼎邑文備考。

申繽芳怡社合集。

王際泰古今體詩選、歷代詩類鈔。

金邦柱殘明册府拾遺。

荊廷實歷代傳文舉要。

宋存標壬申文選、遥和集、棣蕚新調。

范鳳翼歷代詩選、楚詞解注。

陳濟生古今樂府、啟禎二朝遺詩。

陳濟生、徐嵩詩南。

郭文祥福唐風雅。

陶珽宋四大家文選。

韓詩明文西。

王之楨楚詞纂注。

鄭元勳影園瑶華集、姚黄詩集、媚幽閣文娱、二集。

王之柯、王之栻皇明奏疏選。

程如嬰明詩歸。

楊彝、顧夢麟一二三場合箋。

冒襄六十年師友詩文同人集。

錢棅南園唱和集。

楊懋官古今文畧。

盧世漼詩選、古樂府、唐律清謡、萬首唐人絶句鈔、明詩近作、後渠大洲二先生集鈔。

賈開宗詩正。

黄道周、董養河、葉廷秀西曹秋思。

黃景昉古文簹卜。

吳甡兩朝遺詩。

顧錫疇秦漢鴻文。

曹學佺石倉歷代詩選、十二代詩選、明詩選、三集、四集、五集、六集、鳳山鄭氏詩選。

熊明遇詩文選。

曹勳、曹烱嶺雲唱和集。

徐芳嵩明閣詩選。

陳天定古今小品。

艾南英皇明今文定、今文待。

胡接輝三忠文選。

黃周星唐詩選、唐詩快。

吳易酬唱餘響、袍澤餘音。

吳易、史玄、趙渙東湖唱和集。

劉同升皇明文選、詩選。

楊文驄、邢昉洞庭唱和集。

徐應秋古文藻海、古文奇豔。

陸懷玉也園唱和詩。

鄭鳳來頤社一集、二集。

韋際明詩歸、宋劉李駢語、明文十六名家。

張夬、路邁苧蘿誌。

喻以恕明詩起。

王先甲涇水人文集。

黃守誼五華風韻。

吳振遠吳氏七子詩選。

吳宗潛、吳宗漢、吳宗泌驚隱篇、歲寒集。

顧炎武昭夏遺聲。

侯岐曾嘉定集、歷代詩類鈔。

吳應箕國瑋集、剥復集。

吳應箕、顧杲梁溪唱和集。

周侯宋元詩歸。
錢邦寅明詩鈔。
唐訪明十六朝詩選。
毛會建黃鶴樓詩傳清風來古人集。
劉瑄古今詩選、明詩删補。
朱大夏朱氏筆舸集。
姚以亨南姚文獻。
朱東觀崇禎諸臣奏疏。
鄭德瀟古文信好編。
王夫之楚詞通釋、夕堂永日八代文選、評詩選、評宋詩選、評明詩選、評詞選。
錢秉鐙楚詞屈詁、莊屈合詁、過江集。
費經虞蜀詩。
費密古文旨要、唐宮閨詩、劍閣芳華集。
揭衷熙古文畧。
黎遂球九家集選。
黃晋良唐詩剩義。
王璲古詩自怡篇、唐詩自怡篇。
瞿式耜、張同敞御覽傷心吟。
陳子壯、黎遂球南園花信集。
錢邦芑他山詩選、十年堂詩選。
李士淳古今文範。
曹燁、瞿式耜梧江唱和集。
楊廷樞後場經濟類稿。
楊廷樞、錢禧皇明兩朝四書程墨同文録。
金堡明文百家萃。
張自烈古文長編。
張同敞古今詩選。
周金湯唐詩選、明詩選。
錢謙益本朝詩集、吾炙集。

曾燦過日集。

陳恭尹先友集、番禺黎氏存詩彙選。

屈大均十八代詩選、李杜詩選、今文箋、今詩箋、翁山六選廣東文集文選。

阮旻錫唐人雅音集、唐七言律式韻選、清源會詩編、慧庵唱和集同和東坡韻詩。

阮旻錫、王上中偶然草。

李興瑋、聞大成園中唱和集。

鄺露嶠雅、赤雅。

王思任史漢文統、百家論鈔、王季重先生集九種。

汪沐日楚詞通。

黃宗羲續宋文鑑、續元文鈔、明文海、明文授讀、姚江文畧、逸詩、剡源文鈔、黃氏攟殘集。

楊德周金華文徵、建安七子集。

楊德周、陸寶、李桐、陳朝輔甬東詩括。

陳子龍皇明詩選。

陳子龍、徐孚遠皇明經世文編。

陳子龍、夏允彝、徐孚遠壬申文選。

陳子龍、宋徵璧等三子詩選。

陳子龍、夏允彝、徐孚遠、李待問、顧開雍、宋存楠六子文選。

張采西漢文選、東漢文選、三國文選、宋文選、齊文選。

查繼佐、柴紹炳、祁豸佳率園盍簪集。

林尊賓、林説、紀許國三異人集、同岑草。

陳許廷八代詩箋。

錢肅圖友聲集。

譚貞默鴛社詩選。

王紹美、王紹蘭梅花合稿。

吴之器明文雅、明詩正葩。

吴之文古文典則。

林時躍明臣傳疏。

鄭溱正統萃華、明詩二選。

魏憲詩持、補石倉詩選。

邢昉唐風正變、明二十家詩選、梅聖俞朱熹詩選。

張可仕宋元詩選、明二十家詩删補訂、國朝布衣詩。

宗元預兩漢文删、唐宋明三朝十大家文删、唐十二家詩删。

張摠唐風懷。

陳所學、顏天表鷗沙弓甫唱和集。

徐枋二十一史文彙文選人表。

許元溥古吴文獻。

顧有孝唐詩英華、樂府英華、唐律選、風騷嗣響、明文英華、國朝近體詩選、江左三大家詩鈔、嵩陵文起、吴江詩畧、湖上聯句集。

陳宗之古樂府存。

朱鶴齡嵩陵文徵。

金俊明明詩綜。

陳瑚從遊集。

張拱機、顧有孝鱸鄉彙詠。

吴時德兩山風雅。

韓洽明詩存。

徐嵩詩持。

俞南史唐詩正。

周安嵩陵詩乘。

丘民瞻國朝詩選。
馮舒文穀、較定玉臺新咏。
徐汝璞嵩陵詩選。
程棅、施諲鼓吹新編。
顧在觀漢魏六朝正史文選。
蘇震嵩陵文獻。
葉閣詩逢詩晚。
王載明大家文鈔。
潘爾夔潯溪文獻。
朱子素吴曙文獻。
施世傑丹桂樓雜著二十六種。
吴鼎芳、范汭披襟唱和集。
馮班、馮舒評點才調集。
毛晉詞苑英華、宋詞選、宋六十名家詞、宋二十名家題跋、三家宮詞、宋二家宮詞、元四家詩、詩詞雜俎、海虞古今文苑。
吴炎、潘檉章今樂府。
潘檉章嵩陵文獻。
楊無咎唐風詩選。
顧樵十七代詩選。
沈友檇李詩系。
薛熙明文在。
陶鴻祚英雄淚。
吴懋謙古文林。
王光承明文範。
王光承、王光烈鎌屬草卷詩鈔。
吴騏唐詩準繩。
黄傳祖扶輪集。
陳貞慧八大家文選。
錢肅潤文瀫。

朱澂詩系。

泰鎡秦氏文獻。

顧宸宋文選。

吴湛粤風續九。

何洯、程世英文概。

賀裳皺水軒詞筌。

靳應昇、閻修齡、張養重三子秋心集。

淩录古文選。

李向陽批選唐宋八家。

蕭雲從、湯燕生蕭湯二老詩。

許楚明遺民集、藝文幸存録。

潘江龍眠風雅。

蔡蓁春續宛雅。

程基沁史。

詹方桂四家小品。

姚佺四家詩選。

方思宋遺民詩。

羅煜中晚唐詩鈔。

張膽韓蘇文尤、文統定傳。

孫默十六家詞。

池顯方李杜詩選。

黄居中明文徵。

鄭宇明文始。

林簡莆陽風雅。

林承霖、謝天駒莆陽四編詩集。

朱國漢、丁之賢綏安二布衣詩存。

潘晉台明詩表。

林涵春節義文章録、名山大業録。

林賓蜕、馬元聲、刁包斯文正統。

孫之藁孫氏詩鉢。

陸圻孤忠遺翰。

陸圻、紫紹炳、孫治、陳廷會、毛先舒、沈謙西泠十子詩選。

毛先舒蕊雲晚唱鸞情集選。

嚴調御、嚴武順、嚴敕作朋集。

沈昀古今詩最、今詩紀。

沈謙古今詞選。

張丹秦亭風雅、西陵二子集。

施相、張歧然、秦雲爽、萬斯選豳居唱和詩。

潘問奇宋詩啜醨。

陳晉明八代詩鈔、初盛唐詩選。

陳麗貞采菽堂古詩選。

卓人月古今詞統、寤歌。

卓珂月詞統。

卓方水、孫爽秋懷唱和詩。

彭孫貽歷代詩鈔、五言妙境、明詩選、茗齋四韻合編。

錢應金北窗詞箋。

姚士粦祕册彙函。

駱雲程檇李詩乘。

朱之任古唐詩選。

周篔詞緯、今詞綜。

陸嘉淑咸社詩鈔、須雲閣宋詩雅。

蔣之翹檇李詩乘、較刊楚詞。

魏允枏詩穀詩王。

宋咸忘機社詩選。

徐濟貞海谷遺風集。

周珽唐詩選脈會通評。

林盛遠瓣香詩匯。

沈進文言會粹。

沈濳四部合選諸子領文、四部□□文第一、才子名家詩選第一、歷代詩選第一、補遺。

錢彥猷四家文鈔、名家小論。

錢繼章逸民遺風詩。

沈嗣選南宋文選。

姚澣八代文統。

董説三代文獻、文苑英華詩畧。

魏耕吴越詩選。

韓純玉明詩兼。

閔聲圜扉鼓吹編。

閔聲、吴楚唐詩嶺雲集。

馮愷琦寧澹堂家學集。

朱金芝練川唱和集。

李鄴嗣甬上耆舊集。

張宗城、張應鼇江城文獻。

朱士稚吴越詩選。

貢運泰越郡詩選。

劉元震金華文選。

江伯容蘭皋風雅。

章有成詩藪稗篇。

余鈺純師集。

吴之文明文雅。

林占春甌江詩選。

徐世溥古文選。

陳允衡國雅集、詩譔、詩慰、選婁堅徐世溥古文。

魏禧等易堂九子文鈔、寧都三魏集。

蕭士琦牘雋。

史簡鄱陽五先生集。

魏書寧都詩選、寧都六子詩。
潘遊龍精選古今詩餘粹。
彭大壽何李詩集。
何悝楚騷明解。
廖元度楚詩紀、楚風補。
車鼎黃邵陵風雅集。
荀廷詔浣花紀事、浣花韻紀。
先著詞潔。
熊蘭徵莊騷注。
黃登歷代嘉言、唐詩合璧、嶺南五朝詩選前集、後集。
翟汝楫會雅。
莫上明文總集。
王隼文苑綜雅、嶺南詩紀、嶺南三大家詩選。
彭孟陽蓮香集。
趙瑾晉風選。
張爾岐新濟藝文。
宋繼澄、黃宗崇地僻詩卷。
姜安節姜貞毅先生挽章。
黃立誠歷代古文。
毛霦萊風弘修詩輊、詩遯。
商景蘭等東書堂合稿。
祁德淵等靜好集。
林逢平妻唐詩雅正。
曹重妻李吳朏女鑑、三秀集。
艾儒畧熙朝崇正集。

右總集類

黄文焕楚詞聽直合論。
賀貽孫騷筏。
李世熊離騷評注。
任大任離騷明義。
徐石麒談騷寤語。
寧時屈詞疏指。
黄道周彣心内符。
黄文焕秦漢文評。
黄澍漢魏别解。
任大任馬班文言。
李山六朝文叢説。
范芸茂明十六家小品評。
方以智文章薪火。
沈延嘉文應、文遹、文謀、文格。
顧炎武救文格論。

吴懋中五宗文訣。
王夫之夕堂永日緒論内編、外編。
張自烈古詩文辨、古今論表策合辨。
楊應桂文變。
黄宗羲金石要例、南雷論文管見。
嚴書開古文遵大篇、古文問篇、外篇。
陳藎謨古文存法。
高澈藝苑雕雲。
魏禧論文。
鄭宇明文始。
范鳳翼樂府要解。
黄文焕陶詩析義。
陳龍正陶詩衍。
文澳陶詩析義。
陳起相王摩詰詩評。

范荃劉隨州詩評。

胡震亨李詩通、杜詩通。

盧世㴶讀杜私言、杜詩胥鈔。

黃文煥杜詩掣碧。

錢謙益、盧世㴶讀杜合刻。

楊德周杜詩解。

蕭雲從杜律細。

左國材杜詩解頤。

黃生杜詩説。

潘檉章杜詩博議。

徐樹丕杜詩執鞭録。

沃起鳳杜詩推畧。

洪舫杜律評。

沈求杜詩肆考。

唐元竑杜詩攟。

倪會宣杜詩獨斷。

沈起測杜少陵詩。

彭大壽杜詩益。

阮旻錫杜詩三評。

申涵光説杜。

黃文煥韓詩審索。

徐增唐詩説。

龔賢晚唐詩紀。

吴喬西崑發微。

陸嘉淑須雲閣宋詩評。

毛晉宋詩話、明詩紀事。

黃景昉讀諸家詩評。

葉廷秀詩譚。

費經虞雅論。

袁彭年詩細。

吴肅公詩問。

馮舒歷代詩紀匡謬。

朱鶴齡羣賢梅苑。

黄大澳詩通内外雜編。

吴湛選詩定論。

毛先舒詩辨坻。

倪醇白雪談柄。

董説文音發。

陸上瀾白雪談柄。

賀貽孫詩筏。

游藝詩法入門。

趙士喆石室談詩。

吴景旭歷代詩話。

董養河羅溪閣詩評。

錢邦芑卜言堂詩話。

王夫之薑齋詩話。

金俊明詩話。

周思任詩話。

吴喬逃禪詩話、圍爐詩語、正錢録。

李沂秋星閣詩話。

賀裳載酒園詩話。

程岫江村詩話。

李天植深省堂詩話。

項嘉謨清居詩語。

張次仲瀾堂夕話。

吴統持卍齋詩話。

陸嘉淑辛齋詩話。

周容春酒堂詩話。

嚴首昇瀨園詩話。

何蔚文詩話。

曹學佺蜀中詩話。

楊德周甬東詩話。

孫聖蘭長溪詩話。

丁孕乾西灣詩話。

徐石麒詩餘定譜、訂正詞韻、天籟譜。

李玉北詞廣正韻。

沈自晉廣輯詞譜。

應撝謙詞韻選集。

毛先舒唐韻四聲表、詞韻、填詞名解。

沈謙江東詞學、詞韻、詞譜。

右文史類

王翃詞苑春秋。

潘楫清嶺南花逸韻補。

黃周星製曲枝言。

毛先舒南曲正韻、南北入聲答問、南北入聲客問。一曰南北正韻。

沈自晉南九宮譜大全。

沈璟增定南九宮曲譜。

沈寵綏度曲須知、絃索辨訛。

陸鉞曲譚。